昆明理工大学城市学院课程建设项目　资助

珠宝电子商务

ZHUBAO DIANZI SHANGWU

张磊　赵旭刚　卢雯婷　编

图书在版编目(CIP)数据

珠宝电子商务/张磊,赵旭刚,卢雯婷编. —武汉:中国地质大学出版社,2018.4

ISBN 978-7-5625-4116-5

Ⅰ.①珠…

Ⅱ.①张…②赵…③卢…

Ⅲ.①宝石-电子商务-研究-中国

Ⅳ.①F724.791

中国版本图书馆 CIP 数据核字(2018)第 057568 号

珠宝电子商务				张磊 赵旭刚 卢雯婷 编
责任编辑:彭钰会 张琰		策划编辑:张琰		责任校对:张咏梅
出版发行:中国地质大学出版社(武汉市洪山区鲁磨路 388 号)				邮政编码:430074
电 话:(027)67883511		传真:67883580		E-mail:cbb@cug.edu.cn
经 销:全国新华书店				http://www.cugp.cug.edu.cn
开本:787mm×960mm 1/16			字数:255 千字	印张:13
版次:2018 年 4 月第 1 版			印次:2018 年 4 月第 1 次印刷	
印刷:荆州鸿盛印务有限公司				
ISBN 978-7-5625-4116-5				定价:48.00 元

如有印装质量问题请与印刷厂联系调换

序

张磊老师将《珠宝电子商务》的书稿送到我的办公室,请我为他作序,我一再婉拒。一来我与张老师相识多年,深知他在珠宝教学方面颇有研究,恐有班门弄斧之嫌;二来写序这事对我来说是有生以来第一次,怎么写、写些什么,生怕词不达意或者有不妥之处,贻笑大方。几经推脱不得,只好勉强为之。

工作之余,我用一周的时间将书稿看完。最深的体会就是:感动。张磊老师作为珠宝专业教学一线的年轻学者,多年来潜心研究和关注珠宝电子商务,这种精神尤为可嘉。《珠宝电子商务》全面系统地阐述了珠宝电子商务的起源、发展、形式变化、消费者心理、大数据、珠宝金融,以及未来的发展趋势,全书讲解系统、图文资料丰富,且很多资料的时间跨度都在五六年。张老师多年潜心研究珠宝电子商务、记录珠宝行业商务模式新变革的精神实在令人感佩。

荣幸的是,我们2008年创办的"翡翠王朝"品牌,在张老师的新书中被多次提及,甚至作为案例分析研究,这让我和公司的伙伴们都感到很自豪。张磊老师明确要求在作序时,讲一讲我们早期发展珠宝电子商务的一些经验,作为本书内容上的一些补充与读者们分享,我非常乐意。

我从事电子商务行业已有多年,早在2003年,刚上大学的我就和几个小伙伴一起创业,折腾互联网和电子商务。那时,我们没有很多经验,总想着云南有那么多的优质特色产品,应该通过互联网把它卖到全国甚至世界各地,但因为缺乏市场经验,加之当时互联网发展不充分,人们对互联网的应用及网购还不成熟,早期折腾的几个项目均夭折了。直到创办"翡翠王朝",我们才算是真正走上珠宝电子商务的道路。

《珠宝电子商务》一书所记录的珠宝电子商务发展的轨迹,其实也是我们

"翡翠王朝"早期发展珠宝电子商务的轨迹。2008年前后，互联网上比较流行博客、论坛、QQ空间等社交媒体，很多电子商务也就是依托这些社交媒体开展经营活动的。虽然当时我们"翡翠王朝"已经建设了自己的门户网站，但这些社交媒体也给我们事业发展带来了很多帮助。张磊老师的书中，做了很好的分析和记录，细细读来勾起很多记忆，当年艰苦创业的很多情景不时在脑海浮现。

珠宝电子商务的春天，应该是在2012年前后，书中也有介绍。我们刚刚做珠宝电子商务时，消费者的网购意识普遍很低，当时不要说在网上买珠宝，即便普通的衣服、百货、食品等，消费者的接受度都还不高，大家普遍担心网购会买贵、买假、买错。因此，我们"翡翠王朝"早在2008年就提出了明码实价、七天自由退换的承诺，一直坚持到今天。总结这段历程，最大的体会就是：要做好珠宝电子商务必须要构建起一个过硬的产品渠道、一个值得信赖的品牌和一支专业高效的创业团队。

2014年至今，可以说是珠宝电子商务百花齐放的时代。当然，百花齐放的大环境里，既有蝴蝶蜜蜂，也有苍蝇害虫。但不管怎么说，移动互联网信息技术的发展，加之国家经济环境、政策环境和物流信息技术快速发展的有力保障，极大地推动了珠宝电子商务的发展。《珠宝电子商务》全面系统地介绍了珠宝电子商务环境，讲的很客观、很到位，也很有说服力。

纵观全书，亮点很多，在此略举一二。

第一、资料详实、论述系统，读起来很过瘾。比如，该书讲到珠宝电子商务网络营销应用时，就从珠宝网络广告、QQ营销、友情链接、论坛营销、问答营销、百科推广、电子邮件营销、新闻事件营销、软文推广、微博营销、微信营销、搜索引擎营销、今日头条营销、APP营销、网络直播营销等方面全面系统地记录了珠宝电子商务营销模式的历史变迁，且分析深刻，直指要害，足见作者的用心。

第二、立意新颖，视角全面，有血有肉很丰满。《珠宝电子商务》这本书从珠宝电子商务的起源、发展环境、具体实现到生产加工、消费特点、大数据等方面都有不同视角的观察和思考，足见作者下了很深的功夫。可以说是填补了这个领域的很多空白。这几年，我几乎没有见到过一本专门全面、深入、系统地讲珠宝电子商务的书籍,张老师的书立意很好,很有代表性,相信无论对教学研究还是对广大读者都会有所帮助。

第三、立足行业实际,又兼具很强的前瞻性。该书立足珠宝电子商务的实际,作了大量调查研究,很多内容和论述深刻反映了过去、现在珠宝电子商务不同发展阶段的实际情况和相关问题,而且很多点都切得很准。同时,该书也有很强的前瞻性,对仍处在初级发展阶段的珠宝互联网金融也作了独到的思考和分析,对未来珠宝电子商务的发展也有很多建设性的观点,不失为当下珠宝电子商务领域的一本好书。

需要完善之处,就是本书对珠宝电子商务一些特殊节点的关注略有疏忽。比如翡翠、南红等很多宝玉石品类都属于非标准产品,在产品摄影、描述以及客户沟通,直至消费者收到产品后的认知分歧、退换货安全等方面,我们在销售实践中都是有很多值得研究和关注的细节。

最后,还是想借此机会正式地感谢张磊老师。珠宝电子商务的发展,离不开行业人的共同努力,更离不开像张老师这样的专家、学者以及关心关注这个领域的朋友们的支持。祝愿《珠宝电子商务》的出版,能够帮助到越来越多珠宝电子商务领域或者即将加入珠宝电子商务领域的读者。

杨牧仁
2017 年 4 月 21 日于翡翠王朝云南总部

用新知，打开通往新世界的大门

这是一个瞬息万变的时代，瞬变到我们如果不学习不创新，就会被无情地抛弃。学无止境，推陈才能出新。我们认识的人、看到的书，都可能为我们打开一扇通往新世界的大门。

和张磊老师的相识，得感谢移动互联网时代最红的"媒人"——微信。我因为创立了专注于珠宝创业创新领域的"珠宝创投圈"微信公众号和社群，并且经常在各大会议论坛和媒体上发表相关的观点评论，所以在行业内有一点知名度。勤奋好学、善于捕捉新事物的张磊老师，很快就关注到了我的公众号，并和我成为了好友，一直保持密切而深度的沟通。

当我得知张磊老师来自于昆明理工大学的珠宝专业教学一线时，内心是非常开心的，因为自己又多了一个了解大学老师想法和教学现状的通道。过去的几年，我每年都会录用大批的珠宝专业毕业生，也和好几所珠宝院校的老师有过交流。有个令我感到比较遗憾的现象是，我发现大多数院校使用的珠宝营销类课程教材，都是极其老旧过时的，几乎不涉及到当下正热的新理论、新模式、新案例。在这样的课堂上教出的部分学生，其实是和社会严重脱轨的，也无法满足企业的用人需求。作为珠宝企业的代表，我深受其苦，多年来一直希望珠宝院校的教材能与时俱进、加快完善优化。

张磊老师的《珠宝电子商务》这本书稿，犹如及时雨般出现在了我面前。我拿到这本书稿后，迫不及待地利用一个周末的时间认真阅读，读完后有种畅快淋漓的感觉。在我七年多的珠宝电商从业生涯中，还没有看到过一本如此系统详实地介绍珠宝电商的书籍。难能可贵的是，张磊老师还在书中融合了时下最鲜活最典型的案例。这样一本专业著作，竟然出自一个大学老师之笔，更加令我对他刮目相看。

在所有行业都已经进入移动互联网时代的今天，这本聚焦了珠宝电子商务和互联网经济的书籍，是非常有理论指导和实际操作参考价值的，不但适合珠宝院校的学生作为教材学习，也同样适合用作从业人员的实用工具书和珠宝企业的培训课件。张磊老师和这本书，为我们打开了一扇通往珠宝行业新经济的大门。

能够得到张磊老师的邀请为这本书作序，我深感荣幸。利用作序的机会，我将这本书的知识结合我的过往创业经历又一次进行了复盘，受益良多。我们每一个珠宝人，都需要不断地获取新知识，也应该适时地温故反刍，如此，才能明道优术。

相信张磊老师的这本《珠宝电子商务》，一定会对各位读者有所裨益。也希望这本书能够如菲利普·科特勒的《营销管理》那般，与时俱进不断更新，为我们打开一扇又一扇大门。

"宝创会"创始人

杨承东

2017 年 5 月 11 日

前言

中国珠宝首饰产业虽然起步较晚,但发展面广、发展速度快。迄今为止,中国珠宝首饰零售行业整体规模已超 5000 亿元,位居世界前列。近年来随着互联网蓬勃发展,消费者的消费习惯正在发生改变,并且珠宝行业相关知识壁垒不断被打破,从而使珠宝电子商务在整个首饰行业所占规模比重越来越大。

携手"互联网+",互联网助珠宝行业扬帆起航。2015 年,国务院总理李克强在十二届全国人大三次会议上作政府工作报告时,提出国家要制定"互联网+"战略,顺应"互联网+"的发展趋势,表态愿为"互联网+"等新业态代言。"互联网+"珠宝已经在黄金、钻石等细分行业上改变了珠宝产业格局。

珠宝电商多模式蓬勃发展,绽放可期。随着珠宝电商模式的日趋成熟,以及人们消费习惯的改变,"互联网+"珠宝将更加符合当今社会的需要。在这一蓬勃发展的时期,既有积极探索 O2O 实践的传统珠宝龙头企业,又有起步于线上的、带有特定模式的珠宝电商企业。未来珠宝电商模式将进一步优化,多模式和全渠道等营销方式轮番登场,必然是好戏连台。

珠宝电商倒逼珠宝产品升级转型,消费者审美水平大幅提高。传统珠宝行业的知识门槛、文化门槛等都在不断被打破,消费者将不再局限在一个片面的、残缺的珠宝认知体系中。消费者审美水平的不断提高,会进一步倒逼珠宝产品升级转型,"互联网+"珠宝将努力为全国的消费者提供富有美感的珠宝首饰。

在这样的市场背景下,珠宝首饰行业越来越需要既具有珠宝首饰专业知识,又掌握珠宝电子商务理论和方法的复合型人才。为了适应珠宝首饰行业和市场发展对珠宝电商人才的需求,满足珠宝行业从业者拥抱电子商务的迫切需要,我们编写了《珠宝电子商务》一书,以供珠宝首饰业界的从业人员、珠宝首饰专业的学生以及关心珠宝首饰行业发展的读者参考。

自2002年以来,中国的珠宝电商企业取得了长足的发展,并且这方面的研究成果不断涌现,在此背景下,我们认为出版《珠宝电子商务》的时机已经基本成熟。鉴于笔者对珠宝电子商务的研究和认识仍是初步的,并且本书是珠宝首饰行业中第一本系统介绍珠宝电子商务的书籍,所以书中存在错误和疏漏之处也在所难免。因此,笔者诚恳期望专家和读者能够对书中的不足之处给予批评和指正,以便不断修改、补充和完善,在此表示衷心感谢。

本书的出版工作,得到了中国地质大学出版社张琰老师的大力支持和帮助,得到了昆明理工大学城市学院课程建设项目基金的资助,在此表示衷心的感谢。同时,本书也得到了云南牧仁者商贸有限公司杨牧仁先生、徐向良先生、李牧恩先生,宝创会杨承东先生及行业同仁的热心帮助和悉心指导,感谢他们给予的所有意见和资料。此外,中国地质大学出版社和昆明理工大学城市学院的各位领导也给予了很大的帮助和关怀,在此一并表示诚挚谢意。

编　者
2017年4月22日

目 录

第一章 珠宝电子商务概述 (1)

第一节 电子商务的发展历程 (1)

第二节 电子商务的概念 (11)

第三节 珠宝电子商务 (15)

第二章 珠宝电子商务的竞争优势 (21)

第一节 电子商务的竞争优势 (21)

第二节 珠宝电子商务的竞争优势 (24)

第三章 珠宝电子商务的环境 (32)

第一节 珠宝电子商务的法律环境 (32)

第二节 珠宝电子商务的经济环境 (34)

第四章 珠宝电子商务的支付与物流 (36)

第一节 珠宝电子商务的支付系统与流程 (36)

第二节 珠宝电子商务的物流保障 (38)

第三节 珠宝电子商务的安全管理 (42)

第五章 珠宝电子商务的实现 (47)

第一节 交易型珠宝电子商务的实现 (47)

第二节 珠宝电子商务网络营销应用 (71)

第六章 珠宝首饰商品与电子商务的匹配性 (97)

第一节 珠宝首饰商品分类及商品标准 (97)

第二节 珠宝首饰标准商品 (107)

第三节　珠宝首饰非标准商品 …………………………………… (111)
　　第四节　珠宝商品的网络营销适用性 …………………………… (113)

第七章　珠宝网购消费者特点分析 ………………………………… (123)
　　第一节　消费者的心理需求 ……………………………………… (123)
　　第二节　消费者的购买动机 ……………………………………… (129)
　　第三节　珠宝消费者的购买行为分析 …………………………… (133)
　　第四节　珠宝网购消费者的特点 ………………………………… (139)

第八章　珠宝电子商务与大数据 …………………………………… (145)
　　第一节　珠宝行业与大数据 ……………………………………… (145)
　　第二节　珠宝首饰评估与大数据 ………………………………… (152)

第九章　珠宝加工行业在互联网中的发展——以翡翠雕刻为研究 … (162)
　　第一节　传统翡翠雕刻行业概况 ………………………………… (162)
　　第二节　互联网背景下翡翠雕刻行业的发展 …………………… (168)
　　第三节　互联网背景下的玉雕行业发展新趋势 ………………… (175)

第十章　珠宝互联网金融 …………………………………………… (183)
　　第一节　珠宝融资现状 …………………………………………… (183)
　　第二节　珠宝互联网金融 ………………………………………… (185)

参考文献 ……………………………………………………………… (193)

第一章　珠宝电子商务概述

第一节　电子商务的发展历程

一、电子商务的起源

目前，人们所提及的电子商务多指在网络上开展的商务活动，即通过企业内部网（Intranet）、外部网（Extranet）以及 Internet 上进行的商务活动。然而，电子商务还有更广的含义，即一切利用电子通信技术和使用电子工具进行的商务活动，都可以称为电子商务。广义上的电子商务的发展历史，可以分为三个发展阶段：

（一）电子商务的产生与起步

1. 电报

电报是最早的电子商务工具，是一种用无线电信号传递文字、照片、图表等的通讯方式，后来发展出智能用户电报（Telex）。从本质上说，智能用户电报是将基于计算机的文本编辑、文字处理技术与通信技术相结合的产物。

2. 电话

电话是一种广泛使用的电子商务工具。电话用途广泛，设备较便宜。在移动互联网快速发展之前，电话仅仅是为书面的交易合同或产品实际交送作准备；但现在，可视电话、电话支付、视频和文件传输都成为现实。

3. 传真

传真提供了一种快速进行商务通信和文件传输的方式。传真与传统的信函服务相比，主要的优势在于传输文件的速度更快，但缺乏传送声音和复杂图形的能力，也不能实现相互通信，并且传送时还需要另一个传真机或电话。这些特点造成传真在个体的消费者中使用得较少。

4. 电视

电视广告和电视直销在商务活动中越来越重要，但电视购物需要消费者通过电话或者电脑认购,即电视是一种"单通道"的通信方式,消费者不能积极地寻求出售的货物或者与卖家谈判交易条件。

由电报、电话、传真和电视带来的商业交易在过去的几十年间日益受到重视,由于它们各有优缺点,所以人们在商务活动之中互为补充地使用四者。在移动互联网的今天,这些电子商务工具的传统功能仍在商务活动中发挥重要作用。

(二)专用网络与 EDI 电子商务

EDI 是 Electric Data Interchange 的缩写,中文一般译为"电子数据交换",有时也称为"无纸贸易"。国际标准化组织将 EDI 定义为一种电子传输方法,使用这种方法,需首先将商业或行政事务处理中的报文数据按照一个公认的标准,形成结构化的事务处理的报文数据格式,进而将这些结构化的报文数据经由网络,从计算机传输到计算机。EDI 系统就是电子商务系统,EDI 被认为是电子商务的早期形式,被称为 EDI 电子商务。

1. 基于 Internet 的 EDI

Internet 是世界上最大的计算机网络,近年来得到迅速发展,它对 EDI 产生了重大影响。Internet 是全球网络结构,对数据交换提供了许多简单而且易于实现的方法。Internet 和 EDI 的联系为 EDI 的发展带来了生机。

2. Web-EDI

E-mail 是最早把 EDI 带入 Internet 的,但最初的简单电子邮件协议(STMP,Simple Mail Transfer Prtocol)在安全方面存在这样几个问题:①保密性问题——E-mail 在 Internet 上传送明文,保密性较差;②抵赖问题——E-mail 很容易伪造,并且发送者可能否认自己是 E-mail 的作者;③确认支付问题——简单电子邮件协议不能保证买卖双方正确交付了 E-mail,无法知道是否丢失。

以上问题可由 Web-EDI 解决,Web-EDI 被公认为目前 Internet-EDI 中最好的方式,Web-EDI 的目标是允许中小企业只需通过标准化的浏览器软件和广泛应用的 Internet 去执行 EDI 交换。

总之,Internet 的出现使得传统的 EDI 从专用网络扩大到了 Internet,以 Internet 作为互联手段,将它同 EDI 技术相结合,提供一个较为廉价的服务环境,可以满足大量中小型企业对 EDI 的需求。

(三)Internet 的电子商务发展

Internet 是一个联接无数遍及全球范围的广域网和局域网的互联网络,它成为了目前人们工作、学习、休闲、娱乐、相互交流以及从事商业活动的主要工具。

根据《2015 年度中国电子商务市场数据监测报告》,2015 年,中国电子商务交易额达 18.3 万亿元。其中,B2B 电商交易额 13.9 万亿元,网络零售市场规模 3.8

万亿元。

截至2016年6月,中国网民规模达7.1亿,互联网普及率达到51.7%。2016年上半年,中国网民的人均周上网时长为26.5h,比2015年提高0.3h。中国互联网络信息中心(CNNIC,China Internet Network Information Center)发布的第38次《中国互联网络发展状况统计报告》显示,我国手机网民规模达6.56亿。中国的电子商务已迈入快速腾飞阶段。

二、网络媒体与网络广告

(一)网络媒体

网络媒体是继报纸、无线电广播和电视之后出现的"第四种媒体",拥有庞大的广告和营销潜力。网络媒体的快速发展带动了新兴产业——网络媒体服务业的诞生。最初的网络媒体以提供信息服务为主,如雅虎提供强大的信息搜索引擎,极大地方便了网民的信息搜索活动。

1. 网络媒体的类型

(1)网络新兴媒体。新媒体是继报刊、广播、电视等传统媒体(或称之为旧媒体)之后,在信息化时代,借助数字技术、网络技术等高科技成果,所形成的新的传播手段和传播形式。新媒体实际上是相对于以往传统媒体的新兴的媒体形态,就目前的技术表现而言,新媒体主要体现在互联网和手机媒体两大类上。广义上的"新媒体"可以作如下界定:是利用数字技术、网络技术和移动通信技术,通过互联网、宽带局域网、无线通信网和卫星等渠道,以电视、电脑和手机为主要输出终端,向用户提供视频、音频、语音数据服务、连线游戏、远程教育等集成信息和娱乐服务的所有新的传播手段或传播形式的总称。新媒体是信息的集成者,可以提供各种信息,如热点新闻、商业广告、产品信息等,作为门户网站,它们还提供强大的信息搜索功能。

(2)传统媒体上网。报纸、电视等传统媒体在认识到互联网巨大的潜力后,纷纷把网络作为一种新的传播渠道。如《人民日报》相继建立了自己的网站和微信公众号,作为对于传统媒体的补充。由于传统媒体已经建立稳定的信息来源渠道,所以在新闻信息等方面占有独特的优势。但像人民网等网站已不是《人民日报》的简单翻版,而是内容更广泛,服务功能更多样化,将自身发展定位于大型综合网站的平台。

(3)综合媒体。网络媒体与传统媒体的整合能形成综合媒体,其中最具代表性的是美国在线兼并时代华纳。美国在线是新媒体产业的领头羊时代华纳是世界最大的媒体公司。兼并后,美国在线依靠时代华纳获得权威信息,后者利用前者的网络技术扩大自己的市场份额,增强竞争力。

(4)自媒体。自媒体是一个普通市民经过数字科技与全球知识体系相连,提供并分享其真实看法、自身新闻的途径。自媒体是信息共享的即时交互平台,是利用网络新技术进行自主信息发布的那些个体传播主体。自媒体从属于新媒体,自媒体是新媒体大树上一段强有力的枝丫,而不是有别于新媒体的一个全新物种。自媒体的技术背景与新媒体没有任何区别,自媒体属于新媒体。新媒体的概念中涵盖着自媒体,自媒体不等于新媒体。对自媒体与传统媒体进行比较分析时,二者最本质的区别在于传播主体发生了变化,传播行为由专业媒体机构主导传播变成了普通大众主导传播,将传统的"点对面"的传播形式转化为"点对点"的对等传播。某知名主播于2015年10月开始在网上上传原创短视频,2016年2月份凭借变音器发布原创短视频内容而走红,2016年3月获得1200万元人民币融资,估值1.2亿元人民币左右。

2. 网络媒体的特点

(1)以综合性网站为主。目前,网络媒体提供范围广泛的各种信息,以及各种信息服务,把自己的发展定位于大型综合性网站,其发展目标是成为像凤凰网和新浪网这样的门户网站。

(2)提供免费信息。目前各个网络媒体都主要依靠提供各种免费信息获得访问者的注意力,建立自己的顾客基础,所以各大网站都在免费提供足够精彩的内容以吸引足够多的用户。

(3)主要依靠上游商家获得收入。目前,网络媒体的主要盈利手段包括网络广告、商品利润分成等。网络媒体提供免费信息建立庞大的顾客基础之后,向企业出售广告空间,获得广告收入。

3. 网络媒体的发展趋势

(1)综合性网站向专业性网站发展。中国珠宝玉石首饰行业协会(原中国宝玉石协会),简称中宝协,成立于1991年,隶属国土资源部,为社会团体法人,办公地点设在北京。目前中宝协单位会员已超过2000家,其中特大型规模企业已超过200家,并根据专业分工下设14个分支机构。中宝协以"服务企业、发展产业、规范行业"为宗旨,在梳理行业政策,打造良好的政策环境方面做了大量卓有成效的工作。同时,中宝协站在推动整个行业发展的高度,推进行业品牌建设,开展"中国珠宝首饰行业信用评价"服务,为中国珠宝品牌的持续提升,奠定了基础,积蓄了能量。

(2)免费服务向收费服务发展。网络免费的游戏规则也在逐步地改变,一些高价值的信息也要收费。如国务院发展研究中心信息网在提供很多免费信息的同时,也对部分的信息收取高额费用。

(3)网络新媒体向综合媒体发展。网络媒体比传统媒体的传播更快捷、更广泛,但是传统媒体可以覆盖不同的受众群体,并在内容的提供上有优势。所以网络媒体应该与传统媒体相互借鉴,相互渗透,向综合媒体发展。

(二)网络广告

网络广告是在网络媒体上发布的广告。网络广告随着网络媒体的发展而迅速发展,特别是伴随着自媒体和网络视频的发展快速而腾飞。实力传播(Zenith,2015)预测:2016年全球广告支出将增长4.6%,到年底将接近5790亿美元。2015年网络广告占全球广告市场的29.5%,和2014年比份额增长3.7%。在2017年网络广告超过电视广告成为全球最大的广告媒介,到2018年预计网络广告将占全球广告市场的37.6%。中国互联网产业在各个层面步入快车道,惊人的增长速度足以证明其新生的力量。

1. 网络广告的主要类型

(1)旗帜型广告。网络媒体者在自己网站的页面中分割出一定大小的一个画面发布广告,因其像一面旗帜,故被称为旗帜广告。旗帜广告允许客户用极简练的语言、图片介绍企业的产品或宣传企业形象。

(2)按钮型广告。这是网络广告最早和最常见的形式,通常是一个链接着公司主页或站点的公司标志(logo),并注明"click me"的字样,希望网络浏览者主动点选,以了解有关公司或产品更为详尽的信息。

(3)主页型广告。主页型广告是指将企业所要发布的信息内容分门别类地制作成主页,放在网络服务商的站点或企业自己的站点上。主页型广告可以详细地介绍企业的相关信息,从而让用户全面地了解企业以及企业的产品和服务(图1-1)。

图1-1 玉雕界主页型广告

以上是三种最为常见的网络广告类型,其他的网络广告类型还有:列表分类播发型广告、电子杂志广告、新闻式广告、链接广告和综合广告等。

2. 网络广告的特点

(1)网络广告客户向多样化方向发展。网络广告客户从最初的 IT 企业发展到现在的各行各业,另外客户的类型也有很大的变化,跨国企业、国营企业、民营企业都愿意投入网络广告,用少量的钱来达到比较大的宣传效果。

(2)网络广告的形式向多样化和复杂化方向发展。网络技术和多媒体技术的发展,促进了网络广告形式的发展。特别是 VR(Virtual Reality,虚拟现实)技术的出现,会进一步推动网络广告的快速发展。

三、网络零售与网络拍卖

(一)网络零售

网络零售是中间商利用网络销售产品,包括有形产品和无形商品。网络零售伴随着网络经济的发展而经历了一个迅猛发展的阶段。根据中国电子商务研究中心发布的《2015 年度中国电子商务市场数据监测报告》显示,2015 年,中国电子商务交易额达 18.3 万亿元,同比增长 36.5%,增幅 5.1%。

1. 网络零售的类型

(1)新兴网上商店。包含企业网上商店和个人网上商店,国外以亚马逊(Amazon)为代表,国内以京东为代表。网上商店是零售发展的一种新形式。这类商店直接从生产者进货,在网络上提供货物清单和商品介绍,然后折扣销售给消费者。

(2)传统网上商店。传统的零售商建立网上商店,作为对于传统渠道的补充。武汉的中百网是在传统商店的基础上兴建的网上商城。这类商店有自己稳定的进货渠道,网上销售的产品类型和产品的布局基本上与传统商店相同。

2. 网络零售存在的问题

根据中国互联网络信息中心(CNNIC)发布的第 37 次《中国互联网络发展状况统计报告》显示,截至 2015 年 12 月,中国网民规模达 6.88 亿人,其中网购用户规模达到 4.13 亿人,比例高达六成。在支付方式上,使用网上支付的比例呈现逐年递增趋势,网上支付的实现、网购产品的质量保证、网购的安全势必会成为影响网上购物的重要因素。

网民目前最大的担忧除了网购产品的质量保证之外,还有对于网购交易安全能否保证存在一定顾虑。网络零售商能否妥善解决这些问题,获得用户信任,是决定网络零售能否持续快速发展的关键。

（二）网络拍卖

网络拍卖是指网上商店提供商品信息，但不确定商品的价格，商品的价格通过拍卖形式由会员在网上相互叫价确定，出价高者就可以买到该产品。网络技术给拍卖行业带来巨大的发展契机。1995年eBay的诞生拉开了网络拍卖的序幕，一年后eBay就开始盈利。2014年7月，苏富比宣布与电商平台eBay建立合作关系，2015年举办了在线实时拍卖，在特定的拍卖会上，eBay的注册用户可以在线参与竞拍。

1. 网络拍卖的类型

（1）平台式拍卖网站。这类网站拍卖的商品一般由第三方提供，拍卖服务主要采用C2C或者B2C模式，网站的经营目标是促成用户之间的在线交易。注册用户登录到网站后，即可通过页面或电子邮件进行交易或跟踪拍卖的进程。

（2）专业拍卖网站。这类网站一般以B2B经营模式为主，专注于某个行业的拍卖网站。这类网站有明确的目标市场，因此比平台式拍卖网站更具优势。调查表明，目前在全球成功拍卖的记录中，对于相同的拍卖品，在专业拍卖网站的成交率比平台式拍卖网站要高出30%~40%。

2. 网络拍卖的特点

目前经营最成功的拍卖网站是eBay，本书以它为例说明拍卖网站的经营特点。

（1）拍卖网站不直接参与拍卖活动。eBay只为买卖双方提供交易空间，本身不接触商品，不参与资金结算，不负责库存，不承担运输费。所以网站不会与客户直接发生商品交易纠纷，保证了网站的通畅运营和业务的庞大增长。

（2）拍卖网站通过"场地费"和"成交费"获得收入。eBay对每件拍卖物品收取"场地费"，还从每笔交易中收取"成交费"，这使eBay可以直接从交易中获得大量收入。

（3）拍卖网站负责管理拍卖市场。交易安全和交易双方的信用是拍卖活动中至关重要的两个方面。eBay设计了一个信用评价解决方案，评价买卖双方的信用，此外，eBay还与保险公司合作，为拍卖交易提供安全保障。

四、网络直销与网络虚拟市场

（一）网络直销

网络直销与传统直接分销渠道一样，都没有营销中间商。不同的是，顾客可以直接从生产企业网站进行订货。生产企业借助网上银行提供支付结算的功能，通过与一些专业物流公司进行合作,或建立有效的物流体系,解决商品的配送问题。

1. 网络直销的运作模式

网络直销的典范是戴尔计算机公司,本书以 Dell 为例说明网络直销的运作模式。

(1)顾客提交订单。顾客在 Dell 公司的网站上选择自己满意的计算机配置,填写并提交订单。

(2)顾客付款。顾客在 Dell 公司的网站上选择适合自己的付款方式进行付款。

(3)计算机装配。Dell 公司在收到订单和货款后,把订单转到中国台湾的组装厂进行组装。

(4)送货。Dell 委托联邦快递把组装好的计算机送到顾客手中。

(5)售后服务。Dell 公司把网上售后服务作为主要的售后服务方式。比较简单常见的问题通过 FAQ 解答,比较复杂和不常见的问题提交给专门的技术人员解答或提供上门服务。

2. 网络直销的特点

(1)市场反应快。网络直销使生产商直接与顾客接触,可以快速地了解顾客需求的变化,增强生产商对市场的反应能力。

(2)网上支付。网络直销要求实现网上直接支付。

(3)物流配送。能否把货物在顾客指定的时间内完好无损地送到顾客指定的地点,是网络直销能否获得顾客信任的关键环节。

(4)柔性化生产。网络直销实行的是"按订单生产"的经营模式,企业内部必须实现柔性化生产,能够以较低的成本快速满足顾客变化的需求。

(二)网络虚拟市场

网络虚拟市场是网络公司募集会员共同建立的一个能提供丰富商业信息和交换场地的商务网站。这种被称为"商业门户"的网站是商务信息的集散地,这类网站可以达到商业活动的各个环节,因此对于企业,特别是中小企业有很强的吸引力。

1. 网络虚拟市场的类型

(1)仅提供信息服务的网站。这类网站仅为企业提供信息服务,而不介入企业之间具体的交易活动。"阿里巴巴"是这类网站的典型代表。

(2)提供全方位服务的网站。这类网站除了提供信息服务外,还提供网络广告、企业网站的建设与管理等多项增值服务。

2. 网络虚拟市场的特点

（1）服务对象。服务对象主要是企业，特别是中小企业。

（2）产品类型。网络虚拟市场销售的产品类型不受限制。

（3）盈利模式。仅提供信息服务的网站主要通过收取中介费用、会员费维持运转；提供全方位服务的网站除了收取中介费和会员费之外，还可以通过提供的增值服务获得收入。

（4）企业的市场范围拓展。网络虚拟市场开拓了企业的视野，拓展了企业的市场，使企业的市场由省内拓展到省外，由国内拓展到国外。

（5）企业的商业机会增多。市场的拓展带来更多商机，买方可以以更低的价格获得更好的产品，卖方可以找到出价更高的买主。

五、网络服务与电子政务

（一）网络服务

网络服务是通过互联网来实现服务。随着网络经济的发展，网络服务业也得到迅速的发展。

1. 网络服务的类型

（1）网络金融服务。网络金融服务商借助于企业金融分析软件，为顾客提供方便的网上金融服务。如证券之星以金融理财产品为核心，为用户提供专业、及时、丰富的财经资讯。

（2）网上教育培训服务。网上教育培训服务是借助于网络实现远程教育。

（3）网上人才服务。网上人才服务提供各地人才市场的需求信息，帮助人们找到满意的工作。"前程无忧网"是国内第一个集多种媒介资源的专业人力资源服务系统。

（4）网上银行。网上银行为网络交易提供电子支付服务。目前我国各大银行都提供了网上支付服务，支付宝和微信支付也都提供相应的支付服务。

2. 网络服务的特点

（1）网络服务突破了传统服务行业的时空限制，拓展了服务行业的市场空间。传统服务由于生产和消费的同时性，市场空间往往局限于某一地区；网络服务则可以到达 Internet 所覆盖的任何地方。

（2）网络服务可以满足顾客的服务个性化要求。顾客可以借助网络直接向企业提出要求，企业则针对顾客的需求提供特定的一对一服务。

（3）网络服务的盈利方式主要是收取会员费和中介费。

（二）电子政务

电子政务是政府在其管理和服务职能中运用现代信息和通信技术,实现政府组织结构和工作流程的重组优化,超越时间、空间和部门分隔的制约,全方位地向社会提供优质、规范、透明的服务,是政府管理手段的变革。我国电子政务建设始于1999年的政府上网工程。

1. 电子政务的种类

(1)政府办公自动化。政府建立文件资料的电子化中心,实现电子化、网络化办公。

(2)政府调控电子化。政府通过网络实现对于市场的管理和控制。

(3)政府规范电子商务活动。政府要根据电子商务的发展状况,制定相应的电子商务法律法规,规范电子商务活动,促进电子商务市场的健康发展,保护企业和消费者的利益。

2. 电子政务的特点

(1)政府工作效率提高。电子政务借助先进的信息技术和网络技术,帮助政府节约成本,提高工作效率。

(2)管理透明化。政府通过网络及时公布其管理制度、政策变化等,增加了管理透明度。

(3)政府管理公平化。电子政务可以在很大程度上杜绝"暗箱操作",促进政府的公平化管理。

3. 电子政务的发展趋势

(1)进一步推进政府与公众的双向交流。加强政府与公众的互动,鼓励公众关心国家政策,积极地参与到社会的管理之中。

(2)改善政府工作流程。提高政府的透明度、规范化、实时性和全天候运作,促进政府机构高效、互动和廉洁。

(3)建立公正、公平、透明的电子商务法制体系。政府应该进一步建立和完善有关电子商务的法律法规,促进电子商务市场的健康有序发展。

第二节 电子商务的概念

一、电子商务的概念

(一)电子商务的定义

电子商务这一概念自产生起,就没有一个统一的定义,不同研究者、不同组织从各自的角度提出了对电子商务的认知。欧洲议会认为:电子商务是通过电子方式进行的商务活动;美国政府认为:电子商务是通过 Internet 进行的各项商务活动;世界贸易组织电子商务专题报告中认为:电子商务就是通过电信网络进行的生产、营销、销售和流通活动,它不仅指基于 Internet 上的交易,而且指所有利用电子信息技术来解决问题、降低成本、增加价值和创造商机的商务活动;美国学者瑞维·卡拉科塔和安德鲁·惠斯顿认为:电子商务是一种现代商业方法;中国学者李琪博士在其《中国电子商务》一书中指出:广义的电子商务即电子工具在商务活动中的应用,狭义的电子商务即在技术、经济高度发达的现代社会里,掌握信息技术和商务规则的人,系统化地运用电子工具,高效率、低成本地从事以商品交换为中心的各种活动的全过程。

本书认为,电子商务是利用现代电子工具(包括现代通信工具和计算机网络)及技术进行的商务活动,包括企业的经营管理和市场贸易等相关商务活动。

(二)电子商务的内涵

(1)电子商务的前提。电子商务的前提是"电子",这里的电子指现代信息技术及工具;包括计算机技术、数据库技术、网络技术等。电子商务与传统商务的区别在于:电子商务利用了现代电子工具进行商务活动,而传统商务则主要依赖手工系统来实现商务活动。

(2)电子商务的核心。电子商务的核心是人。首先,电子商务是一个社会系统;其次,商务活动是各个利益关系人组成的关系网;最后,在电子商务活动中,虽然充分强调工具的重要性,但归根结底起关键作用的是人。

在电子商务时代,能够取得商业成功的人必然是掌握现代信息技术、现代商贸理论与实务、相应专业技术的复合型人才。

(3)电子商务的基础。电子商务的基础是电子工具的使用。高效率、低成本、高效益的电子商务,必须以成系列、成系统的电子工具为基础。

(4)电子商务的对象。电子商务的对象是社会再生产环节(生产、流通、分配、交换、消费)中,发展变化最快、最活跃的流通、分配和交换三个环节。通过电子商务,可以大幅度减少不必要的商品流动、物资流动、人员流动和货币流动,减少商品经济的盲目性,减少有限物质资源、能源资源的消耗和浪费。

(三)电子商务的应用层次

电子商务的应用可以分为三个层次和类型(图1-2)。

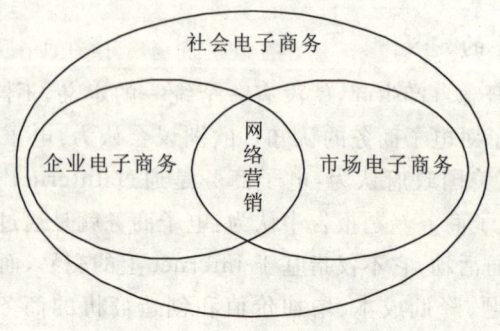

图1-2 电子商务的应用层次

(1)市场电子商务。电子商务的第一个层次是面向市场的、以市场交易为中心的活动。它包括促成交易实现的各种商务活动,其中网络营销是最重要的网上商务活动;它还包括实现交易的电子贸易活动。

(2)企业电子商务。电子商务的第二个层次是指如何利用Internet来重组企业内部经营管理活动,与企业开展的电子贸易活动保持协调一致。

(3)社会电子商务。电子商务的第三个层次是指整个社会经济活动都以Internet为基础,如电子政务是指政府活动的电子化,包括政府通过Internet处理政府事务等。

第三个层次的电子商务是第一个层次和第二个层次电子商务的支撑环境。只有三个层次的电子商务共同协调发展,才可能推动电子商务朝着良性循环方向发展。

二、电子商务的分类

(一)按电子商务参加的主体划分

1. 企业与消费者之间的电子商务

企业(Business)与消费者(Consumer)之间的电子商务可以说就是通过网上商店(电子商店)实现网上在线商品零售和为消费者提供所需服务的商务活动,简称为 B2C(B to C 或 B-C)电子商务。这是大众最为熟悉的一类电子商务类型。随着互联网技术和工具的快速发展,企业与消费者之间的电子商务引发了商品营销方式的重大变革,无论企业还是消费者都从中获益匪浅。

2. 企业与企业之间的电子商务

虽然企业与消费者之间的电子商务发展强劲,但企业间的商务活动的规模仍是消费者直接购买的数倍,是电子商务的重头。

企业(Business)对企业(Business)的电子商务是指在 Internet 上采购商与供应商谈判、订货、签约、接受发票和付款以及索赔处理、商品发送管理和运输跟踪等所有活动,简称 B2B 电子商务。

3. 消费者之间的电子商务

消费者(Consumer)与消费者(Consumer)之间通过 Internet 进行相互的个人交易,简称 C2C 电子商务。这种模式为消费者提供了便利与实惠,成为电子商务迅速普及与发展的重要环节,主要表现为网络零售和网络拍卖。

4. 企业与政府之间的电子商务

企业(Business)与政府(Government)之间的电子商务涵盖了政府与企业间的各项事务,包括政府采购、税收、商检等,简称 B2G 电子商务。

5. 企业内部电子商务

企业内部电子商务是指在企业内部通过网络实现内部物流、信息流和资金流的数字化。它的基本原理同企业间电子商务类似,只是企业内部进行交换时,交换对象是相对确定的,交换的安全性和可靠性要求较低。

(二)按电子商务交易的对象划分

1. 有形商品交易的电子商务

有形商品指的是占有三维空间的实体类商品,这类商品的交易过程所包含的信息流和资金流可以完全实现网上传输。有形商品电子商务由于三流(信息流、资金流、物流)不能完全在网上传输,因此可称为非完全电子商务。

2. 无形商品交易的电子商务

无形商品是指包括软件、电影等可以数字化的商品。无形商品电子商务完全可以在网络上实现,因而这类电子商务属于完全电子商务。

(三)按消费者体验方式划分

1. 线上体验的电子商务

线上体验的电子商务是指对于电子商务商品,消费者只能够通过 Internet 进行认知和体验的电子商务。目前,这种电子商务仍占据电子商务的绝大比例,对商品的认知和体验主要通过照片、视频等方式,伴随着VR技术的进一步发展,线上体验的商品会越来越多。

2.线下体验的电子商务

线下体验的电子商务是指对于电子商务商品,消费者可以通过实体店铺和Internet共同进行认知和体验的电子商务。这种电子商务在特定商品(如手机、珠宝等商品)的营销中,扮演重要角色,图1-3为"玉雕界"全国巡展。

图1-3 玉雕小品馆全国巡展

第三节 珠宝电子商务

(一)珠宝电子商务的概念

1. 珠宝电子商务的定义

珠宝行业在中国是一个经历了几千年发展的古老行业。珠宝首饰行业是非常古老的行业,珠宝首饰文化是人类文明的重要组成部分,尚美的天性使人类自古就对珠宝首饰充满向往。在世界经济中,珠宝首饰行业占有十分重要的地位,在有些国家甚至已发展成为支柱产业。

珠宝电子商务是指利用现代电子工具(包括现代通信工具和计算机网络)及技术进行的珠宝商务活动。主要包含珠宝企业内部的经营管理活动和珠宝企业外部的市场贸易活动。

珠宝企业内部的经营管理电子商务活动主要是指大型珠宝企业总部、珠宝直营店铺、珠宝加盟店铺等在货品调配、货品库存等方面的经营管理活动。由于珠宝商品在珠宝品种、单一珠宝品种品质、珠宝成品造型等方面受到珠宝企业资金等各方面影响,因此珠宝企业内部的经营管理电子商务活动在大型珠宝企业应用较多。

珠宝企业外部的市场贸易电子商务活动是指在珠宝企业、珠宝零售商、珠宝销售个体出售珠宝产品的过程中,从珠宝售前服务到售后服务的各个环节利用现代电子工具及技术,进行珠宝品种宣传、珠宝产品展示等工作。

珠宝电子商务是目前珠宝行业提高自身竞争力的必要手段,也是珠宝行业发展的趋势,更是实现传统珠宝行业在新形势下快速发展的重要手段。

2. 珠宝电子商务的内涵

珠宝电子商务是珠宝和电子商务的结合与碰撞,是"互联网+"珠宝的展现,拥有独特内涵。

(1)古老行业的接纳性。珠宝行业作为古老的行业之一,中国玉器已经有7000年以上的历史。在这数千年的科技进步与发展中,珠宝行业面对新技术、新工艺、新方法,都展现出了自身的接纳性、融合性,但又保持了本性的一面。面对现代电子工具及技术,珠宝行业也在缓慢接纳并接受这一新工具、新方法。

(2)粗犷型经营的不适应性。传统珠宝经营策略中,除了利用自身工艺水平来获利之外,珠宝企业和珠宝商最主要是利用信息不对称这一粗犷式经营策略进行获利。而现代电子工具及技术的重要作用就是打破信息不对称这一壁垒,这跟绝大部分珠宝企业和珠宝商的经营策略是存在巨大矛盾的。粗犷型经营策略被现代电子工具及技术打破,造成了早期传统珠宝企业和珠宝商对珠宝电子商务的巨大排斥。

(3)从业人员的不匹配性。珠宝电子商务需要掌握现代信息、现代珠宝知识、现代商贸理论的复合型人才,这与传统珠宝行业从业人员知识文化储备不足、人员素质不高的状况产生了非常大的冲突。在珠宝电子商务发展初期,传统珠宝行业从业人员对具备技能的复合型创业人才展现出了较强排他性。

(4)珠宝商品展示的有利性。现代电子工具和技术的出现及快速发展,使图片、视频等有利于珠宝商品展示的工具得到了大量应用。珠宝商品最大的特点在于美感,而美感的体现离不开展示。现代电子工具和技术使珠宝不仅能够在柜台内进行传统展示,还可以通过图片、视频等工具,在互联网上进行多方位展示。

(5)珠宝交易的便利性。珠宝交易的便利性体现在营销的便利和支付方式的便利两个方面。通过互联网利用珠宝的图片、视频进行营销,摆脱了传统珠宝营销面对面的方式,拓宽了营销渠道和方法。珠宝交易最传统的支付方式为现金支付,至今缅甸翡翠交易仍然使用这一交易模式,这一传统方式会造成交易不便,并存在明显安全隐患,而现代支付工具的使用,极大程度地改变了这一现状。

(6)珠宝知识传播的广泛性。珠宝行业受困于珠宝知识的专业性、珠宝商品的多样性、珠宝商品的高价值和真假性等特点,对普通消费者而言,珠宝消费是存在较大困扰的消费行为。而利用现代电子工具和技术,珠宝知识得以广泛传播。消费者对珠宝品种、珠宝真假、珠宝价值等都会进一步加强认知,并且在客观上会提高潜在消费的可能性。如图1-4所示。

图1-4 彩宝知识大全

3. 珠宝电子商务的起源

虽然20世纪80年代,世界第一家网络钻石贸易平台Polygon就已上线,但谈到珠宝电子商务,不得不说一家珠宝电商代表性企业——美国蓝色尼罗河(Blue Nile)。美国蓝色尼罗河(Blue Nile)是全球最大的网络钻石销售商,只用6年时间就在纳斯达克上市。其成功的秘诀在于清晰明确的定位——纯粹通过网络卖钻石。

蓝色尼罗河由瓦登(Mark Vadon)创立。1998年,缘于一次非常糟糕的线下购物体验,瓦登将购买订婚戒指的目光转向了网上,他在一家网站上成功地买到了戒指,同时也顺手把这家网站买了下来。1999年3月,RockShop.com上线;同年11月,在收购了另外一家珠宝商以后,公司改名为蓝色尼罗河,并正式推出了"蓝色尼罗河"品牌的珠宝;2002年,蓝色尼罗河成功扭亏;2003年,蓝色尼罗河营业收入强劲增长78.7%;2004年,蓝色尼罗河登陆纳斯达克。蓝色尼罗河采用的是"无库存"的运作模式。订婚钻戒是公司最主要的业务(虽然近几年蓝色尼罗河增加了彩宝和非婚戒业务,但婚戒在整体收入中仍占大头)。

在蓝色尼罗河的网站上,婚戒的钻石和戒托是分开展示的,消费者可以根据自己喜好自由搭配钻石和戒托。在收到消费者的订单以后,蓝色尼罗河公司再向上游供应商下单采购相应的裸钻,经过镶嵌以及其他工序加工处理后交付消费者。蓝色尼罗河公司利用上游供应商的裸钻库存展示给消费者,这种"虚库"运作模式对用户体验的影响并不大,在上市时,蓝色尼罗河就宣布,网站上可供选择的钻石种类高达6万种,但严格意义上讲,这些钻石都归供应商所有。再通过与戒托的自由搭配,消费者实际可购买到的戒指种类高达数百万种。蓝色尼罗河从下游消费者直接获得营业收入,但与上游供应商采用账期的方式进行结算,整个过程中不用维持库存,公司的现金流非常健康。

蓝色尼罗河讲述的是一个颠覆传统珠宝行业的故事:电子商务的经营成本更低,相应的渠道费用远低于传统零售渠道。传统珠宝零售商的渠道费用通常会高达40%,而蓝色尼罗河的渠道费用只有15%,尚不到传统零售渠道的一半。更低的渠道费用,使得公司有能力向消费者提供性价比更高的产品,从而持续吸引消费者,推动公司的长远发展。珠宝电子商务从1984年在钻石这一特定品种开始,历经30余年的发展,越发壮大。

4. 中国珠宝电子商务的发展

中国珠宝电子商务企业在这些年的快速发展中,涌现了一批优秀企业,如:戴维尼、钻石小鸟、珂兰钻石、翡翠王朝等。戴维尼于2005年成立。钻石小鸟可以追溯到2002年的eBay。珂兰钻石的时间较晚,成立于2007年10月。

戴维尼在中国首创了类似谷歌的"钻石搜索引擎",使得消费者可以很便捷地获知国际市场的钻石价格,裸钻价格一目了然。2007 年,戴维尼与中国工商银行共同开发了中国首家"内嵌式珠宝平台",缔造了借助于银行的珠宝电子商务模式,银行信用卡商城实现的销售量一度占戴维尼总销售量的 50%。

2004 年,钻石小鸟在上海城隍庙开出了第一家体验店;2009 年,钻石小鸟的体验店全面升级为 4C 体验中心。珂兰钻石 2009 年 4 月才在上海开出旗舰店,此后一路高歌猛进,但因未探索出成熟稳定的盈利模式;2014 年营业收入为 6.47 亿元,亏损 1872 万元,2015 年以 6.6 亿元的价格被收购。

翡翠王朝是目前中国大型珠宝电子商务企业中,唯一不以钻石和黄金为主要商品的企业。2008 年创办以来为华人地区 10 余万中高端翠友提供过服务,是云南电子商务代表性企业之一,中国翡翠电商领军品牌,珠宝行业著名新锐,开创了翡翠电商的先河。

(二)珠宝电子商务的常见类型

1. 珠宝 B2B 电子商务

珠宝 B2B 电子商务即珠宝企业间的珠宝电子商务。珠宝行业受困于珠宝价值、物流风险等因素,大额珠宝交易业务仍基本停留在传统线下的交易模式。但某些低端珠宝已经在逐步利用 B2B 模式开展批发业务。

珠宝 B2B2C 是 B2B 模式和 B2C 模式的快速结合,即批发商—零售商—消费者这一模式的珠宝电子商务。这一模式在微信上大量体现,具体模式为珠宝批发企业(货主或珠宝电商企业)—中间零售商(微商代理)—终端消费者。在这一模式中,珠宝批发企业(货主或珠宝电商企业)针对的目标消费者其实是终端消费者(Consumer),只是受困于自身客户量等各方面因素,引入中间零售商(微商代理)。目前人人都是中间零售商(微商代理)这一现状极大损害了珠宝行业的健康有序发展(图 1-5)。

2. 珠宝 B2C 电子商务

珠宝 B2C 电子商务即珠宝企业与消费者之间的珠宝电子商务。这是目前珠宝电子商务企业采用的最常见模式,珠宝企业利用现代电子工具及技术,将产品数据库(自有产品和非自有产品)进行急剧扩充,并利用互联网进行营销。

珠宝 C2B2C 电子商务是珠宝消费者—珠宝企业—珠宝消费者这一模式的珠宝电子商务,即定制型珠宝电子商务。传统珠宝的定制型服务要求消费者和珠宝企业或者珠宝工匠必须面对面地交流,但借助于现代电子工具及技术,传统定制型服务可以在网上开展,极大地节约了双方成本,开拓了由于地域限制的广阔市场,打开了珠宝行业最上游的壁垒,将珠宝工匠与普通消费者直接对接,并从客观上提高了普通消费者的珠宝审美水平(图1-6)。

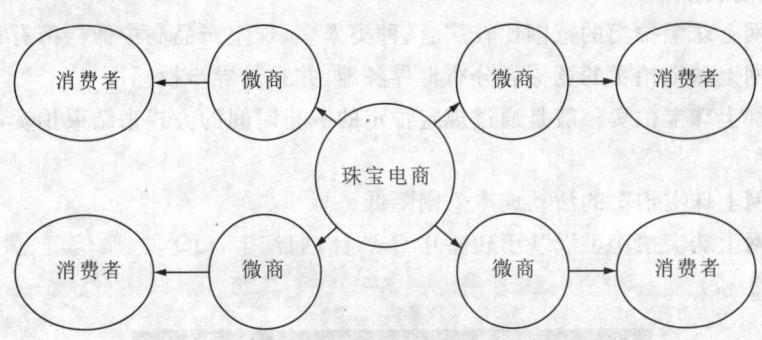

图1-5 珠宝B2B2C模式示意图

图1-6 玉雕界——翡翠C2B2C定制模式

3. 珠宝C2C电子商务

珠宝C2C电子商务即是一般珠宝消费者之间的电子商务。由于珠宝是具有耐久性的一类商品，所以消费者之间的转让、交易是大量存在的。此类模式多集中在淘宝这一平台。

4. 珠宝O2O电子商务

珠宝O2O(Online To Offline,在线离线/线上到线下)电子商务，是指将线下、线上的商务机会相结合，来完成珠宝交易的电子商务。珂兰钻石是国内重点发展O2O这一模式的珠宝企业，其线下实体体验店已接近100家。

5. 珠宝网络拍卖电子商务

珠宝网络拍卖是指双方借助于现代电子工具及技术，通过不断变化的标价进行的交易行为。目前网上珠宝拍卖可以基于 B2C 和 C2C 两种模式。网上珠宝拍卖有其自身特点：

（1）网上珠宝拍卖的范围比较广泛、种类繁多，珠宝产品高中低档都有；

（2）网上珠宝拍卖的竞买者分布世界各地，并且是异步投标；

（3）网上珠宝拍卖一般是通过规定预定的截止时间的方式来结束拍卖，确定获胜者；

（4）网上珠宝拍卖的活动成本急剧降低；

（5）网上珠宝拍卖可以基于较多中介平台，如淘宝、QQ 群、微信群、微信朋友圈等（图1-7）。

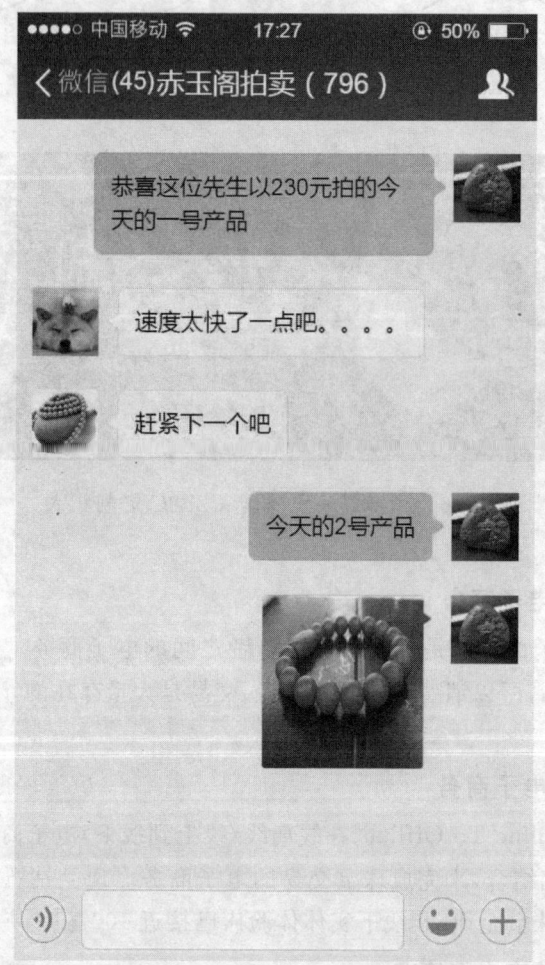

图1-7　基于微信平台的网上拍卖

第二章 珠宝电子商务的竞争优势

第一节 电子商务的竞争优势

一个企业追求的主要目标就是在竞争中始终保持领先同行业的战略优势,取得收入高速增长、成本不断降低的最大效益。电子商务与传统商业模式相比具有无可比拟的优势。

一、树立企业良好形象,建立企业品牌

在现代社会中,良好的企业形象对一个企业的生产起着至关重要的作用。在传统的商业模式中树立一个良好的企业形象不知要经过多少人长时间的奋斗才可以达到。而在电子商务环境下,却可以在较短的时间内做到这一点。企业在Internet上建立起自己的网站,通过网站可以把企业自身产品、服务的优势充分地展现出来,把企业的管理、经营理念和策略向公众很好地进行宣传,并且通过网络与大众形成良好的沟通渠道,随时了解公众需求,及时调整企业的经营战略,为顾客提供满意的产品和服务,这一切都将在公众中留下深刻的印象,从而树立起企业的良好形象,建立企业的品牌。良好的企业形象和品牌特征将会给企业带来大量的潜在顾客,对企业市场的拓展发挥着重要作用,增加企业的竞争优势。

二、增强企业的成本竞争优势

对于企业而言,降低成本是提高竞争力的重要策略,电子商务对于企业降低成本是行之有效的途径。

1. 电子商务降低采购成本

对于企业来说,物资或劳务的采购是一个复杂的多阶段过程。企业在信息获取、信息传递等方面耗费巨大的人力和物力。而 Internet 在信息传递和信息获取方面的费用极其低廉。另外,由于 Internet 上的企业众多,采用网上招标,可以寻

求更理想的供应商,以便尽可能地以较低价格完成采购。

2. 电子商务实现无库存生产

企业的各种成本中,库存成本占据不可忽视的比例。企业的库存成本包括仓库场地占用费、建造费、维护费等,并且库存占用企业大量资金。因此,减少库存以至于实现无库存是企业降低成本必不可少的措施,是企业管理中的重要目标。而电子商务能够实现原材料和成品无库存。

3. 营销成本大大降低

现代企业市场营销活动包括市场需求预测、新产品开发、定价、分销、广告、人员推销、销售促进、售后服务等。市场营销对企业生存、发展起到决定性作用,为了获得竞争优势,企业不得不在市场营销中投入大量的人力、物力和资金。而电子商务对于降低营销成本有着直接、明显的作用。企业在 Internet 上建立起自己的企业形象和品牌口碑,并与大众交流,获取他们对产品、服务、营销策略的意见。在电子商务中,企业所有员工都是营销员、服务员、售后员。

4. 降低企业组织管理费用

电子商务可以有效降低企业的交通和通信费用,通过互联网能有效解决交通和通信问题;电子商务可以有效降低人工费用,传统管理过程需要许多人处理的业务现在都可以通过计算机和互联网完成,例如智能售后;电子商务可以降低企业财务费用,借助互联网实现企业管理的信息化、网络化,可以大大降低企业对一般员工、固定资产的投入和日常运转费用;电子商务可以降低办公室租金,通过互联网,商业企业可以实现无店铺经营,工业企业可以实现无厂房经营。

三、创造新的市场机会

1. 吸引更多的顾客

企业可以突破时间和地理位置分割,并可以利用互联网实行全天候营销。

2. 吸引新顾客

作为新的营销渠道,互联网对企业传统的营销渠道是一个重要补充,它可以吸引那些在传统营销渠道中无法吸引到的顾客到网上订购。由于网上订购比较方便快捷,而且不受时间和地理位置的限制,对那些在传统营销渠道中受到限制,但又很喜欢企业产品的顾客无疑可以增加很大吸引力。

3. 增加潜在消费者

利用互联网的传播,将某一产品投向固定人群,增加潜在消费者。例如利用某品牌 APP 对阅读者进行定位,投放相关定位地区产品的推广软文或推广视频,达到增加潜在消费者的目的。

4. 开拓新产品市场

企业利用电子商务可以与顾客进行交互式沟通,顾客可以根据自身需要对企业提出新的要求和服务需求,企业可以及时根据自身情况针对消费者需求开发新产品或提供新服务。

5. 进一步细分和深化市场

企业利用电子商务可以为顾客提供定制型消费,最大限度地细分市场,满足市场中每一个顾客个性化需求。

四、缩短产品生产周期

产品的生产周期是企业制造产品所需的总时间。电子商务活动可以使生产周期缩短,从而以同等的或较低的费用生产更多的产品。利用现代电子工具及技术,在产品造型、产品细分模型等方面都可以大大缩短生产周期。

五、提高顾客满意度

1. 满足消费者个性化需求

(1)电子商务是一种以消费者为导向,强调个性化的营销方式。电子商务的最大特点在于以消费者为主导。消费者可以根据自己的个性特点和需求在全球范围内找寻满足品,不受地域限制。这种个性消费的发展将促使企业重新考虑其营销战略,以消费者的个性急需作为提供产品及服务的出发点。

(2)电子商务具有极强的互动性,是实现全程营销的理想工具。互联网双向互动的沟通方式提高了消费者的参与性和积极性,并且能够使企业的营销决策有的放矢,从根本上提高消费者的满意度。

(3)电子商务能满足消费者对购物方便性的需求,提高消费者的购物效率。电子商务使购物的过程不再是一种负担,甚至有时还是一种休闲。消费者可以在网上将各种同类产品的性能、价格进行比较以后,再做出购买决定。

(4)电子商务能满足价格重视型消费者的需求。电子商务能为企业节省巨额的促销和流通费用,使产品成本和价格的降低成为可能。而消费者则可在全球范围内找寻最优惠的价格,甚至可绕过中间商直接向生产者订货,因而能以更低的价格实现商品购买。

2. 提高顾客服务水平

(1)提高服务顾客的效率。利用互联网公布相关简单售后问题及企业相关信息,顾客可以根据情况自行寻求帮助,减少简单问题的处理时间和人力,提高服务的效率。

(2)为顾客提供满意的订单执行服务。利用互联网,顾客可以自行查找订单的执行情况,减少有关部门的人力消耗,如快递公司的快递查询。

(3)为顾客提供满意的售后服务。对于高科技产品的操作及使用问题,在互联网上允许顾客自行查找,寻求自我帮助,售后人员只需要解决一些重要问题,如手机系统的升级或某些软件的使用。

3. 加强与顾客的关系

企业利用 Internet 进行商务活动,可以利用互联网提供经济有效的沟通方式,让顾客可以搜寻需要的信息,了解企业的基本信息和可提供的商品和服务状况。电子商务可以给顾客提供更为满意的服务,建立企业与顾客的良好关系。

六、增强企业的市场反应速度

在电子商务条件下,企业组织的组织构架向网络化的扁平结构发展,信息传递的方式也向双向的"多对多式"转换。电子商务构造了企业的内部网、数据库,所有部门和其他各方都可以通过网络直接快捷地交流,管理人员间相互沟通的机会大大增加;电子商务使中间管理人员获得更多直接信息,有助于他们在企业中的快速决策。决策速度的增快,使企业的市场反应速度更快。

第二节 珠宝电子商务的竞争优势

一、用户获取优势

1. 全方位获取

传统珠宝零售企业在物理的实体商圈不再能够完全影响消费者,消费者对珠宝的认知、选购充斥在网络商城、移动终端等每一个他们可以接触到的渠道。不断涌现的新技术为珠宝潜在消费者带来了越来越丰富的零售体验模式。基于移动互联端,如在"今日头条"上进行头条号的宣传,进而获取用户。

2. 全时段获取

珠宝电子商务不同于传统珠宝企业的营业时间,采用的是 $7\times24h$ 的营业模式,因此很多传统珠宝零售商受到了巨大冲击,特别是传统珠宝个体户(因他们一般采用上午 10 点至下午 6 点的营业模式)。而移动互联网的出现对这种营业时间的冲击更大,移动互联网加剧了购物时间的碎片化,购物时间从定期到随时,消费者能随时随地进行消费。利用公众号能与珠宝爱好者进行交流,获取潜在人群信息,如图 2-1 所示的昆工珠宝微信公众号。

图 2-1 昆工珠宝微信公众号的推广

3. 个性消费者的获取

传统的珠宝消费,一般而言跟消费者年纪的大小有一定相关性,即年纪越大,珠宝消费能力越强,从而忽略绝大部分年轻人的珠宝消费。而现如今,80 后和 90

后作为越来越追求个性的消费者,是未来珠宝消费的主力。而在强调个性的时代,没有鲜明的价值观和特征的珠宝品牌,将不会被记住。如玉雕界等个性化定制品牌通过互联网,能够广泛获得个性消费者的价值认同,促成他们个性化的消费。

4. 潜在消费者的精准获取

传统珠宝企业的用户主要通过客户进店获得,部分钻石珠宝企业也会通过婚博会等方式获取。这些获取方式只能获取极小的、具有地域限制的一部分潜在顾客。而利用互联网,通过百度搜索引擎等方式方法,基本能获知全国对珠宝感兴趣的潜在消费者。利用现代电子工具及技术,利用特定方式可以获得局部地区绝大多数潜在消费者的资料,方便营销工作的进一步进行。图2-2显示的是泛亚石博会通过扫码、电话验证等方式,推广微信公众号,并精确获得潜在消费者信息。

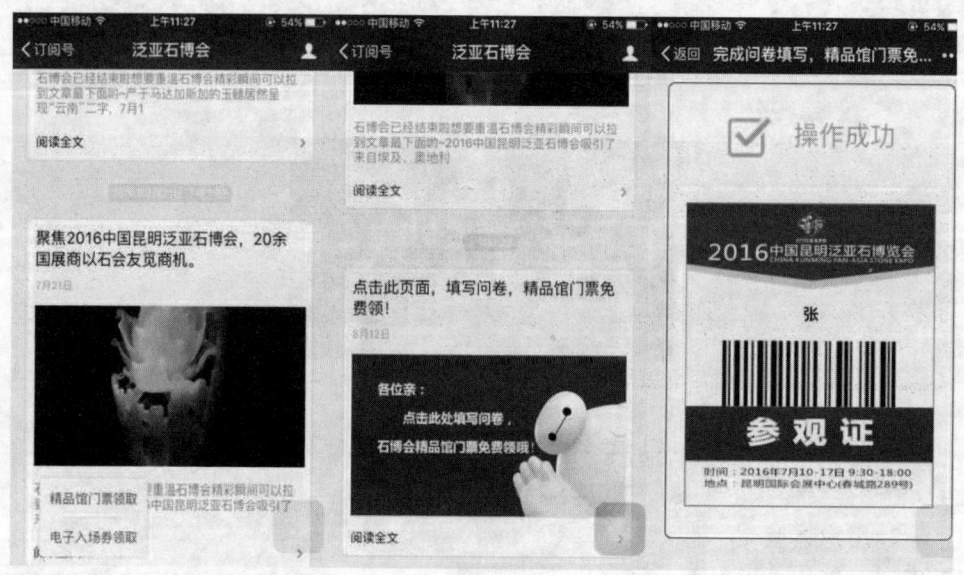

图2-2 潜在消费者信息的精准获取

5. 粉丝经济

粉丝最早是对追星族的称谓,后来随着互联网的蓬勃发展,互联网更加深入理解粉丝经济,并将它运用得炉火纯青。在传统的珠宝行业中,粉丝经济只会局部小范围地存在,例如某位赌石大亨拥有一些崇拜者,赌石卖的呱呱叫,但这种模式很难在传统珠宝行业中得到广泛推广并持续获利。而利用互联网,在专业珠宝论坛等平台上,获得大量粉丝并盈利是可行的模式。

二、产品优势

1. 产品为王

珠宝电商较传统珠宝企业拥有的是最优货源产品优势和较高品质产品聚集（图2-3）。

货品信息对称的趋势是整个经济体系发展的方向，在这样的环境下，因地域和人脉被严重分割的珠宝交易信息将会逐渐完善，并完整有序地呈现在消费者眼前，对于同样品质的珠宝产品，消费者选取"上游货源"卖家的概率会更大，而利用信息不对称牟利珠宝商家的生意也会越来越惨淡。

传统珠宝企业受困于资金、渠道、货源、产品流动等方面，很难将较高品质的珠宝产品聚集，珠宝尾货大量存在。而珠宝电商企业则可以在控制自有资金的情况下，经过对产品的严格把关，把产品做到极致。

图2-3　翡翠王朝最优货源优势

2. 用户体验

珠宝是一种消费者必须要求进行体验的产品。传统意义上的珠宝公司受困于产品体验这一特点，一般只有钻石和黄金这两个品种的珠宝较简单，能够异地发展，玉石行业很难进行异地产品体验，并且传统珠宝行业行规不允许退换货。而珠宝电商非常强有力地改变了这一现状，能够将所有珠宝产品都让消费者进行产品体验（图2-4）。珠宝电商的产品体验可以通过照片、视频、O2O电子商务、产品鉴赏期、VR技术等方式实现。

3. 微创新和以快制胜

微创新又可以称为渐进式创新，众多的微创新可以引起质变，形成变革式的创新。珠宝玉石产品的微创新可以在某一段时间内，快速地获取市场。传统玉石产

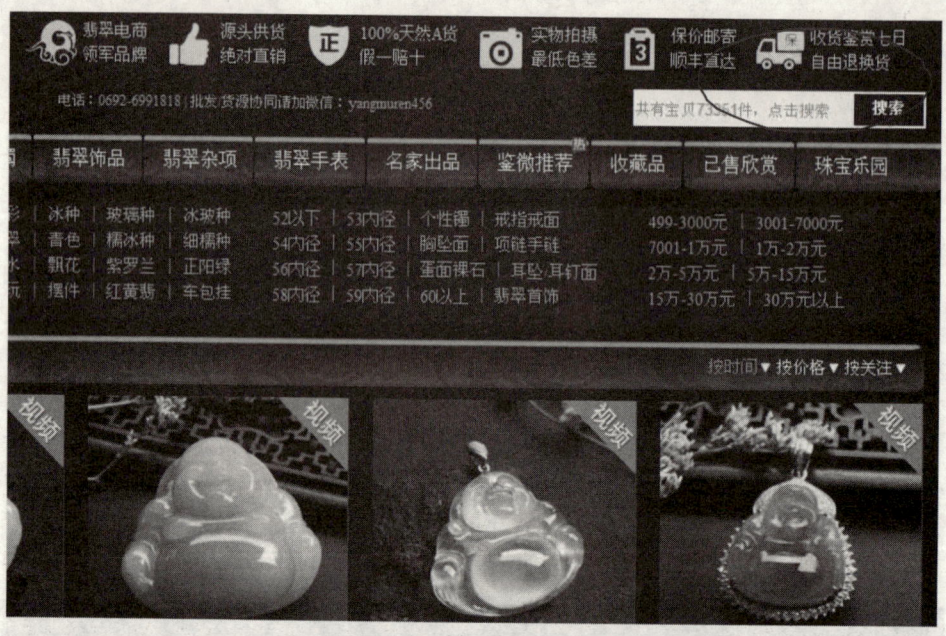

图 2-4 珠宝视频和七日鉴赏期

品中的观音和佛公一般都是需要佛光的,而没有佛光的佛教题材作品在受众和价格方面都处于劣势,一般的改进方式为镶嵌贵金属佛光。但如果能够制作出具有独创的、微创新的作品(图 2-5),就能够快速地获得市场认可。珠宝电商采用这种微创新,利用全渠道营销,快速地推介产品,占领相关珠宝市场,壮大企业。

4. 产品参与感

传统珠宝企业到目前为止还主要停留在对消费者销售珠宝成品这一阶段,部分

图 2-5 珠宝产品的微创新

定制型消费有一定的顾客参与。而目前绝大部分珠宝电商已经可以兜售珠宝产品参与感,让用户参与到产品创新中。

玉雕界的名家精修服务就是由顾客发起的一项体现参与感的服务(图2-6)。

(1)对接作品。若顾客觉得手中的作品不符合自己的审美要求,可在此基础上进行修改。

(2)确定能否精修。玉雕界每接到一件需要精修的作品后,会召集玉雕师"会诊",详细讨论,确定是否能精修。

(3)商定精修细节。在"会诊"讨论之后,玉雕界和玉雕师在确定精修方案的基础上,绘制精修设计图,并确定"出诊"的玉雕师。

(4)确定方案。玉雕界向客户反馈精修作品的设计图,并同客户讨论,若客户满意则开始精修作品;若不满意,则重新商讨精修方案。

(5)开始精修。

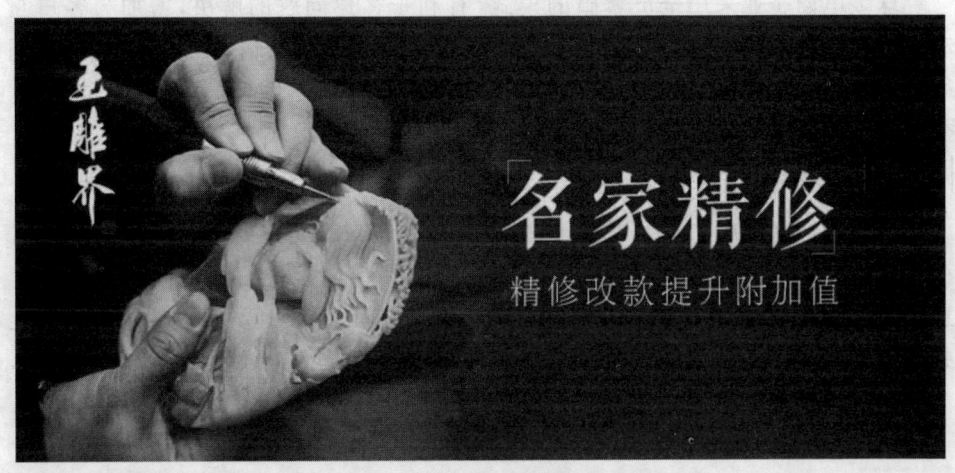

图2-6 名家精修服务

三、流量优势

传统珠宝企业的进店人流即是它的客流,人流量大的地方,门店的进店人流自然就会多,并且一般采用客服与顾客一对一的营销模式。而珠宝电子商务企业则通过全渠道营销,获得海量流量,并且客服与顾客一般采取一对多的营销模式,获得大量流量的同时减少了客服人员的投入。

四、互动优势

1. 售后客服到售前客服

对于传统珠宝企业而言,售后服务是为了解决用户的问题而存在,甚至某些企业仍然沉浸在珠宝产品没有退换货的行规之中而没有售后部门。但在珠宝电商企业中,客服的角色和重要性发生了变化,从后端支持变成了前端支柱,能够为企业带来销售和效益。这是因为珠宝电商企业打通了企业与用户之间的障碍,企业与用户直接接触,用户彼此之间直接沟通,信息自由流通。要塑造企业的品牌,就必须塑造用户的口碑,客服作为代表与用户直接接触的人员,也就成为塑造用户口碑的最前线。

2. 全员客服

珠宝电商企业采用全员客服的模式,有利于客户问题的解决,增加与客户互动。客户服务不是某个部门的事情,而是珠宝企业全员的事情,要保证客户的问题得到及时回应,就需要懂的人和有权限的人也处于客服一线,这就要求全员客服。全员客服有助于珠宝电商企业提高转化率,降低运营成本。

3. 社群沟通

伴随着互联网的快速发展,任何公司面对的客户都是以网状结构的社群形式存在的,这是客观现实。客户从被动转向主动,从单向接受信息转向多项交流信息,这个社群希望与企业进行平等对话,渴望与品牌进行沟通。这就要求珠宝企业必须做好电商转型,而不转型的珠宝企业必将走向淘汰的边缘。

五、大数据优势

传统珠宝企业通过消费者购买珠宝,也可以获得相关数据,但这些纸质类型的数据是否被企业进行收集和分析是未知的。而珠宝电商企业具有收集产品数据、客户数据和销售数据等多方面的大数据优势(详见第八章)。

六、平台优势

传统珠宝企业依附于大型商业区、大型珠宝卖场等商业平台,这需要付出巨大的租金成本。而珠宝电商企业可以根据自身情况,选择专业的第三方平台,完成店铺建设并获得单店巨大流量。例如周大福天猫旗舰店仅关注人数就超过80万人。

七、传播优势

在互联网传播阶段,社会化媒体是一个重要的传播手段。社会化媒体是互动式在线媒体的总称,本质是"用户即媒介、用户可参与、用户创造内容"。在社会化媒体环境下,以"个人"为单位的自媒体拥有可匹敌公众媒体和企业的传播力。利用互联网,不管是珠宝从业者个人还是珠宝企业,都能够进行广泛传播(图2-7)。

图2-7 杨牧仁微博页面

八、组织管理和商业运营优势

1. 扁平化组织

在传统珠宝企业中,官僚式的分层管理模式最常被采纳,但这种组织结构在互联网时代遭遇了挑战。互联网消除信息不对称的特性,在组织层面,就是消除中层,组织变得扁平化,部门概念弱化。

2. 精细化运营

利用互联网,可以使运营方式有记录、有讨论,能进一步优化和精细化公司运营,实时管控和跟进工作进度和效果。

第三章　珠宝电子商务的环境

第一节　珠宝电子商务的法律环境

珠宝电子商务的法律环境跟电子商务的法律环境基本一致，共涉及四个方面：交易方面、安全方面、知识产权方面和司法管辖方面。

一、珠宝电子商务的交易方面

电子交易是电子商务的主题，因此在电子交易方面，世界各国都非常重视。联合国贸易法委员会先后颁布了一系列的规则，其中最引人注目的是《电子商业示范法》。

我国在电子交易方面没有专门的法律法规，仍然依靠原来的商事法律来调整。但随着电子商务在我国的发展，我国的一些部门和行业也制定了一些规定，如烟草行业的《关于卷烟网上交易有关问题的通知》。除此之外，我国一些地区的地方立法机构为本地制定了法规，最为引人注目的是广东省 2003 年出台的《广东省电子交易条例》，它是我国第一个针对电子交易的地方性法规。

关于电子商务交易方面的部分法规如下：

(1)联合国贸易法委员会的《电子商业示范法》。
(2)中国人民银行关于落实《网上银行业务管理暂行办法》有关规定的通知(2003)。
(3)《广东省电子交易条例》(广东省，2003)。
(4)《电子商务监督管理暂行办法》(北京市，2002)

因为珠宝电子商务交易中出现的具体问题主要是珠宝行业行规引发的退换货问题、珠宝货品安全问题。国家"三包"政策规定，7 日之内，消费者可免费退换货，而传统珠宝企业大多数遵循的是售出概不退换，之前有些珠宝电商企业也没有完全按国家法律规定执行，部分企业执行的仍是企业自身的内部规定。关于退换货问题，目前珠宝电商企业已经基本达成了一致，即按照国家"三包"政策要求执行。

珠宝货品安全问题是指在珠宝电子商务交易过程中,珠宝产品的损坏、掉包等问题。这个问题涉及企业、物流、消费者三方,目前并没有较好的解决方法,出现问题后,大多通过商事法律解决。

二、珠宝电子商务安全方面

电子商务安全关系到电子商务发展的途径,是电子商务发展的主要瓶颈之一。联合国贸易法委员会颁布了《电子签名统一规则(草案)》。我国也在这方面制定了一系列法律法规,特别是在新修订的《中华人民共和国刑法》中规定了相关的罪名,充分体现了我国对电子商务安全的重视。部分法规如下:

(1)联合国贸易法委员会《电子签名统一规则(草案)》。
(2)经济合作与发展组织(OECD, Organization for Economic Co-operation and Development)《关于电子商务中消费者保护指南的建议》。
(3)《信息技术安全标准目录》(2003)。
(4)广东省计算机信息系统《安全保护管理规定》(2003)。

珠宝电子商务安全性方面的问题主要体现在用户隐私权方面。用户在互联网上浏览、购买珠宝所浏览的网页和网站都被记录,这些相关信息涉及用户的资金、住址等多方面隐私。目前,并未发生这些信息被珠宝电商企业泄露及利用的情况。

三、珠宝电子商务知识产权方面

知识产权的保护历来受到国际社会的重视,网络的发展给知识产权的保护提出了新的挑战,特别是如何保护网络上的知识产权成为十分重要而又十分紧迫的事情。国际和国内都对网络知识产权的保护制定了一系列的法规。电子商务知识产权方面的部分法规如下:

(1)世界知识产权组织《版权公约》。
(2)《保护网络作品权利信息公约》(2002)。
(3)《著作权行政处罚实施办法》(2003)。
(4)《关于注册网站名称有关问题的补充报告》(北京市工商行政管理局,2001)。

珠宝行业中关于设计版权的侵权问题一直存在,中国珠宝企业和珠宝首饰消费者的知识产权意识淡薄。大多数珠宝企业只注重产品的加工制造,却忽视珠宝首饰的原创设计创作;对多数普通消费者而言,最重要的考虑因素仅仅是珠宝的品质和价值,而并不在意该珠宝设计是否原创、是否侵权。在互联网上,这一侵权行为变得愈发严重,因为互联网加快了设计作品的传播,使模仿变得更加容易。TTF 的"胜利之 V"就因侵权案,而备受关注。

四、珠宝电子商务司法管辖方面

由于电子商务具有不受地界、国界限制的网络空间,一旦发生法律争议,就不可避免地涉及管辖权的问题,即究竟哪个国家的法院对此争议有管辖权,如果有两个以上国家的法院主张管辖权,则应当由哪个国家的法院审理等问题。判断网上活动发生的具体地点和范围也是很困难的,将其对应到某一特定的司法管辖地域就更困难了。网络空间的不确定性使网络和网络活动者很难保持稳定联系,因此,传统法律当中对管辖权划分的基础在网络空间的诸多领域中受到了挑战,例如设立网站进行网上广告的管辖权问题、网络侵权行为的管辖权问题、电子合同的管辖权问题。目前此问题如何解决仍然是个问题。

第二节 珠宝电子商务的经济环境

随着电子商务的推广,电子商务对社会经济的影响越来越广泛和深入,必将对现行经济政策产生影响乃至改变,本节主要讨论电子商务对于与国民经济关系重大的税收政策及货币政策的影响。

一、税收政策方面的影响

税收是国家为实现其职能,凭借政治权利参与社会生产的再分配,强制无偿获取财政收入的一种手段。税收是政府经济能力的主要来源。商业是现代税收的最主要来源之一,电子商务作为一种新型的商业形式,必然与税收发生联系,并对传统的税收政策及税收管理带来一系列影响。目前国际上对电子商务的税收主要分为两派,一派认为对电子商务应与一般有形交易一致,不开征新税或附加税;另一派认为应该对互联网信息传输的数字单位征税。国际互联网网上贸易涉税问题还在进一步的研究当中。

电子商务还将给税收管理带来冲击,主要体现在:确定收入的归属及纳税人的位置变得困难;无纸化操作造成了审计稽查的困难;计算机加密技术加大了税务机关获取信息的难度;商业中介作用弱化;企业可以利用在地税国或免税国的站点轻松避税;通过网络提供的信息服务、信息咨询等活动收取的费用,税务机关很难稽核;网上知识产权的销售活动难以稽核;广告收入应征税款存在流失风险。

珠宝行业本身就存在税收认定困难、偷税漏税严重等问题。伴随着现代电子信息工具及技术的快速应用,珠宝设计知识产权和珠宝营业税收等问题在中小型珠宝电子商务企业中会进一步凸显。总之,随着电子商务的发展,对税收征管改革和法制建设提出了新的要求,税务部门应及时把握这一契机,变被动为主动,真正实现税收征管的现代化和法制化,适应电子商务的需要。

二、货币政策方面的影响

电子商务要求货币电子化。电子货币是以金融电子化网络为基础,以商用电子机具和各类交易卡为媒介,以电子计算机技术和通信技术为手段,以电子数据形式储存在银行的计算机系统中,并通过计算机网络系统以电子信息传递形式实现流通和支付功能的货币。在电子商务中,商品的交易一般在网络上完成,购物者在网上查找所需商品,在网上与商家签订购货合同,同样能在网上通过各种支付方式向商家付款。

珠宝行业由于一般都涉及较大金额的采购与消费,现金支付是非常不方便和不安全的一种支付方式。随着支付宝、微信支付的进一步普及,电子货币在珠宝行业中的作用会进一步加大。

第四章　珠宝电子商务的支付与物流

第一节　珠宝电子商务的支付系统与流程

一、网上支付需求

随着珠宝电子商务的发展，珠宝网上购物需求越来越多，消费者、珠宝企业纷纷以各种方式加入到网上支付的体系中来。

1. 从珠宝消费者的角度看待网上支付需求

网上支付手段包括银行卡、信用卡、电子现金以及网络虚拟货币等。

2. 从珠宝企业角度看待网上支付需求

网上收款、网上采购支付已被许多珠宝企业采用，其中收款方式包括信用卡、电子钱包、电子现金收款等；支付手段包括信用卡、电子转账等（图4-1）。

图4-1　红掌柜珠宝多种支付方式

二、电子支付概述

电子支付是指电子交易的当事人，包括消费者、厂商和金融机构，使用安全的电子手段通过网络进行的货币支付或资金流转。电子支付可以分为银行卡、电子支票和电子货币三类。电子支付具有以下特征：电子支付采用现代技术，通过数字流转来完成支付信息传输，支付手段均是数字信息；电子支付是基于开发的系统平台（即互联网）；电子支付使用先进的通信手段，对软件要求很高；电子支付突破了时间、空间的限制，可满足 $7×24h$ 的营业模式。

1. 银行卡

在网上交易中，银行卡电子交易类似于实际交易过程。只是客户在网上选好商品，链接银行付款页面，输入银行卡的账户信息登录到银行卡，并输入密码，核对支付信息，即可完成整个支付流程。

2. 电子支票

电子支票是客户向收款人签发的、无条件的数字化支付指令，它可以以 Internet 或无线接入设备来完成传统支票的所有功能。

3. 电子货币

电子货币是指模拟现金交易的电子支付手段，目前主要有电子现金、电子钱包等。

三、电子支付手段

1. 网上（直接）支付

网上（直接）支付主要是包括银行卡、电子支票和电子货币，主要特点为不需要通过其他中间环节的中转。

2. 电子转账支付

电子转账支付主要是指交易双方通过银行转账系统完成的支付。买方通过其在银行的账户向卖方指定的账户转账。

3. 预付费卡支付

预付费卡最早来源于储值电话卡，目前已成为互联网支付机制的一种，大多预付费卡支持多种充值方式，通常以现金匿名购买方式为主，持卡人使用前必须激活账号，才能用于网上交易。

4. 电话支付和移动支付

电话支付和移动支付是电子支付的一种基于其他硬件的支付实现方式,是指消费者使用固定电话、手机或平板电脑等终端设备,通过银行系统从个人银行账户里直接完成付款的方式。

5. 第三方支付

第三方支付是在网上商家与银行之间建立的一种中立的支付平台,为网上交易提供资金划拨渠道和服务。在珠宝行业交易中,常常采用第三方支付平台来帮助完成交易,这种服务平台解决了银行无法解决的信用问题,消除了珠宝交易双方的担忧,因此得到了市场的认可。

四、网上支付基本流程

电子支付是一种通信频次大、数据量较小、实时性要求较高、分布很广的电子通信行为,因此电子支付的网络平台通常是交换型的、通信时间较短、安全保密好的、可靠的通行平台,必须面向全社会、对所有公众开放。目前珠宝行业最常用的是基于Internet的第三方电子支付平台,其支付的基本过程如下:

(1)顾客上网,浏览和选择网上销售的珠宝,填写订单,提交给销售中心;
(2)销售中心接到订单后,生成支付页面;
(3)顾客选择第三方支付平台完成支付,第三方平台通知珠宝企业顾客已经完成支付;
(4)企业向配送中心发出发货请求,完成发货;
(5)顾客收到珠宝商品后,完成验收;
(6)顾客在第三方平台确认收货并给予评价,第三方平台将货款转给珠宝企业,交易完成。

第二节 珠宝电子商务的物流保障

一、物流概述

物流是一个很现代的概念,狭义的物流是指作为商品的物质资料在生产者与消费者之间发生的空间位移,属于流通领域;而广义的物流,除此之外,还包括物质资料在生产过程中的运动,既属于流通领域又属于生产领域,是除人员以外所有货物流通的全过程,是货物从原材料到制成品,直至消费者手中为止所发生的一系列的空间位移。

从微观研究企业的角度来说,物流大致分为以下几种:

1. 企业生产物流

企业生产物流是指企业在生产工艺过程中所产生的物流活动。

2. 企业供应物流

企业为保证生产过程的节奏,不断组织原材料、零部件、染料等材料的供应物流活动。

3. 企业销售物流

企业销售物流属于流通领域,它是企业为获得经营效益,伴随销售活动,不断将产品所有权转给客户的物流活动。企业销售物流是跟珠宝电商企业密切结合的物流,是珠宝电商在物流体系中最重要的一部分。

4. 企业回收物流

企业在生产、供应、销售的活动中总会产生各种边角余料、废料和废品,这些东西的回收是需要有物流活动伴随的。珠宝企业的回收物流是现代珠宝电商面临的一个重要问题,面对高退货率,完善珠宝电商回收物流是重要一环。

5. 企业废弃物物流

企业废弃物物流是指对企业产生的无用物进行运输、装卸、处理的物流活动。

降低物流成本被称为企业的"第三利润源泉"(第一利润源泉为降低人工和材料成本,第二利润源泉为扩大产品销售的方式)。珠宝电商企业受困于珠宝产品的高价值、易损坏等特点,物流成本高,如何降低物流成本,达到配送目的,是各个珠宝电商企业值得研究的问题。

二、电子商务与物流

1. 物流新特征

随着电子商务时代的来临,全球物流迎来了新的发展,物流业具备了一些新特点。

(1)信息化。物流信息化表现为物流信息的商品化、物流信息收集的数据库化和代码化、物流信息处理的电子化和计算机化、物流信息传递的标准化和实时化、物流信息存储的数字化等。

(2)自动化。物流自动化主要有助于节约人力、扩大作业能力、提高劳动生产力等,常见的有条码/语音/射频自动识别系统、自动分拣系统等。

(3)网络化。物流网络化主要是指物流配送系统的计算机通信网络化和组织的网络化。

(4)智能化。物流作业的智能化,特别是在物流自动化进程中的不断智能化,是一种必然现象,如库存水平的确定、运输路径的选择等。

(5)柔性化。生产的柔性化,就需要与之匹配的柔性化物流系统。它要求物流根据消费需求"多品种、小批量、多批次、短周期"的特色,灵活组织和实施物流作业。

2. 物流系统的建立

面对现代物流的种种特点,电子商务企业的物流系统一般采用三种方式建立。

(1)扩大原有商务活动物流系统。对于已经开展普通商务活动的公司,扩大原有物流系统,承担电子商务物流业务。

(2)采用第三方物流服务。即将物流外包给第三方物流公司。第三方物流是由供需双方以外的物流企业进行物流服务的业务模式。这种采用第三方物流服务的做法是目前珠宝电商企业的一贯做法。珠宝电商企业将不是自己核心业务的部分或者没有能力构建的部分外包给从事该业务的专业公司去做,将自身资源集中于核心业务,形成最大竞争力(图4-2)。

(3)建立新的物流系统。是指受困于现有物流系统和水平不足以满足需要的企业,自己建立符合要求的新物流系统。

三、珠宝电子商务企业物流应用

在现代物流系统下,珠宝电子商务企业一般仅在企业销售物流和企业回收物流两个方面有直接关系。又由于珠宝企业自身特点,现代珠宝电商企业一般都会选择第三方物流。目前珠宝电商企业一般选择顺丰和中国邮政两个第三方物流公司。

1. 珠宝电商企业销售物流运作

(1)顾客浏览页面,购买货品。

(2)顾客与客服人员就物流情况沟通。多数珠宝电商企业选择商品保价和快递到付,个别企业包邮。

(3)顾客付款,企业发货。

(4)顾客确认收货,完成交易。

第四章 珠宝电子商务的支付与物流 /41

图 4-2 "翡翠王朝"的顺丰保价物流

2. 珠宝电商回收物流运作

(1)顾客签收商品时仔细检查商品是否符合要求,若发现任何质量问题时,在规定期限内申请退换货,因质量问题的退换货,珠宝电商一般选择负担往返邮费。

(2)若非质量问题的退换货,顾客需要负担往返邮费。

就目前珠宝电商的物流运作而言,若消费者选择退货,则须负责往返保价邮费。由于珠宝的高价值、易损坏等风险,这部分物流成本会给购买低端珠宝的消费者造成阻碍。

3. 珠宝电商企业物流选择

珠宝行业存在一个不成文的规定,即珠宝快递选择顺丰。顺丰是目前国内最能保证珠宝产品安全的物流企业,所以基本上所有珠宝电商企业都选择顺丰作为物流企业的第一合作者。但顺丰的配送能力和配送范围并不能和目前的消费者购买区域的广泛性相匹配,存在大量顺丰到达不了的区域。这个时候,绝大部分珠宝企业都会选择中国邮政。对于珠宝电商企业而言,密切的第三方物流合作者有利于产品的安全和成本的降低,摇摆不定的选择不利于企业的发展。在选择快递保价这一部分上,部分珠宝电商企业选择跟专业保险公司合作来达到相应的保价和宣传效果。

例如戴维尼公司全部采用中国邮政 EMS 方式为客户进行货品配送,同时戴维尼公司为货品配送提供全程保险,由中国平安保险公司承保。戴维尼公司通过与合作伙伴的专业协作为消费者提供安全快速的货品配送服务。

第三节 珠宝电子商务的安全管理

一、珠宝电子商务的安全问题

在珠宝电子商务过程中,买卖双方是通过网络来联系的,彼此可能远隔千里,建立交易双方的安全和信任关系相当困难。因此珠宝电子商务交易双方(销售者和购买者)都面临着安全方面的威胁。

1. 销售者面临的威胁

销售者面临的常见安全威胁有:

(1)中央系统安全性被破坏。入侵者假冒成合法用户来改变用户数据(如商品送达地址)、解除用户订单或生成虚假订单。

(2)竞争者获取公司经营状况。恶意竞争者以他人名义来订购商品,从而了解有关公司的运营状况、商品的递送状况和货物的库存情况。

(3)系统中存储的顾客资料被竞争者窃取。目前来说珠宝电商企业成功开发一个顾客,需要的成本仍然较高,并且顾客资料涉及顾客隐私,资料被窃取后对企业和顾客都会造成巨大影响。

(4)被他人假冒而损害企业的信誉。不诚实的人建立与珠宝电商企业服务器名字相同或者相似的另一个服务器来假冒真正的珠宝电商企业,如利用个人微信假冒正规公司内部人员微信。

(5)消费者提交订单后不付款。

(6)竞争对手提交虚假订单。

(7)被他人试探,丢失商业机密。

(8)存在货品被调换的危险。顾客退换货时用相似的珠宝进行调换,造成了珠宝电商企业的巨大损失。

2. 消费者面临的威胁

消费者面临的常见安全威胁有:

(1) 虚假订单。假冒者可能会以客户的名义来订购商品,而客户就被要求付款或返还商品。

(2) 付款后不能收到商品。在要求顾客付款后,销售商中的内部人员不将订单和钱转发给执行部门,因而使顾客不能收到商品。

(3) 丢失机密。例如顾客被钓鱼网站吸引,将个人数据或身份数据泄露,造成不可估算的损失。

(4) 拒绝服务。恶意攻击者可能向销售商的服务器发送大量的虚假订单来穷竭它的资源,从而使合法用户不能得到正常服务。

二、珠宝电子商务的安全要求

电子商务发展的核心和关键问题是交易的安全性,这也是珠宝电子商务迫切面临的问题。由于 Internet 本身的开放性,网上交易面临种种危险,因此提出相应的安全控制要求十分有必要。

1. 有效性

电子商务以电子形式取代了纸张,因此须对网络故障、操作错误、应用程序错误、硬件故障、系统软件错误及计算机病毒所产生的潜在威胁加以控制和预防,以保证贸易数据在确定的时间、确定的地点是有效的。

2. 机密性

作为贸易的一种手段,电子商务的信息直接代表着个人、企业或国家的商业机密。电子商务是建立在一个较为开放的网络环境上的,维护商业机密是电子商务全面推广应用的重要保障。因此,要预防非法的信息存取和信息在传播过程中被非法窃取。

3. 完整性

电子商务简化了贸易过程,减少了人为的干预,同时也带来维护贸易各方面商业信息的完整性、统一性问题。贸易各方信息的完整性将影响到贸易各方的交易和经营策略,保持贸易各方信息的完整性是电子商务应用的基础。因此,要预防对信息的随意生成、修改和删除,同时要防止数据传送过程中信息的丢失和重复。

4. 真实性和不可抵赖性的鉴别

电子商务是直接关系到贸易双方的商业交易,如何确定要进行交易的贸易方正是进行交易所期望的贸易方,这一问题是保证电子商务顺利进行的关键。在无纸化的电子商务方式下,通过手写签名和印章进行贸易方的鉴别已是不可能的了。因此,要在交易的传输过程中为参与交易的个人、企业或国家甚至是交易信息本身提供可靠的标识。

三、珠宝电子商务的安全制度

除了国家在相应的法律制度层面对电子商务进行规范外,参与网络交易活动的消费者、珠宝商和珠宝企业,都有责任维护网上交易系统的安全,特别是对于在网上从事大量贸易活动的珠宝电商企业来说尤为重要。制定相应的珠宝电商企业安全管理制度,是保证珠宝电商企业的网上经营管理取得成功的基础。

1. 人员管理制度

参与网上交易的经营管理人员在很大程度上支配着企业的命运,他们面临着防范严重网络犯罪的任务。对此类人员进行管理,首先应对有关人员进行上岗培训;其次要落实工作责任制,对违反网上交易安全规定的行为应坚决进行打击,对有关人员要进行及时的处理;最后还应贯彻企业自身制定的网上交易安全运作基本原则。

2. 保密制度

网上交易涉及企业的市场、生产、财务、供应等多方面的机密,必须实行严格的保密制度。保密制度需要很好地划分信息的安全级别,确定安全防范重点,并提出相应的保密措施。保密工作的另一个重点是对秘钥的管理。大量的交易必须使用大量的秘钥,秘钥管理贯穿于秘钥的产生、传递和销毁的全过程。秘钥需要定期更换,否则黑客可能通过积累的密文增加破译机会。

3. 跟踪、审计、稽核制度

跟踪制度要求企业建立网络交易系统日志机制,用来记录系统运行的全过程。系统日志文件是自动生成的,其内容包括操作日期、操作方式、登录次数、运行时间、交易内容等。它对系统的运行进行监督、维护分析和故障恢复,这对防止案件的发生,或案件发生后为侦破工作提供监督数据,起着非常重要的作用。

审计制度包括经常对系统日志的检查、审核,及时发现对系统故意入侵行为的记录和对系统安全功能违反的记录,监控和捕捉各种安全事件,保存、维护和管理系统日志。

稽核制度是指工商管理、银行、税务人员利用计算机及网络系统,借助于稽核业务应用软件调阅、查询、审核、判断辖区内各电子商务参与单位经营活动的合理性、安全性,堵塞漏洞,保证网上交易安全,发出相应的警示或做出处理处罚等有关决定的一系列步骤及措施。

4. 系统维护制度

对于企业的电子商务系统来说,企业网络系统的日常维护就是针对内部内联网的日常管理和维护,因为计算机主机机型和相关设备种类很多,这是一项繁重的工作。对网络系统的日常维护可以从 3 个方面进行:一是对于可管设备,通过安装网管软件进行系统故障诊断、显示及通告,网络流量与状态的监控、统计与分析,以及网络性能调优、负载平衡等;二是对于不可管设备应通过手工操作来检查状态,做到定期检查与随机抽查相结合,以便及时准确地掌握网络的运行状况,一旦有故障发生能及时处理;三是定期进行数据备份,数据备份与恢复主要是利用多种介质,对信息系统数据进行存储、备份和恢复,这种保护措施还包括对系统设备的备份。

5. 病毒防范制度

病毒防范是保障网上交易很重要的一个方面。如果网上信息及交易活动遭到病毒袭击,将阻碍和破坏网上交易的顺利开展,因此必须建立病毒防范措施。目前主要通过采用防病毒软件进行防毒。应用于网络的防病毒软件有两种:一种是单机版防病毒产品;另一种是联机版防病毒产品。前者是以事后消毒为原理的,当系统被病毒感染之后才能发挥这种软件的作用,适合于个人用户;后者属于事前的防范,其原理是在网络端口设置一个病毒过滤器,即事前在系统上安装一个防病毒的网络软件,它能够在病毒入侵到系统之前,将病毒挡在系统之外。由于许多病毒都有一个潜伏期,因此有必要实行病毒定期清理制度,清除处于潜伏期的病毒,防止病毒的突然暴发,使计算机始终处于良好的工作状态,从而保证网上交易的正常进行。

6. 防止非法入侵制度

在现在的互联网社会,许多非法入侵者(黑客)频频攻击一些著名站点,使得站点的正常运转被迫中断,造成巨大的经济损失。"黑客"(hacker)可以分为两类:一类是骇客,他们只想引人注目,证明自己的能力,在进入网络系统后,不会去破坏系统,仅仅会做一些无伤大雅的恶作剧,他们追求的是从侵入行为本身获得巨大成功的满足感;另一类是窃客,他们的行为带有强烈的目的性,早期这类"黑客"的主要目标是窃取国家情报、科研情报,而现在这类黑客的目标大部分瞄准了某些企业的资金和电子商务的整个交易过程。

"黑客"们攻击电子商务系统的手段可以大致归纳为:

(1)中断。破坏系统中的硬件、硬盘、线路、文件系统等,使系统不能正常工作。

(2) 窃听。通过搭线和电磁泄露等手段造成泄密，或对业务流量进行分析，获取有用情报。

(3) 篡改。篡改系统中的数据内容，修正消息次序、时间。

(4) 伪造。将伪造的假消息注入系统、假冒合法人接入系统，重放截获的合法消息实现非法目的，否认消息的接收或发送等。

(5) 轰炸。用数百条消息填塞某人的 E-mail 信箱或其他系统，使之在很短的时间内接收到大量的信息，造成系统不能正常运行，丧失功能，甚至导致整个网络瘫痪。

防范"黑客"的技术措施根据所选用的产品不同，大致可以分为网络安全检测设备、访问设备、浏览器/服务器软件、证书、商业软件、防火墙和安全工具包/软件等。这些设备的综合使用，可以在一定程度上防范"黑客"。但解决"黑客"问题还需要全社会关注，建立起完善的监控体系和严厉的法律惩罚体系，才是解决问题的出路。

第五章 珠宝电子商务的实现

第一节 交易型珠宝电子商务的实现

一、珠宝 B2B 电子商务应用

(一)直销型珠宝 B2B 电子商务

网上直销型珠宝企业间电子商务是指,直接提供珠宝产品服务的企业改变传统的营销渠道,将 Internet 作为新兴的销售渠道实现企业间的交易。主要特点是利用 Internet 代替传统的中间商,如零售商和批发商。网上直销型珠宝企业间的电子商务主要有两种方式:一种方式是珠宝企业作为提供产品的服务者,通过建立网上直销电子商务站点为客户提供网上直销渠道;另一种方式是珠宝企业作为产品服务的使用者,从供应商建立的网上直销电子商务站点中进行直接购买。

珠宝企业通过建立网上直销渠道模式能大大提高企业的竞争能力。首先,可以提高珠宝企业对市场反应的速度;其次,可以减少珠宝企业的营销费用,特别是营销渠道费用,从而以更低廉的价格为客户提供更满意的服务;最后,可以直接与客户建立企业间电子商务交易方式,突破经由传统中间商分销时所受到的时间和空间的限制,从而扩大珠宝企业的市场份额。

实现网上直销型珠宝企业间的电子商务,要求企业的实力比较雄厚,而且企业能进行柔性化生产,其业务流程必须是顾客导向的。网上直销型珠宝企业间电子商务,必须具备网上商店所具备的网上订货功能、网上支付功能和配送功能,而且还要保证企业内部的柔性化生产、后勤系统的配套。

1. 网上订货功能

珠宝企业提供网上订货功能时,要根据珠宝企业产品特征和企业生产能力,最大限度地满足客户的需求。一般可以分为三个阶段:第一阶段是珠宝企业将已经设计产出的产品在网上展示,允许客户随时随量进行订购,这只要求珠宝企业的生产系统的生产能力比较充足即可,但一般只有黄金生产企业能满足随量订货,其他类型珠宝企业由于珠宝特性,一般满足不了随量订货;第二阶段是珠宝企业除了展示已经设计生产的产品,还允许顾客对产品某些配置和功能进行调整,以满足客户对产品的个性化需求,这就要求珠宝企业的生产系统必须是标准化和柔性化的;第三阶段就是允许客户提出需求,在企业设计系统引导下,客户自己设计出满足自己需求的产品,这要求企业的内部系统必须高度柔性化和智能化。目前,绝大多数珠宝企业都是第一阶段的模式,第二阶段和第三阶段的实现需要珠宝行业相关产品标准的大力实施与推广,促进珠宝产品标准化,并配合很多智能化技术进行。

2. 网上支付功能

目前,珠宝企业绝大部分借助第三方提供的网上支付平台,来建立企业的支付系统,如采用银行或支付宝来实现支付。

3. 配送功能

由于网上直销服务的客户可以超越时空,因此仅仅依赖传统的企业内部固有的配送系统是不够的,必须与一些专业化的全球性的物流公司建立紧密的合作伙伴关系。如目前绝大部分珠宝电商的配送服务一般是通过顺丰速运进行的,它们之间通过网络实现配送信息的同步,当有订单需要配送服务时,该订单可快速送达顺丰速运公司,由顺丰速运公司根据订单需要从生产地直接送到顾客手中。

珠宝企业大额的直销贸易,由于珠宝价值高、体积小等特点,目前仍然采用传统的珠宝企业内部派人跟随货品的配送模式,即企业员工携带高价值货品至采购商处完成配送。

4. 珠宝企业内部的柔性生产、后勤系统的配套

一旦实现网上直销型的珠宝企业间的电子商务模式,企业可以直接与客户进行面对面接触,这就要求企业能根据客户直接提出的要求生产满足客户需求的产品,因此,企业内部的生产系统和后勤系统必须与客户需求同步。要真正实现及时满足客户需求,做到与市场同步,就要求企业的生产系统必须是柔性化的,即根据订单进行生产;同时企业的后勤系统必须及时满足柔性化生产过程中的原料需求和人员配备需求。例如,企业购买周大福 3D 硬金产品时,通过网站选择自己合适的款式,然后提交订单并选择支付方式进行付款,周大福公司将订单发送到工厂,并委托快递进行配送。

网上直销型珠宝企业间电子商务的实现,要求产品服务提供商负责建立电子商务系统,负责为客户提供企业间电子商务平台。单独建立网上直销型站点对企业的要求非常高,因为一个功能完善的电子商务站点的建设费用和维护费用都非常高,一般小型企业单独建设难以满足功能需求。因此,要建立完善的直销型珠宝企业间电子商务，必须改变珠宝企业的业务流程，实现按订单生产；要实现企业业务流程的转变，还必须改变企业的组织结构，实现横向沟通，扁平化和网络化结构更有利于横向沟通。同时，实现网上直销型珠宝企业间电子商务，不仅仅是在网上销售产品服务，还需要注意将传统营销渠道中提供的各种服务，特别是售后服务，整合到网上去，否则难以完全满足客户的全部需求。

目前实现直销型珠宝企业间电子商务的企业主要是生产型企业，它们将分销渠道转移到网络。值得注意的是，珠宝企业在采用网上直销型模式时，必须考虑企业客户的习惯和已经建立的营销渠道中间商的反应。如果贸然采用网上直销型模式，而摒弃已经建立完善的传统营销渠道，可能会给企业带来巨大的市场风险。目前，绝大多数珠宝企业采取较多的还是依赖传统营销渠道，只是小部分尝试网上直销型渠道。

翡翠王朝"珠宝乐园"这一子品牌，开拓了除去钻石和黄金外的其他非标珠宝网上直销模式，快速实现 B2B2C 的商务模式，将传统珠宝零售商聚集起来，完成信息和产品的快速传递。利用珠宝乐园构建的云仓库完成货品的展示，并且帮助零售商构建智能化的专业店铺，一键完成货品的上柜和展示（图 5-1、图 5-2）。

（二）网上中介型珠宝 B2B 电子商务

网上中介型企业间电子商务，也称电子虚拟市场。中介型珠宝企业间电子商务是指珠宝企业利用第三方提供的电子商务服务平台实现企业与客户或者供应商之间的交易。它与直销型珠宝企业间电子商务的根本区别在于：直销型的珠宝企业间电子商务服务平台是由参与交易的一方提供，一般是产品服务的销售方；而中介型珠宝企业间电子商务则是交易双方都在由第三方提供的服务平台上进行交易。网上中介型方式一般适用于中小型珠宝企业，或者大型珠宝企业建设自己的电子商务站点不适宜的情况。

网上中介型企业间电子商务系统一般是由第三方新兴的电子商务服务公司提供。这类公司在建设初期，通过风险投资推动市场的发展，对加入客户采取免费策略，在积累一定客户资源后通过收取中介费用和会员费用来获取收入。网上中介型服务网站发展有两大趋势：一是由原来的综合型服务向专业型服务转型；二是由提供初步的信息服务向提供全方位的交易支付服务发展。目前珠宝企业间电子商务多数利用阿里巴巴第三方平台，而专业型平台发展较为缓慢。

网上中介型珠宝企业间电子商务具有提供买卖双方信息的服务、提供附加信息的服务、提供与交易配套的服务、提供客户管理等功能。

1. 提供买卖双方信息的服务

这是网上中介型珠宝企业间电子商务的最基本功能。买方或者卖方只要注册

图 5-1 "珠宝乐园"云仓库及专属小店　图 5-2 "珠宝乐园"智能图文获取及货品上柜

后就可以在网上发布自己的采购信息,或者发布企业产品出售的信息,并根据发布信息来选取企业潜在的供应商或客户。网上发布的信息一般是图片、文字或者视频。

2. 提供附加信息的服务

提供附加信息的服务即为珠宝企业提供企业需要的相关经营信息,如行业信息、市场动态。为买卖双方提供网上交易沟通渠道,如商务电子邮件和即时通讯工具等。阿里巴巴网站还可以根据客户的需要,定期将客户关心的买卖信息发送给客户。

3. 提供与交易配套的服务

提供与交易配套的服务最基本的是提供网上签订合同、网上支付等实现网上交易的服务,如阿里巴巴的支付宝服务。

4. 提供客户管理服务

提供客户管理功能即为企业提供网上交易管理,包括企业的合同、交易记录、企业的客户资料等信息的托管服务。当然这些属于企业的保密资料,但对于中小型企业来说有安全保密的托管服务机构是非常必要的而且是可以接受的。

网上中介型的珠宝企业间电子商务服务对象主要是中小型企业,这些企业急需拓展市场,但又缺乏资金实力和技术力量。与网上零售不一样的是网上中介的产品是不受限制的,可以是珠宝生产设备、珠宝经营设施、珠宝标准化产品、珠宝非标产品、经营服务系统等,只要是珠宝企业需要的,能够提供的产品服务都可以通过网上中介实现交易。网上中介市场对企业既是机会也是挑战。机会在于利用中介服务实现网上交易可以拓宽市场范围,企业可以将市场覆盖到原来难以覆盖的地区,甚至向国外延伸;挑战在于这种方式同时也使企业之间的竞争更加激烈,因为利用网上中介服务,买卖双方可以不再受到地理位置的限制,在原来的市场竞争格局中还可能出现网上来的新竞争对手。珠宝企业利用中介服务实现企业间电子商务的应用时,必须考虑企业自身的力量和情况,特别是要注意珠宝产品的特点。首先,珠宝企业如果自身有力量建设以自己为主的直销型的企业间电子商务系统,则应该考虑自行建设,如果企业缺乏力量,则可以利用中介服务实现网上交易;其次,珠宝企业在选择中介服务时要慎重,一是要选择所提供的服务与珠宝行业接近的中介服务;二是要选择有一定品牌形象和知名度的中介服务,珠宝企业可以同时选择几个中介服务,但不宜过多,过多可能会影响到企业信息和商业机会信息的质量,有的网站提供的中介服务信息缺乏有效监控,导致虚假商业信息过多,反而会给企业带来负面影响。

(三)珠宝企业 B2B 网上采购应用

珠宝企业网上采购就是通过互联网,借助计算机管理企业的采购业务。具体来说就是,开展电子化采购的珠宝企业在网络上公布所需的产品或服务的内容,供相应的供应商选择;采购企业通过电子目录了解供应商的产品信息,通过比较选择合适的供应商,然后下订单并开展后续的采购管理工作。网上采购具有显著的优点。

1. 降低采购成本

珠宝企业电子化采购在降低成本方面是全方位的,特别是人工成本、差旅成本和产品价格等各方面费用都会大幅降低。一方面,采购企业可以通过网络进行全方位的选择,改变过去人工采购时供应商数量的局限性,可以在更大范围内进行选择;另一方面,采购过程基本可在办公室通过网络进行,采购商与供应商大部分面对面的接触被信息传输所代替,可大大节省采购人员的差旅费用,并且一些不规则采购行为也失去了市场。

2. 获得采购主动权

在传统的珠宝企业采购模式中,采购商根据自己的采购要求,要对供货方进行访问、了解,进而谈判、交易,商品价格以及采购过程相关服务的主动权很大程度上掌握在供货方手里,特别是采购量较小的中小企业往往处于被动地位。电子化采购可使采购企业牢牢把握采购的主动权。首先,电子化采购中,企业充分考虑了自身的实际要求,再提出对产品的采购要求;其次,产品价格是竞价的结果;最后,采购商可以与供应商随时进行沟通,获得即时的售后服务。

3. 提高采购效率

传统珠宝采购需要非常长的采购周期,并且需要对比不同地区的同一产品的价格,采购效率极其低下。在电子化采购中,采购商与供应商以及采购公司内部手续都得到简化,信息的传递会更快捷、方便,物流配送可由专门的第三方物流提供方来完成。

4. 优化存货管理

电子化采购是一种"即时性"采购,提出采购需求到采购品的到位可以做到紧密衔接,不会产生大的延误,这样可使存货管理达到最优化的水平。

5. 保证采购质量

在传统珠宝采购过程中,由于无采购记录、批发卖场管理不严格,导致在珠宝采购过程中会大量遇到假冒伪劣产品,如果一旦采购了这些产品,后期的售后和维权会存在较多困难。而电子化采购除了可以做到"货比三家",尽可能找到质量和价格最为理想的合作伙伴外,还可以通过交易记录,防止质量事故的发生,并且在质量事故发生后,也能较传统珠宝采购得到更好的解决。

目前珠宝企业的网上采购流程与其他行业类似,一般包括以下步骤:

(1)填写订购单。采购部门的员工或采购申请部门通过软件提供的界面提出要求并填写订购单。

(2)审核订购单。一般通过管理软件自动进行审核,当订单要求超过限额时或一些特殊的订单要提交企业主管进行审核。

(3)联系供货商。订单批准后,就通过网络联系供货商,供货商根据企业的采购要求,通过网络提供相应商品或服务的信息。

(4)选择供应商。采购企业根据供应商提供的各种资料信息继续比较选择,择优选定一家或数家供应商。

(5)采购结算。通过相应软件进行采购货款的结算,借助银行或第三方支付实现货款的支付转移。

二、珠宝 B2C 电子商务应用

(一) 珠宝 B2C 电子商务模式的特点

珠宝 B2C 电子商务即珠宝企业对珠宝消费者的电子商务。与传统的零售方式相比,珠宝 B2C 电子商务主要呈现出以下四个特点。

1. 以珠宝相关商品信息中介功能为核心

在网络环境中,珠宝 B2C 电子商务企业面临来自内部的交易费用和利润的双重压力,同时受到来自外部的同类企业的竞争和生产厂商直销的威胁,因此,珠宝 B2C 企业要生存和发展,一方面要利用传统的品牌营销渠道、支付环节和配送体系,但更重要的是要充分发挥网络的信息媒体优势,因此,商品信息中介是珠宝 B2C 网站的核心作用。

2. 客户管理取代商品管理

传统珠宝零售企业是以商品的组织、服务和销售为核心,围绕商品管理和渠道营销来做文章。而网上珠宝零售企业的个性化服务是与用户管理紧密相关的,企业以用户管理为核心,通过针对每个用户的需求,提供相应的产品和服务,要在整个珠宝 B2C 产业链中,用"以用户为中心"去考虑问题。在整个珠宝 B2C 电子商务中,"以用户为中心"不仅要体现在做品牌的层面,还体现在市场定位、品牌规划、产品研发、生产销售、售后服务、组织设计等各个环节。

通俗地说,就是消费者要什么珠宝,你就给他什么珠宝;消费者什么时候想要,你就什么时候给;消费者需要的单一,你就可以多推荐;消费者没想到的,你替他考虑到了。

3. 以强大的商品配送功能为支持

传统的珠宝零售企业以商品交易为核心,要求有一个商品集中交易的场所,而储运系统处于从属地位。对于珠宝 B2C 企业而言,销售环节会相对弱化,服务环节和仓储运输环节则得以强化,仓储运输环节强化后会转化为商品配送中心。随着珠宝 B2C 模式越来越普遍地应用,珠宝企业对现代化的大型商品配送中心的需求也就成为发展的必然。

4. 提供个性化服务是主要价值所在

传统珠宝零售企业提供的是面向广大消费者的大众化服务,任何顾客的特殊珠宝需求都必须服从于企业所能提供的有限商品和服务。但保持与顾客接触,了解顾客的特殊需要是每个珠宝企业都想做到的。珠宝零售企业中一个重要的功能就是收集市场信息并反馈给生产厂家,但在传统的珠宝市场环境中,这个信息传递过程过长,传递信息经过层次过多,导致信息失真和反应速度不够,难以实现满足顾客需求的个性化服务。而在珠宝 B2C 网站上却不同于以往,利用在 web 上的智能功能,能对每位顾客的需求做出及时响应,同时将订单传输至生产厂商,厂商按订单生产,不仅大大缩短了供货时间,同时也能满足顾客的各种特殊需求,实现个性化的服务。因此,提供个性化的珠宝服务成为珠宝 B2C 网站的特色之一。Internet 不只是另一个销售渠道,它的实时性和交互性将给网上零售企业带来深刻影响,大众化的大宗珠宝销售不会有明显变化,但个性化的珠宝定制型 C2B2C 服务市场将获得巨大的发展空间。

(二)珠宝 B2C 电子商务的类型及应用

目前比较流行的珠宝 B2C 电子商务模式如表 5-1 所示,其中珠宝网上拍卖电子商务将于下文单独介绍。

表 5-1 珠宝 B2C 电子商务类型

比较内容	珠宝网上商店	珠宝网上拍卖	珠宝网上商厦	珠宝网上直销
网站建设投资方	第三方互联网企业	第三方互联网企业	第三方互联网企业	珠宝企业自身
与网站关系	供方与买方关系	临时交易关系	租借关系	拥有
企业投资情况	无需	无需	租借关系	需大量资金
站点管理	提供产品信息	提供产品信息	提供产品信息	自己管理
网上产品销售推广费用	提供相关产品信息,展现付费等	借用拍卖网站知名度,展现付费等	借用门户网站知名度,展现付费等	自己承担,费用较高
网上品牌知名度	没有或者较小	没有或者较小	相对独立品牌	独立品牌
适合企业类型	不限	不限	中小型企业	大型企业
适合珠宝产品类型	不限	不限	不限	不限
企业获取利益	补充型的网上分销渠道	尝试型的网上促销手段	重要型的网上分销渠道	核心型的网上直销渠道
实施周期	很快	很快	较快	较长

1. 珠宝网上商店

网上商店又称虚拟商店或电子商店,是指商家直接面对消费者进行电子商务活动的网站。目前,珠宝网上商店多数是基于淘宝、微店平台构建的网上商店。这些虚拟的珠宝店面通过精心编制的图片和文字来描述其所提供的商品,进行促销活动。珠宝网上商店可以销售常见的珠宝类型,提供可直接下单的"购物车"系统和在线支付系统。

(1) 珠宝网上商店的功能

随着珠宝网上零售市场的建立,网上商店可以在一定程度上满足珠宝企业、珠宝个体经营者网上销售的需要,拓宽营销渠道,与此同时也避免了传统渠道的竞争,降低了渠道风险;因此,开拓网上销售渠道已成为珠宝企业、珠宝个体经营者的重要经营战略之一。珠宝网上商店和传统商店在部门结构及功能上没有区别,但由于网上消费者的购物方式与传统有很大不同,需要企业结合网络消费的购买习惯进行珠宝网上店铺的经营(图5-3)。

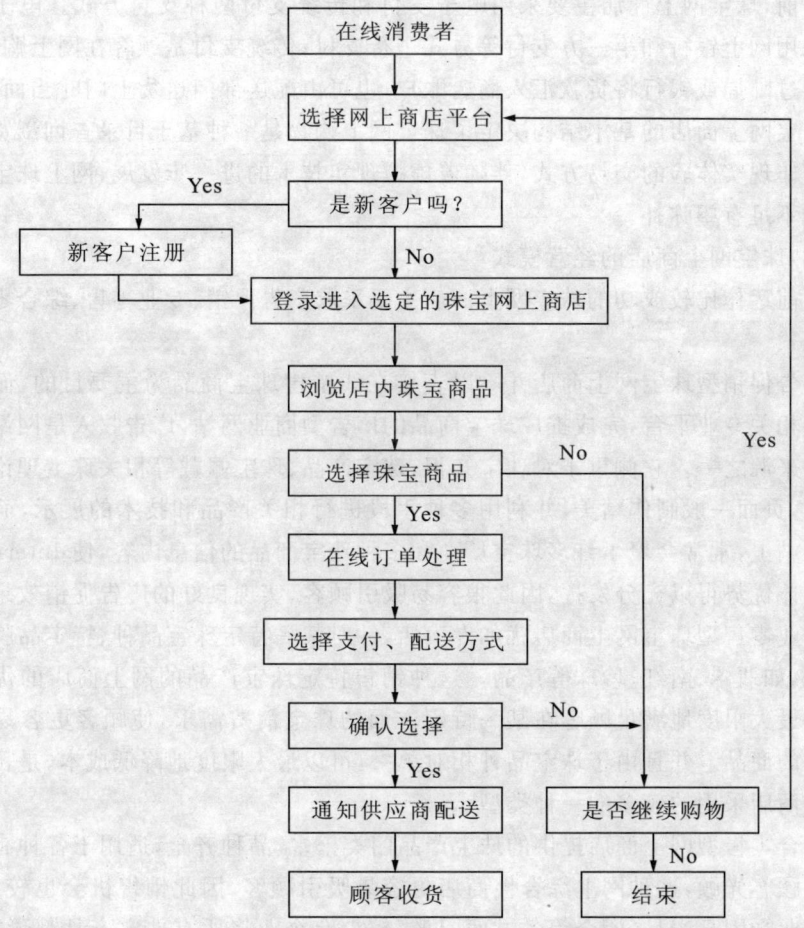

图5-3 珠宝消费者网上购物流程

(2) 珠宝网上商店的构架

珠宝网上商店与其他产品网上商店的构架基本一致,即包括商品目录、购物车、支付方式三大基本构架。

通过建立有效的珠宝商品目录,让顾客通过网站导航和搜索功能以最简单的方式找到所需珠宝,并可以通过文字说明、图片展示、客户评论等途径充分了解珠宝商品及各种信息。

购物车是珠宝网上商店提供的一种目录式的购物清单,是连接珠宝商品订购和支付结算的关键环节。它可视地、动态地跟踪顾客的整个在线购物过程,实时显示顾客的购物清单及价格、总费用等信息,甚至还创建与相关商品的链接,以便为购物者提供最好的购物选择机会,一个高效的购物车使用非常方便。

目前,珠宝网上商店主要采用电子支付和传统支付两种支付方式。电子支付可以采用网上银行和第三方支付等方式进行支付;传统支付是顾客在网上购物后,可以通过邮局或银行将货款汇入商店账户,也可由配送部门送货上门时当面付款。

珠宝网上商店的基本结构决定了珠宝网上购物是一种基于目录查询浏览形式实现的非现实体验的交易方式,伴随着虚拟现实技术的进一步发展,网上珠宝购物的这种不足有望弥补。

(3) 珠宝网上商店的经营模式

目前运作比较成功的珠宝网上商店主要采取广告促销、专业零售、综合零售等经营模式。

广告促销型珠宝网上商店并不以直接在线销售珠宝商品为主要目的,而是通过建立相关专业平台,完成推广珠宝商品的广告型商业网站,广告收入是网站的主要收入来源之一。它侧重于对珠宝知识、珠宝产品、珠宝佩戴等相关珠宝理论的全面介绍,页面一般制作精美,并利用多种手段进行相关产品和技术的展示,而且在这类网站上,常常会聚了许多珠宝厂商和多种珠宝商品的信息内容,使 Internet 的信息媒体优势得以充分发挥,因此很容易吸引顾客,实现良好的广告促销效果。

专业零售型珠宝网上商店犹如专卖店,针对某一特定珠宝品种、特定品牌等进行销售,如翡翠、南红、珍珠等产品。这种销售特定珠宝产品的网上商店的优势在于能够最大限度地满足顾客在某一特定方面的珠宝消费需求,使顾客更容易挑选到满意的商品。并且由于珠宝品种相对单一,可以最大限度地降低成本,是目前珠宝网上商店采用的较多的一种类型。

综合零售型网上商店提供的珠宝产品门类繁多、品种齐全,适用于各种有珠宝需求的顾客光顾,这种网上综合性商店更容易吸引顾客,因此销售机会也较多,但珠宝行业受困于产品、资金等各方面门槛,较少有企业将所有珠宝产品都囊括,一般是某些珠宝企业加入到第三方的网上商厦中构成综合型网上商店。

(4)珠宝网上商店的实现

珠宝企业或者珠宝个体决定以网上商店的方式销售自己的产品时,常用的建设方案有基于第三方平台的自建、基于第三方平台的开发与服务外包或者加入第三方网上商厦。

基于第三方平台的自建珠宝网上商店,其起步速度快,费用相对低,可以拥有一个网店的域名,不需要珠宝企业对服务器、网络及通信设备等进行硬件的维护,仅仅只需要专注于自身的珠宝网上商店。但在第三方平台上,珠宝企业只能利用第三方提供的店铺装修功能装修店铺,如果需要将店铺做的与众不同,需要利用付费方式进行店铺的装修和货品的展现。

基于第三方平台的珠宝网上商店的开发与服务外包即珠宝企业将网上商店的全部或部分技术、制作、开发、服务、甚至包括店铺的日常管理与维护等业务都外包给专业公司来做。其优点是能快速地进入珠宝电子商务行业,得到先进的珠宝互联网模式和运作手段,投入比较均衡;缺点是对第三方在各个方面会产生依赖,但可以筹划在自身条件成熟的情况下逐步接管力所能及的相关环节。

加入第三方网上商厦能够借网上商厦的知名度和流量渠道,并依靠网上商厦提供的技术和服务,来发布珠宝产品,完成相关销售、支付等具体业务。采用这种方法是最为快速的构建自身珠宝品牌的方法,但由于网上商厦对珠宝企业在资质、资金、售后、服务佣金等方面一般都具有一定要求,一般珠宝个体户难以进入网上商厦。第三方网上商厦的开发和建设方便简单、较容易实现,免去了网站软件和硬件的维护管理工作,但要受限于第三方服务商提供的开发平台和开发手段,不能运行自己独立的财务和销售管理系统,也不能利用网上商店的个性化经营。但由于第三方网上商厦一般能够吸引大量的网络流量,从而为单个店铺带来一定的展现机会,使珠宝商品在消费者面前的展示率远高于实体店铺,目前基本上所有传统珠宝企业在转型第一步都会加入网上商厦。

珠宝企业或个体经营者的建设方案完成后,涉及整个网上商店系统的实现,包括三个方面:店铺的运营系统、支付系统、配送系统。

(1)店铺的运营系统。对于店铺的运营系统而言,最重要的是设计好店铺的页面和内容,向顾客提供尽可能详尽的商品信息,并为网上购物和顾客沟通提供便利。珠宝网上商店需要解决的一个重要问题就是如何吸引消费者并使他们成为自己的忠实客户,提高客户黏性,保持高转化率。此时,建立有效的客户管理体系就显得尤为重要,因此就店铺运营系统来说,有几个问题尤其值得关注:①注意珠宝商品信息的及时更新。对珠宝网上商店发布的珠宝商品信息的日常维护十分重要,清除已售完的商品,将新商品尽早放到网上,对长期滞销的珠宝商品要定期进行清理。②顾客的跟踪调查。通常,企业对顾客实施跟踪调查是比较困难的,而网上商店从技术上解决这些问题却比较容易,通过顾客对店铺的访问情况和所提交的表单中,可以得到许多关于顾客情况的调查资料。比如某一地区对某一特定珠宝的喜爱程度,特定珠宝作为刚需需求的可能性等。③售前、售后服务。传统企业一般只具有售后服务的理念。而现代珠宝电子商务企业必须具有售前、售后服务的理念,重视售前和售后服务,甚至将售前和售后划归为一个部门都是可行的。珠宝产品在互联网上的售卖,并非实物的展示,受限于照片、视频等各方面因素,必然存在一定比例的退货率,而有效的、便捷的、安全的退货是影响顾客购买动机的重要因素之一,有时甚至超过了顾客服务和产品选择。企业要清楚、明白地告诉消费者:什么样的条件下可以退货,退货后多长时间可将货款退还给用户,往返运输费用由谁来承担,等等。珠宝行业销售本身就需要信任,而珠宝电子商务更是迫切地需要建立消费者与商家的信任。因此,好的售前、售后服务可以减少顾客对珠宝网上购物的顾虑。

(2)支付系统。支付系统是珠宝网上交易的重要环节,也是目前珠宝行业交易中,对交易安全、交易可行性关注最多的环节。目前我国珠宝电子商务行业采用银行转账、银行电汇、第三方支付等多种支付结算方式。

(3)配送系统。珠宝作为高价值产品,对物流配送系统具有严格要求。在我国,电子商务行业主要有邮寄、快递和送货上门三种商品配送模式。珠宝企业都不具备建设自身配送系统的能力,绝大多数采用快递方式进行珠宝有形商品的线下配送。值得注意的是,顾客在订货之后极其期盼珠宝的快速到来,如果没有按时送到,存在一定的被拒收的可能性。因此,应该及时与顾客进行沟通配送信息,受第三方配送的影响,顾客一般不会过分苛求商家,但对于珠宝网上商店而言,并不能因此降低服务的标准,在网站承诺的期限内将货物送到顾客手中应当是珠宝网上商店实施珠宝商品配送的一条底线。

2. 珠宝网上直销

直销是最原始的一种销售方式,也是最简单的经销渠道,不需要任何中间机构来协助产品的流通,因此也称为"零级渠道"。传统珠宝贸易链条是非常长的,上游厂家不具备与终端顾客沟通的方法和渠道,但上游厂家有获取终端最大利益的需求。Internet为上游珠宝生产厂家和终端顾客提供了能够顺利沟通和交流的通道,改变了珠宝产业的销售方式。珠宝网络直销正是在这种环境下产生的新型营销方式,它是珠宝生产厂家将网络技术的特点和直销的优势巧妙地结合在一起并借助于网络进行珠宝商品销售的活动。

珠宝网上直销真正实现了"一切以客户为中心"的商业模式。如今,除利润、市场占有率等经营指标外,客户满意度、忠诚度等也成为评价珠宝企业经营绩效的重要指标,但传统珠宝企业经营方式很难让企业及时跟踪用户的需求,而网络的发展解决了这些客观问题。

珠宝网上直销使企业可以真正达到"减少成本就是盈利"的经营目标。珠宝网上直销大大降低了企业的营销成本,营销人员可以根据用户的愿望和需要,通过网络开展各种形式的促销活动,迅速扩大珠宝品牌或某一特定珠宝产品的市场占有率。珠宝企业按客户需求组织生产,可有效减少库存,降低生产成本。

珠宝网上直销实现了"与客户一对一互动交流"的营销。珠宝网上直销最主要的特点是具有互动性和信息的可反馈性。随着市场环境和运作方式的变化,目前珠宝市场的划分越来越细,珠宝产品也越来越个性化,珠宝营销慢慢将会演变成针对每一位消费者的营销。借助于网络,珠宝生产企业在网上发布有关产品和企业的信息,收集各种市场信息,使用互联网工具实现与客户的交流沟通,并由此获得快捷、准确的反馈信息,跟踪消费者的需求及变化情况。网络使珠宝生产企业对消费者有了较高的选择性,可按照消费者的需求安排生产和销售,避免了珠宝生产的盲目性和资金的占用性,提供的珠宝产品和服务也更具有针对性和效益性。

珠宝网上直销系统的构成方案没有定式,图5-4显示是一种珠宝网上直销系统的基本结构,由于珠宝企业和经营珠宝产品的不同,珠宝网上直销系统的结构也有所不同,珠宝企业可根据自己的实际和营销的着力点,在此基础上进行扩充或强化。

珠宝直销网站一般都是由珠宝生产型企业建立的。它绕开了传统的珠宝中间商,直接面对市场和目标客户,其目的是建立或维持企业的市场优势。部分珠宝企业网上直销的建立,除了能推销自己的产品外,更可以通过网站来开展全方位的市场营销活动。因此,珠宝直销网站不仅是推销产品,同时还应围绕企业与客户的关系来做文章。

对于珠宝企业而言,营销的目的是抓住消费者的真实珠宝需求,并提供适销对路的珠宝产品。以钻石为例,过去几大钻石婚戒品牌都以追求市场占有率为目的,但高的市场占有率并不能保证高的客户占有率,并且市场占有率达到一定程度时,想要再提高市场占有率难上加难,是一种不经济的行为。所以,抓住客户的真实珠宝需求很关键。

对于传统珠宝企业和珠宝电商企业而言,吸引新客户的成本远高于维系老客户的成本,所以,提高老客户黏性,保证老客户的忠诚度是非常必要的。珠宝企业的网站能在这方面发挥非常重要的作用,因此,培育顾客忠诚度,为客户创造价值,满足客户的个性化需求是珠宝企业网站的基本目标之一。珠宝企业网站的建立,会帮助珠宝企业寻找能为企业带来最大利润的消费者。每个消费者对珠宝企业的贡献是不同的,企业不应将营销的努力平摊在每位消费者身上,应该充分关注重要的消费者,将有限的资源用在能为珠宝企业创造较高利润的关键消费者身上。借

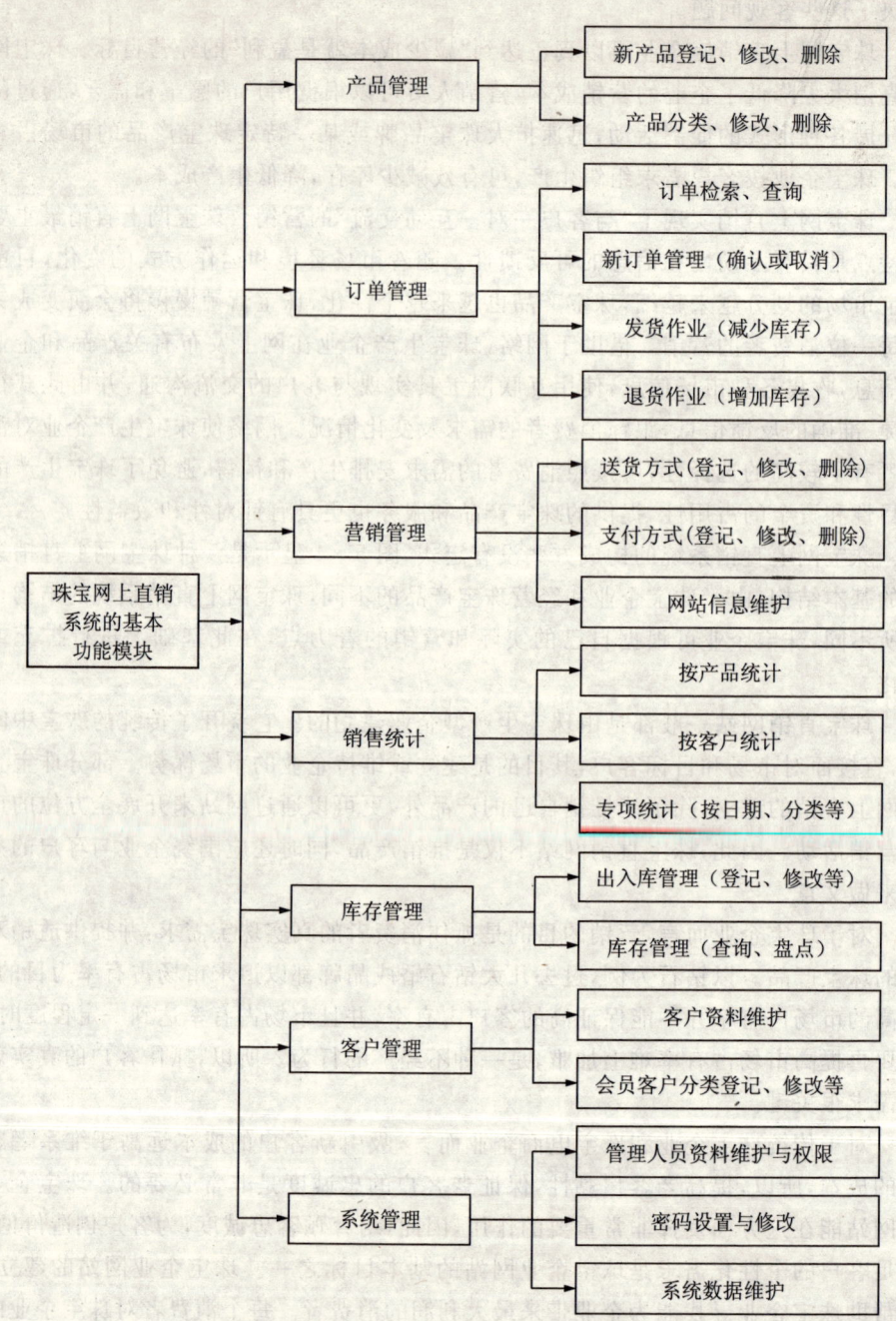

图 5-4 珠宝网上直销系统的基本功能模块

图 5-5 源头直销供货

助互联网的互动功能,为潜在关键消费者提供一对一服务,监测其行为的变化并及时做出反应。

从产品推销的具体形式上看,珠宝网上直销与网上商店的营销策略以及网上商厦的基本经营原则没有本质的区别,但需要注意以下几个方面。

(1)珠宝产品和潜在市场定位的准确性。珠宝企业应深入了解什么样的产品、什么样的消费者适合于采用网络直销。珠宝产品的网络销售适用性问题和消费者分析我们将于之后章节重点探讨。

(2)珠宝网站应客观上增加消费者的黏性。珠宝网上直销将传统市场上消费者被动接受信息的模式变为消费者积极主动地选择信息的模式,这种变化也改变了珠宝企业获得和留住消费者的方式。网络客户掌握着控制网络的主动权,因此,珠宝企业要实施有效的网上直销经营,必须要下功夫吸引消费者的注意力,即珠宝企业要在顾客黏性上下功夫。有黏性的网站不等于成功,但是没有黏性的网站肯定是不能成功的。在增加客户黏性方面,可以采用以下三种方式:①相关联策略。即以珠宝企业网站需要什么样的顾客和顾客想从网站上得到什么为出发点,为顾客提供与企业相关联的内容,以及与顾客密切相关的信息、产品和服务,尽力拓展网站的宽度和深度。②顾客参与策略。设立"社区、论坛、讨论、意见与建议"等栏目,鼓励顾客积极参与感兴趣或关心的信息和话题,发表自己的观点和建议,并为顾客提供细致周到的服务。③共有性策略。珠宝企业可采用共同创造、定制、个性化等方式,如共同创建珠宝网站的某些栏目或内容,使顾客产生一种强烈的归属感,以此增加顾客黏性。

(3)注重珠宝网上消费心理研究,刺激网上消费心理动机。珠宝直销网站应尽可能地采取相应手段诱导和刺激这些动机,才有可能赢得更多的忠实消费者,促成更多的消费行为。

(4)注重推广网站,吸引用户访问。不同于珠宝网上商店和网上商厦,珠宝直销网站由于产品比较单一,访问量一般会比较少,因此对于珠宝直销企业而言,必须通过特定方式获取流量的导入,并提升网站的知名度。

(5)珠宝网上直销的构建与网上商店基本相同,可以自建或者外包。但在经营策略方面,珠宝网上直销渠道建立时,要在充分考虑珠宝企业原有的销售模式和自身能力基础上进行选择,关键一点是要考虑与原有的传统渠道是否有冲突。若有冲突,可以改变相应经营策略。

(三)珠宝 C2B2C 电子商务

珠宝 C2B2C 电子商务是基于 B2C 电子商务的模式,利用互联网工具,对定制型珠宝消费的特定描述。互联网定制型珠宝消费是建立在珠宝 B2C 电子商务构建的网上商店、网上商厦和网上直销平台之上的一种特定消费模式。

1. 互联网定制型珠宝消费不是传统珠宝定制型消费模式的照搬

传统珠宝定制型消费是建立在消费者在局部地区,对某些珠宝产品和珠宝厂家产生详细认知后产生的,它要求消费者对珠宝产品有认知、对珠宝商家有认知,并且能够面对面进行交流。传统珠宝定制型消费一般是建立在熟客的基础之上的,并且一般是针对钻石、黄金等具有特定标准或者分级标准的产品,而翡翠雕刻类产品的定制型消费受困于企业规模、信息传递、消费者认知等情况,很难进行定制型消费。互联网打破了时空限制,并且帮助初次消费的顾客进行定制型珠宝消费。

互联网定制型珠宝消费目前也主要集中于传统意义上认为适合互联网销售的珠宝产品上,如钻石和黄金。但翡翠玉石类的互联网定制型服务也得到了快速发展。

2. 互联网定制型珠宝消费改变了珠宝营销渠道

由于珠宝产业的相关门槛等原因,传统珠宝营销是一个产业链非常长且相对闭塞的渠道营销,渠道中各级经销商固守阵地,整个珠宝产业,特别是珠宝上游产业具有非常神秘的外衣,难以向世人展示。但互联网定制型珠宝消费需要从最上游的产品就对顾客开放,才能够完成这一定制型消费,特别是翡翠玉石的定制型消费。

翡翠玉石类的加工由于是不可逆加工,不像钻石镶嵌产品、黄金产品或者翡翠镶嵌产品,具有再造性,其定制型消费能否顺利完成,每一步的重点环节都需要顾客的参与,这就离不开互联网工具。

3. 互联网定制型珠宝消费改变了珠宝企业产品结构类型

传统珠宝企业产品结构,特别是玉石类企业在产品结构这一块,一直存在较多问题,想创新,又摆脱不了传统观念和从业人员知识文化储备不足的僵局,最终结果就是市面上总共流行的或者一直存在的就是几种造型。玉石类企业的产品结构是由雕刻师所决定,且不能更改,这就存在非常大的不确定性,且阻碍了整个产业的发展。

互联网定制型珠宝消费将改变雕刻师决定产品结构这一特点,将客户的需求通过互联网与原料、雕刻师进行无缝对接。珠宝企业也可以根据顾客的需求,生产出满足消费者需求的产品,从而调整产品结构类型,促进企业健康发展。

4. 互联网定制型珠宝消费使非标准化珠宝产品实现网络快速扩张

传统意义上绝大部分珠宝产品由于具有非标准化、非分级化的特点,导致其在互联网商业版图上的扩张较为艰难,特别是翡翠玉石行业,目前除了翡翠王朝之外,并没有像钻石和黄金行业,形成了较大规模的珠宝互联网企业。但伴随着定制型珠宝消费的快速发展,非标准化珠宝产品将会在互联网上大放异彩,并能逐步赶上标准化珠宝产品的规模。

5. 互联网定制型珠宝消费将促进珠宝产业格局改变

互联网定制型珠宝消费将进一步消除利用信息不对称来获取利润的传统珠宝行业获利特征。珠宝消费者的消费习惯将进一步发生改变,迫使珠宝企业变革。不同品种珠宝在市场中占有率将会发生改变,不再是钻石和黄金独大的场面。具备深加工技术,能提供定制型服务的珠宝企业将会快速成长起来。

6. 互联网定制型珠宝消费将帮助企业树立品牌特征

定制型珠宝具有非常鲜明的产品特征,这一产品特征除了包含消费者的因素外,还包括企业特征和设计师特征。一般而言,企业特征会通过设计师进行体现。具有鲜明特点的珠宝产品,就意味着具有鲜明特点的珠宝品牌。这一鲜明特点,有助于珠宝企业快速树立品牌特征,完善品牌产品。通过产品认知品牌,通过品牌提升产品,形成良性互动。

互联网珠宝个性化定制消费有着巨大的市场潜力,但是同时也必将考验珠宝企业的生产能力以及对运营的管理能力。此外,互联网珠宝个性化定制不仅体现在产品本身上,更体现于服务上,强化管理和服务,是互联网珠宝个性化定制必不可少的功课。

三、珠宝 C2C 电子商务

珠宝 C2C 电子商务即珠宝消费者对珠宝消费者的电子商务。珠宝 C2C 电子商务需要借助专业平台,通过电子商务网站为买卖的用户双方提供一个在线交易平台,使卖方可以主动提供珠宝商品上网,而买方则可以自行选购自己中意的珠宝商品。目前的垂直型珠宝 C2C 电子商务平台较少,多数主要基于第三方综合性平台,如淘宝等。

最早出现的C2C电子商务网站是像早期的eBay一样的二手物品拍卖网站。那时的网站主要是为人们把家里多余的东西拿到网上去拍卖而提供的一个电子平台。为了方便展示出售的物品,网站还为用户提供虚拟的店铺,用户在网站上开设店铺以后,就可以把所有待出售的物品都展示在自己的店铺里。而有需要的人在网站上看到待出售的物品信息,就可以出价竞拍,最后在规定的竞拍时间内出价最高的人获得这件物品。然后买卖双方通过支付和邮寄物品,就可以完成交易。

然而,随着不断的发展,现在的C2C电子商务网站早已不是单纯的二手物品拍卖网站了。在保留二手物品拍卖的基础上,C2C电子商务网站又增加了一口价买卖的服务。卖方可以为自己待出售的物品定价,愿意接受这一价格的买方直接选择购买,交易就算是谈好了。由于一口价买卖的程序相较拍卖更简单,使得在网站上进行交易也更为方便。一口价买卖也更便于出售多件同样的商品。本部分讲述的C2C交易类型是指一口价珠宝交易类型,对于珠宝网络拍卖,本章第五节会着重讲解。珠宝C2C电子商务网站具有五大特征。

1. 为买卖双方进行网上交易提供信息交流平台

珠宝C2C电子商务网站是在网络上进行珠宝产品买卖的信息平台。网站允许珠宝卖家发布待出售的珠宝信息,允许买家浏览和查找别人拟出售的珠宝信息,也允许买卖双方进行交流。提供信息交流平台,改变信息交流方式,扩大信息交流范围,是珠宝C2C电子商务平台提供的最根本也是最基础的服务。也可以说,珠宝C2C电子商务网站提供了将网上交易的双方联系起来的信息服务,扮演着类似于传统珠宝商务中介者的角色。

珠宝C2C电子商务网站为用户提供信息发布和获取的平台。卖家要发布一个待出售的珠宝信息,一般先在网站上开设一个店铺,然后把商品的信息放在店铺中;并且,卖家可以在发布信息的页面上增加一些图片甚至动画等,来美化和推销自己的商品。

2. 为买卖双方进行网上交易提供一系列配套服务

珠宝C2C电子商务网站提供的信息交流平台解决了信息流的问题。而实物交易的物品递送问题无法通过网络实现,仍必须借助传统的物流手段。至于资金流,则是通过网络来实现的。在这个问题上,随着银行卡网上支付手段的逐渐成熟,目前多数C2C电子商务网站都允许用户进行收货网上支付。不过,在实现网上支付以后,又随之产生了一个问题,即由于收货与付款分离,风险也随之而生:对于卖家而言,如果在收到货款之前发货,存在着发货后买家不付款的风险;而对于买家而言,如果先付款,存在着付款后卖家不发货的风险。这样的问题,经过电商体系的不断发展健全,引入一个第三方的支付平台就基本解决了。在交易达成以后,买家先通过网上支付将钱支付到第三方平台,然后平台通知卖家发货;买家在确认收到货以后,支付平台再将货款支付给卖家。这在很大程度上降低了网上支付的风险,从而使得网上支付开始为越来越多的用户所接受。

3. 用户数量多,且身份复杂

2015年底,中国互联网网民接近7亿人,其中曾经进行过网购的人口比例接近六成。除了用户数量众多,珠宝C2C电子商务网站的用户身份也较为复杂。①如出售二手物品的普通用户;②又有以纯赚钱为目的的销售商家;③还有从单纯的购买者转变为消费者的。总之,很多用户都同时具有买家和卖家的双重身份。

4. 珠宝商品信息多,且质量参差不齐

淘宝网曾经有一则广告用语"只有你想不到的,没有你淘不到的",形象地展现了C2C电子商务网站上的商品包罗万象的现状。同样的,珠宝C2C电子商务网站上不仅有各种档次的珠宝产品,也有珠宝行业配套产品。另外由于突破了地域的界限,人们可以享受来自国外的特定珠宝产品。而珠宝的质量也是参差不齐:既有全新的,也有二手的;既有天然的,也有人工处理的;既有大工厂统一生产的,也有小作坊个人制作的。

5. 交易次数多,均交易额较小

由于珠宝C2C电子商务中参加交易的双方(尤其是买家)一般是个人,其购买的物品往往又都是单件或者少量的,因而每次交易的成交额是比较小的。

珠宝C2C电子商务的店铺运营与B2C珠宝电子商务的构架基本一致,在此不再赘述。

四、珠宝O2O电子商务

O2O即Online To Offline,是将线下的商务机会与互联网结合在一起,让互联网成为线下交易的前台,这样线下服务就可以在线上揽客,消费者可以用线上筛选服务,成交也可以在线结算,从而使企业很快达到一定规模。简单地说,O2O模式的核心就是通过一系列的营销手段,比如打折、促销等,将线上的消费者引流到线下的实体店,在线上购买线下的商品和服务,再到线下去消费体验。比如很多钻石公司通过线上注册赠券的方式,促进消费者到线下体验店进行体验消费。

珠宝O2O电子商务的应用有三个层面,最初级的应用是卖珠宝,更深度一点的应用是通过O2O进行珠宝营销推广,最高级的应用是通过O2O创造出一种全新的商业模式。珠宝行业是较早尝试O2O的行业,珠宝O2O在一定程度上解决了珠宝产品网络营销体验差的情况，一定程度上改变了珠宝产品的互联网不适用性。甚至O2O模式进入到珠宝行业时，许多珠宝行业人士都认为这种模式将推高珠宝商的红利，进一步促进钻石和黄金产品的市场份额，摆脱了通过互联网玉石产品只能销售图片的尴尬。

传统渠道钻石销售现金流压力大，周转率慢，产品价格偏高，赚钱难，发展慢，被归类为奢侈品的钻石很长时间内都躺在豪华而夺目的橱窗里闪耀光芒，与大众消费者保持着距离。面对如此问题，很多珠宝企业都在积极跟随大趋势，将线上与线下紧密互动，完成线上与线下的双向转化。消费者可在线上获得品牌的信息，对比价格，更全面地了解产品款式以及品牌的口碑，在线下获得全方位的服务体验，以及定制化的客户接待流程，从而实现销售的转化（图5-6）。

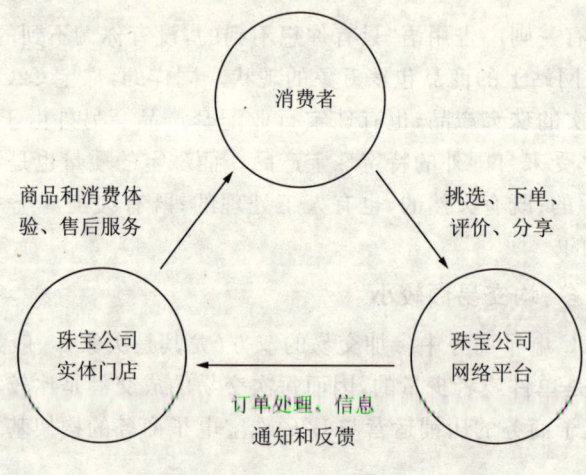

图5-6 珠宝O2O模式示意图

（一）珠宝O2O模式

从形式上说，珠宝O2O电子商务可以分为四种不同的模式。

珂兰钻石便是以线上平台为核心的O2O模式，以在线选购＋珂兰体验店为主要经营模式，其核心是通过珂兰钻石网络商城和线下体验，实现"鼠标＋水泥"的形式，先建立线上平台，通过线上商城聚焦流量和人气，并通过线上提供产品知识、产品展示、产品导购、客服答疑等服务；线下则作为了解预约、承接业务、提供服务的补充。用户在线上选定产品后，再到珂兰钻石分布于各大城市中的体验店进行实际的体验和成交。

珂兰钻石的核心卖点是高性价比，传统的钻石供应链一般分为七个环节：原料商、看货商、毛坯批发商、切割商、运输、成品各级批发商、终端零售商，这些环节产生的成本非常高。而珂兰钻石能通过一定渠道拿到价格较优惠的上游钻石,并通过自建的网络商城与线下体验店销售,省去了高额的场地成本和流通成本,保证了合理的利润。

传统钻石销售一直定位于将要结婚的青年人,珂兰钻石的目标用户也是结婚人群,这一刚性需求在互联网上体现得更明显。消费者可以通过网络平台先了解到自己的需求是否能得到满足,并且能够清晰明确地知道钻石的价格、净度、切工、重量和款式。如果对钻石还有不满意不放心的地方可以到珂兰钻石的实体店,查看实物,确定无误后,再付款购买,真正做到能够让消费者买的放心。

由于年轻人经济条件往往不是特别好,所以他们特别在意婚戒的品质和性价比。互联网钻石电商都非常注重钻石的高性价比,与年轻的人需求高度契合。而且年轻人是网络主力军和网购主力军,对电子商务的理解和尝试远比其他阶层要多。通过高性价比的钻石,再通过年轻人的主动品牌宣传,很容易形成口碑效应。这种以自建平台为核心的模式,好处还在于降低了对实体店的依赖,可以减少实体店的投入。

周大福等传统珠宝企业通过几年的发展,线上增长速度很快,但占比还比较低。但对于周大福来说,线上平台不光是一个销售平台,它还是一个互动、交流、市场推广的平台。目前周大福主要通过电商平台销售低端产品,而线下实体店面的消费价格区间稍高。线下实体店所担负的功能是提供更好的服务与体验,而线上是提供便捷的消费方法。目前周大福所有线上业务平台的人流量加起来大概为每天数十万人次。

婚博会,开展线下钻石婚戒介绍活动,吸引顾客完成最开始的线下注册、使用等程序;用户注册成功后,可以在线上浏览,并最终再次进入线下体验店进行购买消费。

珠宝O2O最大的卖点是互动性,O2O能提供更多选择,从而为消费者带来更舒适便捷的珠宝购物体验。未来,能真正为消费者感官享受并近距离欣赏提供方便的销售平台,在这些平台上才能体现珠宝的价值与魅力,才是消费者要买的珠宝。正因为如此,珠宝企业目标一致地向O2O转型,并展开布局竞赛。像佐卡伊、珂兰钻石等以网购起家的企业认为在O2O情境下,线下体验店不再是负担,并开始加速发展线下店;而潮宏基、周大福等传统渠道占优势的企业开始发力线上,加大线上营销推广力度,共同竞逐诱人的O2O大市场。

(二)珠宝O2O存在的问题

虽然珠宝企业大肆进军O2O模式,但目前珠宝企业O2O运营仍存在以下几个问题。

1. 悬殊的转化率

线上珠宝销售,浏览量高,但低转化率的一个主要原因是珠宝属于贵重商品,消费者在线上购买比较谨慎。珂兰钻石曾经对比线上线下推广发现,线下体验店的进店成交量远高于线上,但如果能够获得巨大流量,即使在转化率较低的情况下,也能大范围地提高销量。

2. 线上数据至关重要

线下体验强调把消费体验做到极致,做到极致的根基在于提前获得对消费者的认知。基于线上数据,可以在顾客到店之前,通过系统获知这名顾客此前在网上浏览了什么,在哪个款式和价位的产品上停留时间最长,其喜好和需求是什么,等等。这样顾客一进店,就能享受到更具针对性的服务,也更容易获得心理上的安慰,自然也更容易下单购买。但目前这些数据的获取仍具有一定的被动性。

3. 欠缺清晰的转型路径

珠宝企业的现状是大方向清晰,但欠缺具体的转型路径。虽然珠宝企业一致看好O2O,但更多的只是抢占宣传高地,真正落到实处的并不多。目前国内珠宝企业间存在着产品同质化严重、品牌间的差异化太小等问题。要想成功转型O2O,除了在珠宝行业有足够的专业度,产品定位必须清晰,同时在产品上跳出同质化,才更有可能成功。

五、珠宝拍卖电子商务

(一)传统拍卖

拍卖是具有明确规则的市场制度,在参与者竞标的基础上,通过拍卖规则来决定资源的配置和价格。从狭义的角度来看,它是有一定适用范围及特殊规则的交易类型。而从广义的角度来看,它反映了市场经济价格形成机制及资源配置的内在过程和本质机理。它设法匹配买者和卖者,以达到市场认可的均衡价格。拍卖作为一种交易方式,是价格发现方式之一,具有揭示信息、减少代理成本等功能。除此之外,拍卖还能有效地配置社会资源,因为通过拍卖能营造出一种竞价环境,将资源分配给评价最高的竞标者,是符合效率原则的。拍卖必须有两个以上的买主:即凡拍卖表现为只有一个卖主(通常由拍卖机构充任)而有许多可能的买主,从而得以具备使后者相互之间能就其欲购的拍卖物品展开价格竞争的条件。拍卖必须有不断变动的价格:即凡拍卖皆非卖主对拍卖物品固定标价待售或买卖双方就拍卖物品讨价还价成交,而是由买主以卖主当场公布的起始价为基准另行报价,直至最后确定最高价格为止。拍卖必须有公开竞争的行为:即凡拍卖都是不同的买主在公开场合针对同一拍卖物品竞相出价,倘若所有买主对任何拍卖物品均无购买意向,没有任何竞争行为发生,拍卖就将失去任何意义。

传统拍卖的主要流程:货主把货物运到拍卖地点→委托拍卖行进行挑选和分批→拍卖行编印目录并招揽买主,参加拍卖的买主可以在规定的时间内到仓库查看货物→了解商品品质→拟定自己的出价标准,做好拍卖前的准备工作。拍卖行一般还提供各种书面资料,进行宣传以扩大影响。正式拍卖是在规定的时间和地点,按照拍卖目录规定的次序逐笔喊价成交。拍卖主持人以击槌的方式代表卖主表示接受后,交易即告达成。拍卖成交后,买主即在成交确认书上签字,拍卖行分别向委托人和买主收取一定比例的佣金。买主通常以现汇支付货款,并在规定的期限内按仓库交货条件到指定仓库提货。传统拍卖中,很多拍卖行都将珠宝产品拍卖作为主要的业务之一,并引领珠宝行业价格导向。珠宝首饰拍卖结果是最能反应珠宝首饰行业状况的重要参考指数之一。首先,它明确指出了交易的准确价格,即买主欲购买的价格。其次,拍卖结果说明了买主愿意付出的最大保值金额。

(二)网络拍卖

传统的拍卖模式已经随着时代的发展越来越多样化,传统拍卖企业利用互联网进行在线拍卖使得拍卖也逐渐走进大众的生活中。在线拍卖的方式,为珠宝玉器、奢侈品、艺术品等传统拍品的拍卖开拓了新的渠道,同时也进一步拓展了拍卖行业的消费群体。苏富比拍卖行在日场拍卖中使用了新式的网上竞拍方式,而在夜场拍卖中观众则可以在线观看实时竞拍过程。2014 年,苏富比宣布与电商平台 eBay 建立了合作关系,并且 2015 年在 eBay 举办了首场在线实时拍卖,在几场特定的日场拍卖会上,eBay 的注册用户可以在线参与竞拍。为了让在线竞拍者有参与感,这几场拍卖会都经过特别设计。四分之一的屏幕上显示着纽约拍卖的实时信息,用户可以点击屏幕上的艺术品,通过缩放功能查看细节以及不同环境下的效果。这种拍卖会提供了一种定制的体验,有许多独特的功能。

除了珠宝传统拍卖企业从事拍卖活动外,在网上从事珠宝拍卖活动的还有电商平台、个人、网络公司、文化公司、科技公司等。最早的拍卖活动来源于 eBay 这个第三方平台,并且国内也基于淘宝的平台开展拍卖活动。

(三)微信拍卖

微信拍卖即是在微信公共平台,由拍卖方将拍品的信息和图片等上传到公共平台及朋友圈里,关注者均有资格竞拍,买家可以通过留言或者回复公众平台竞价,第一次竞拍的同时,要留下联系人和联系电话,否则竞拍无效。微信拍卖作为一种拍卖形式,需要具备四个要点:①互联网媒体作为平台和信息传播的介质,微信拍卖主要依托的媒体为微信;②需要有两个以上的购买者;③买卖中要含有价格竞争因素;④价格竞争要在买主中展开。微信拍卖是基于微信平台进行的拍卖活动,这与传统拍卖的不同是多了微信这种介质媒体,可以让拍卖不受时间、地域、地点的限制进行。并且扩大了拍卖的客户群,由以前传统单一的模式变得多元化,凭借微信这种媒介让身边的朋友都能参与其中,使得珠宝拍卖更加的平民化。

1. 朋友圈竞价模式

珠宝拍卖者会通过微信朋友圈的形式公布当天所需要拍的珠宝,通过微信朋友圈能够看到且关注此件拍品的人群就可以出价。朋友圈拍卖要规定好起拍价,并且规定好每次起拍竞价的最小加价价格。

2. 微信群拍卖

此方式一般是预先发朋友圈通知今晚拍品细节、竞拍价格、竞拍规则和竞拍商品的细节内容,并收集对此次拍卖感兴趣的朋友,通知详细的拍卖时间。例如朋友圈通知晚上八点钟拍卖,把有意向客户拉进一个群里面,统一通知竞拍规则和流程,并准时开始,每个人都有出价的权利,拍品归出价最高者所有。

3. 公众号拍卖

例如,"微拍堂"是一基于微信的专业拍卖应用,较多涉及珠宝首饰拍卖。卖方搜索其微信公众号后点击关注,进入拍场,点击底部的"发布"按钮,把自己将要竞拍的商品上传,拍品上传后,输入拍品的文字描述,设置起拍时间和截拍时间,点击发布。

微信拍卖与传统拍卖相比,最大的特点是可以随时随地参与,不仅突破了传统拍卖的地域限制,拓展了艺术品市场的交易半径,而且大大节省了买卖双方和拍卖组织者的交易费用,让艺术真正进入到大众阶层。

微信拍卖对于存货颇丰的私人藏家来说可能更有效,因为其个人品牌和实力在圈子中已形成意见领袖。另外,由于拍品质量和能吸引到的参与者实力均有限,微信拍卖不会对艺术品拍卖市场产生实质影响。

微信拍卖的诸般隐忧亦不容忽视,实体拍卖存在的问题,微信拍卖也避免不了,甚至还会产生新的问题,比如有些微信拍卖从预展到落拍要三四天时间,而除了平台工作人员,谁也无法知道竞价的整个过程,这种过于私密的特性,有可能导致不透明操作的发生。

在线拍卖发展潜力巨大,但在我国仍处于发展初期。由于各方面的制度法规还不完善,对于在线拍卖平台而言,应在准入规则、拍品溯源、构建信任机制方面主动做文章,实现线下专业服务和线上拍卖技术的融合,以促进拍卖行业的良性发展。

第二节 珠宝电子商务网络营销应用

网络营销是以现代营销理论为基础,借助网络、通信和数字媒体技术等实现营销目标的商务活动;网络营销是企业整体营销战略的一个组成部分,是建立在互联网基础之上,借助于互联网特性来实现一定营销目标的营销手段。网络是载体,营销是核心。

网络营销和网络推广是电子商务行业中常见的两个名词。网络营销侧重在营销,强调的是策略和创意,困难点是能制造具有广泛关注度的热点营销事件;网络推广重在推广,强调的是方法和执行,只需要用各种方法,将产品及相关信息发布出去,完成任务量即可。

珠宝电子商务网络营销即借助于互联网来实现珠宝产品的营销,包含互联网、珠宝产品、营销三个主要方面。下文就珠宝电子商务网络营销具体应用展开论述。

一、珠宝网络广告

珠宝网络广告即指在各种互联网平台上投放的珠宝广告,如网站中常见的横幅广告、文本链接广告、视频广告等。网络广告是互联网上最常见、最基本的一种推广方式。网络广告是实施现代珠宝营销媒体战略的重要部分,是中小珠宝企业发展壮大的优良途径。珠宝网络广告具有以下的特点及优势:

(1)传播范围广。珠宝网络广告不受时间、空间限制,通过互联网发布的信息可以传递到地球的任意一个角落。

(2)性价比高。珠宝广告在网络媒体的收费远远低于传统媒体。传统电视媒体的广告投放,获得有效用户的成本可能高达上万元,而通过网络媒体,可能低至几分钱。

(3)表现形式多样。珠宝网络广告的表现载体基本上都是多媒体、超文本格式文件,受众不但能够看广告,还可以点广告,与广告互动。这些丰富多彩的表现形式,可以传递多感官的信息,让顾客身临其境地感受珠宝商品。

(4)灵活性好。在传统媒体上投放广告,发布后很难更改,即使可以改动,也往往需要付出很大的经济代价。而在互联网上投放广告,可以随时变更广告内容,这就方便珠宝企业经营决策的变化能够得到及时实施和推广。

(5)精准度高。传统媒体的受众不明确,无法根据具体的用户分类来进行针对性的珠宝广告投放,这使得传统珠宝广告的精准度大大降低。而互联网上的各种网站与平台繁多,用户细分度极高,企业可以根据自身要求,有针对性的进行精确投放。

(6)效果精确统计。珠宝网络广告可以通过及时和精确的统计机制,广告主能够直接对广告的发布在线监控,即时衡量广告效果。

二、QQ营销

QQ作为国内市场占有率最高的主要基于PC端的互联网即时通讯工具(IM, Instant Messaging),在QQ上进行推广必不可少。

1. QQ推广的特点

(1)高适用性。QQ的注册用户已经超过10亿,同时在线用户突破1亿,从PC端上网,中国网民会习惯性登录QQ。

(2)针对性。QQ主要进行的是一对一的及小范围内的群交流,基于这种交流方式,可以对用户进行更加精准和有针对性的营销推广(图5-7)。

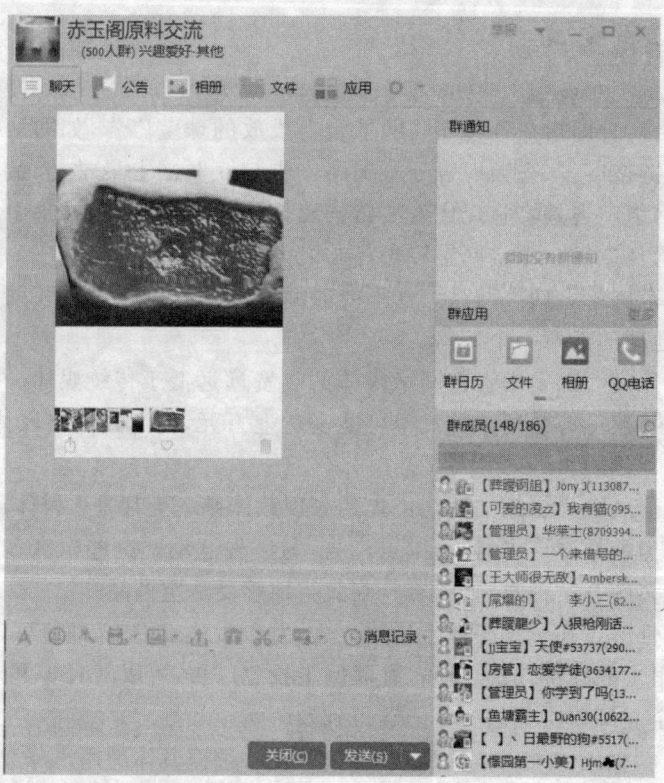

图5-7 翡翠毛料交流群

(3)操作性强。与其他营销推广方式相比,QQ的推广和营销非常简单,只要具备打字、聊天、发图等基本技能就可以进行推广(图5-8)。

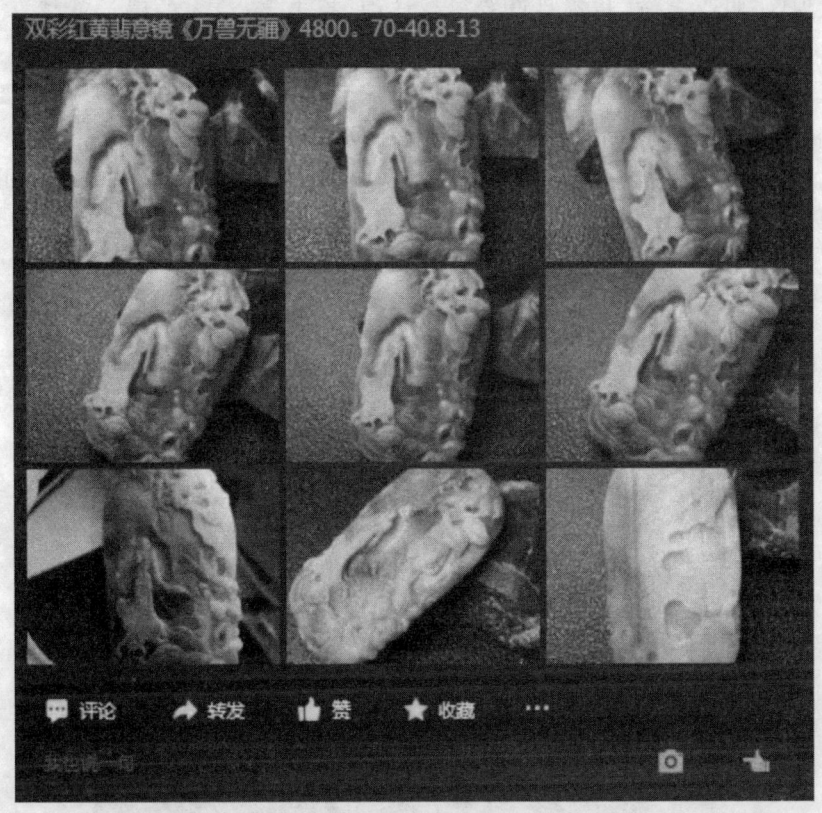

图5-8　QQ空间营销

(4)成本低。QQ推广最简单,只要具备一台能联网的电脑,并申请一个QQ即可,当然,为了提高关注度,可以适当申请各种级别QQ会员,除去人力成本外,其他成本低廉。

(5)持续性。QQ推广一般是基于与用户建立友好关系之上的,所以可以对用户进行长期、持续性的推广。

2. QQ个人营销

(1)级别与称谓。级别越高的QQ可以添加的人越多,也越能够引起别人的注意,并且能够增加信任度;QQ头像的设置一定要有特色,便于吸引别人的注意,并且头像要正规、稳重,给人以信任感,突出亲和力,切记勿使用幼稚和低俗的头像,会大大降低正面形象和信任度;在QQ称谓上,可以使用自身真实姓名进行推广,增加企业和自身的可靠性。实名本身即象征着诚信,有利于记忆,并且可以积累品牌与知名度;在QQ资料中,除了能展示头像和名字外,还应有更详细的资料,比如性别、地区、职业等,这些资料设置得越详细、越丰富,给人的感觉就越真实、越靠谱。

(2)QQ空间。QQ空间能有效地展示珠宝产品。珠宝产品的展示需要大量图片和视频,以利于产品的呈现,通过QQ空间发布图片、视频、日志、文章等,有利于产品和观点的传达。QQ空间能够精准获取用户兴趣点。通过获取用户的留言和点赞等内容,易于发现客户的兴趣点,方便进行精准营销(图5-9)。

图5-9　QQ空间点赞用户的兴趣点

3. QQ 群营销

QQ 群是能够快速获取用户,找到潜在客户的一种有效方式。通过 QQ 群,可以在短时间内获取大量目标用户,确定目标人群。比如云南地区、昆明地区、金融行业等 QQ 群。加入群后,获取 QQ 群中用户信息,即大量 QQ 号码,往下可以进行邮件营销或者添加 QQ 进行营销推广。

在加入到某一特定 QQ 群后,不要急于进行用户的添加和推广,要先建立关系基础再营销,比如进群后,打打招呼、晒晒图片,和大家聊天分享,建立一定基础之后再营销。

在聊天中植入广告。在特定群中发硬性广告可能会被踢出群,但在大家聊天时,通过植入软性广告,反而能取得良好的广告效果。

申请管理员或者搞定群主,是 QQ 群营销实际运作中有效的一环。这样可以免费使用群内的所有资源。一般成为管理员并不难,只要在群里表现得活跃些,并且和群主搞好关系,即可达成心愿。

三、友情链接

友情链接,也称为网站交换链接、互惠链接、互换链接、联盟链接等,是具有一定资源互补优势的网站之间的简单合作形式,即分别在自己的网站上放置对方网站 Logo 的图片或文字的网站名称,并设置对方网站的超链接(点击后,切换或弹出另一个新的页面),使得用户可以从合作网站中发现自己的网站,达到互相推广的目的,因此常作为一种网站推广基本手段。

与优质的网站进行交换链接,有助于提升自身珠宝网站的点击量和成交量(图 5-10)。

PR(Page Rank)值是衡量网页是否优质的一个重要指标,是谷歌公司发明的一种网页评级技术,是用于测评网页重要性的一种方法,级别从 1 到 10。10 级为满分,PR 值越高说明该网页越受欢迎,也更容易在搜索引擎中取得更好的排名,一般 PR 值达到 4 以上,就是一个还算可以的网页。除了谷歌的 PR 值外,百度权重也是一个重要指标。

Alexa 是一个专门发布网站世界排名的网站,排名越高,流量越高,所以在进行交换友情链接时,可以参考 Alexa 的排名,一般而言,双方网站的排名不要相差太多。

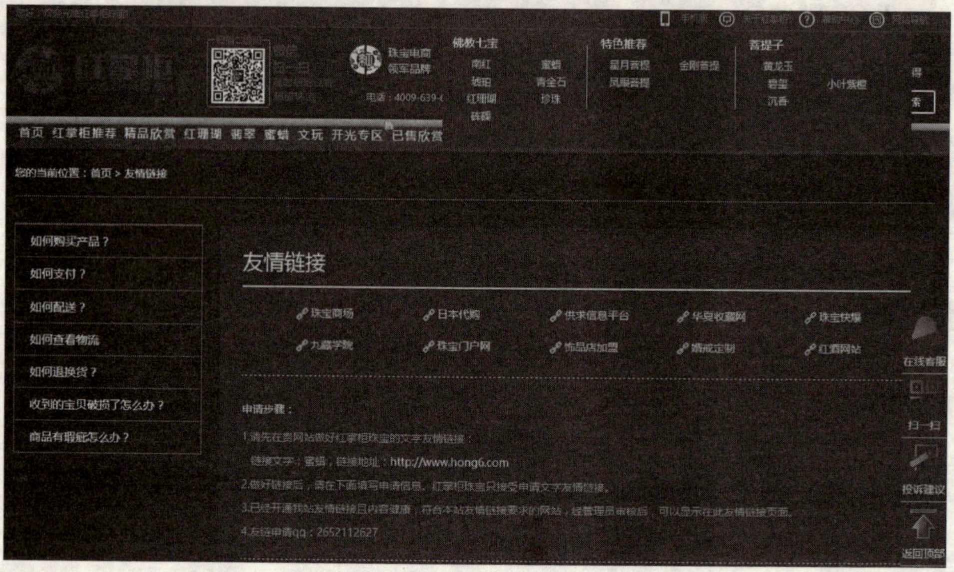

图 5-10　红掌柜珠宝友情链接

四、论坛营销

论坛又名网络论坛（BBS，Bulletin Board System），随着互联网的发展，BBS 逐渐成为互联网最受欢迎的应用之一。在珠宝专业论坛、社区、贴吧等网络平台上，以图片、视频、文字等为主要表现形式，进行企业品牌、个人品牌和产品的知名度、口碑、美誉度等为目的的发帖营销活动，就叫作论坛营销。

由于珠宝玉石在知识内容、产品认知等方面存在较高的知识门槛，基于这种原因，在互联网上慢慢聚集起具有一定规模的专业论坛，例如翡翠吧，共有接近 77 万用户（图 5-11）。

珠宝论坛营销一般有两个常见部分：

1. 目标论坛

目前珠宝论坛，主要有基于大平台的珠宝论坛和专业珠宝论坛两种形式。一般而言，专业珠宝论坛由于专业度等方面的原因，用户活跃度较高，而综合性论坛珠宝版块活跃度较低。目标珠宝论坛不一定要多，关键是质量要高，并且要根据自身的人力、物力来综合考量，否则太多目标论坛，反而应付不过来（图 5-12）。

确定目标论坛后要熟悉论坛。首先，熟悉论坛的规则，明确论坛关于营销和推

■ 第五章 珠宝电子商务的实现 /77

图 5-11 翡翠贴吧论坛

广的管理尺度，对于特定的珠宝广告信息，是否需要特殊说明等；其次，要熟悉论坛内各个版块的特点和差异；最后，要明确不同珠宝论坛用户群的喜好和风格，这样才能赢得用户。翡翠贴吧论坛和卫东翡翠论坛虽然都是主要关于翡翠的专业论坛，但在论坛规则、版块设置、用户群体等方面都存在诸多不同。

要在论坛进行推广必须要进行账号注册，这就涉及注册账号的数量和质量。从质量而言，就需要特定账号长期驻守，实现高等级的账号。从数量而言，有时需要大规模马甲账号进行集团作战。

2. 营销方式

论坛营销方式可分为账号特色、产品特色、制造话题、有效互动四种。

(1)账号特色。注册的主要账号要具备宣传自身品牌和产品的特点，必要时可以实名。注册完成后，应及时更新完善论坛内的相关资料，使自身账号具有特色，并且关联相关淘宝、微信、微博等其他渠道。

(2)产品特色。论坛营销的切入点及局面的突破口来源于产品的特点应符合论坛的用户需求，要求既能体现产品特色，又能满足用户的需求，将两者结合起来。

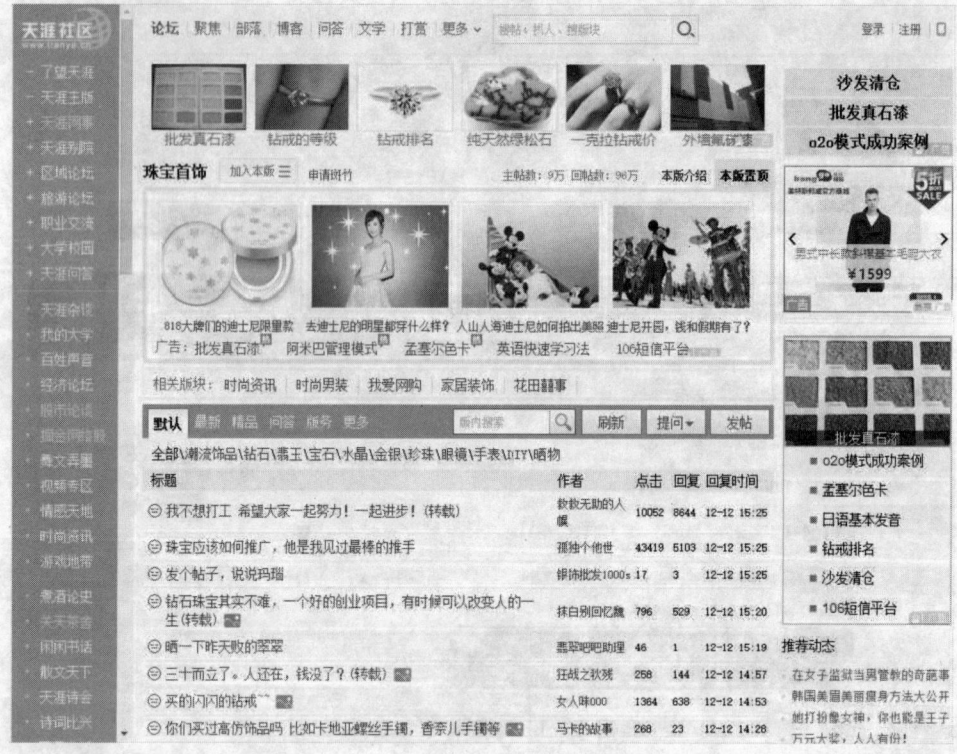

图 5-12 天涯论坛珠宝首饰版块

（3）制造话题。快速融入一个新珠宝论坛的最好方法是制造与珠宝相关话题或者适当制造争议性论题。比如说最近某某女明星钟情琥珀，佩戴什么样的琥珀，大家来点评等。

（4）有效互动。论题营销的本质是互动，所以内容一定要足够吸引眼球，同时能够引起用户的互动。可以基于珠宝相关议题，并结合娱乐题材和社会热点，制造争议、创造共鸣、分享互助等方面来制造内容。

五、问答营销

以问答网站平台为基础，通过回答用户问题，或者模拟用户提问并回答的形式，进行宣传、营销工作，从而达到提升珠宝品牌、个人品牌知名度，促进珠宝产品销售的目的，即问答营销。较常用的问答平台有百度知道、新浪爱问、天涯问答、搜狗问答等。其中百度知道的用户市场使用率最高，绝大部分的问答营销推广也都基于百度知道。

通过问答类营销,可以精准寻找用户,即有相关需求的人,高精准度就意味着高转化率;通过问答类营销,容易形成口碑效应,这是由于问答是用户与用户之间的回答与互助,不存在利益关系,问答信息可信度高。

问答类营销常用的两种方式:一种方式是自问自答,即用自己的账号提问,用自己的另一个账号来回答;另一种方式是回答别人的问题。自问自答的好处是所有问题和回答都由自身操作,内容可控性强,可以根据产品、企业宣传等各个方面来进行操作。回答别人的问题,可以引导真实用户的认知并营造口碑氛围,获取真实的潜在消费者(图5-13)。

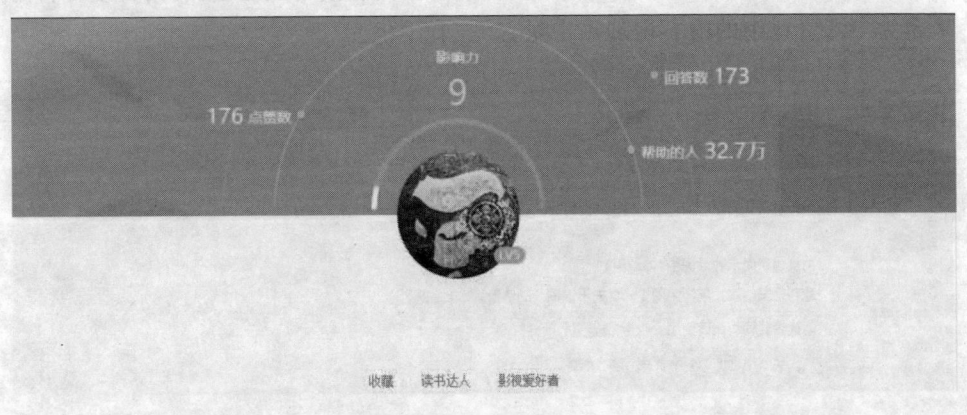

图5-13 百度知道个人主页面

六、百科推广

利用百科这种网络应用平台,以建立词条的形式进行宣传,从而达到以提升珠宝品牌知名度和企业形象为目的的活动,即称为百科推广。主流的百科有百度百科、互动百科、腾讯百科等,其中以百度百科的市场占有率最大。

1. 百度百科推广的主要特点

(1)辅助搜索引擎。在百度中搜索各种名词(包括人名、企业名、产品名、概念术语等)时就会发现,往往排名第一位的都是百度百科。

(2)提升权威性。互联网上的百科网站,源于现实中的百科全书。在传统观念中,能被百科全书收录的内容,一定是权威的,因此大部分用户都认为百科收录的内容比较权威。

(3)提升企业或个人形象。随着互联网的普及,许多人在接触到陌生事物时,会先到互联网上进行检索,特别是在珠宝行业存在各种门槛的情况下,通过互联网进行相关检索更是常用。如果个人或者企业能被百科收录,则会大大提升形象,增加用户的信任感。

2. 百度百科的词条创建

一般用户以为百度百科的词条是百度公司通过权威认证后发布的,其实百度百科的词条是可以自己创建的。一般要先确定需要创建词条的关键词,然后在百度百科中搜索要创建的词条是否已经存在,如果存在,只能在此基础上更改添加;如果不存在,则可直接单击"我来创建"建立词条(图5-14)。在百度百科词条的实际撰写过程中,还需要为撰写的内容提供相应的参考资料。添加资料一方面是为了保证通过率,另一方面是为参考资料中的相关链接增加流量,利用百度百科的平台为参考资料中的内容增加点击量。

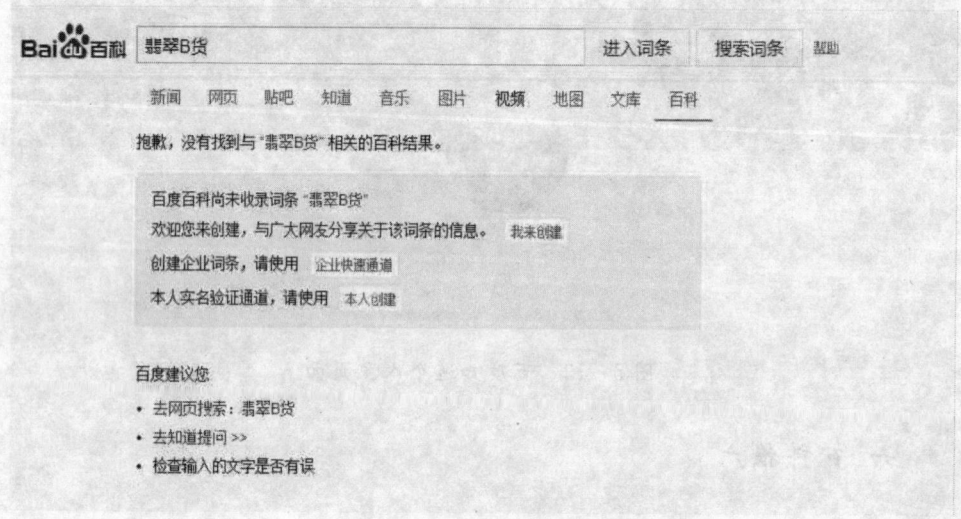

图5-14 词条创建页面

七、电子邮件营销

电子邮件营销,通常也被称为邮件列表营销,它是互联网行业当中最早的网络营销方法。在中国,提起电子邮件营销,一般大家想到的是群发邮件。但真正的电子邮件营销应该是在用户事先许可的前提下,通过电子邮件的方式向目标用户传递价值信息的一种手段。

电子邮件营销具有自身显著的特点:

(1)覆盖面广。只要用户有邮箱,就能覆盖到,不管用户在哪里。

(2)低成本易操作。利用一个免费的邮件群发工具,就可以进行邮件营销,无须掌握复杂的技术或经过繁琐的流程,一天可以发送数量庞大的邮件。如果企业具有用户邮箱地址,邮件营销成本则更加低廉。

(3)适用性强。珠宝行业中几乎所有企业或个人都可以采用这种营销方法。

(4)精准度高。电子邮件营销是点对点的传播,所以可以实现非常有针对性、高精度的传播。

珠宝企业可以通过在线订阅、有奖调查、网站注册、相互交换、网上搜集、软件生成、购买等方式获得潜在用户的邮箱地址。

八、新闻事件营销

珠宝新闻事件营销是指珠宝企业或者个人,在真实、不损害公众利益的前提下,利用具有新闻价值的事件,或者有计划地策划、组织各种形式的活动,借此制造"新闻热点"来吸引媒体和社会公众的注意与兴趣,以达到提高社会知名度、塑造企业或个人良好形象,并最终促进珠宝产品销售的目的。珠宝新闻营销通过新闻的形式和手法,多角度、多层次地诠释地区、企业和个人文化内涵,传播行业资讯,引领消费时尚,指导购买决策。珠宝新闻营销非常有利于引导消费者,传播热点新闻,在较短时间内快速提升地区、产品、企业、个人的知名度。

在2016年国庆节之前的互联网上,出现了一条关于腾冲全民挖翡翠的新闻,此新闻在珠宝行业内,短时间快速流传。虽然后来明确此新闻涉及虚假新闻,但新闻发生的时间节点有力地提振了腾冲国庆期间珠宝行业的人气。

珠宝新闻营销具有其独特的特点:

(1)隐蔽性。由于珠宝新闻营销是以新闻的方式进行包装的,所以普通消费者很难看出其背后真正的目的是做广告。

(2)权威性。新闻媒体在传统观念中一直是权威媒体,通过新闻的方式进行传播,会给消费者以权威性的印象,增加企业、个人以及产品的说服力。

(3)客观性。一般而言,新闻都是从第三方的角度进行报道与分析的,其客观性毋庸置疑。

九、软文推广

珠宝软文推广,是指通过特定的概念诉求,以摆事实、讲道理的方式使消费者走进珠宝企业设定的"思维圈",以强有力的针对性心理攻击迅速实现产品销售的文字模式和口头传播。软文是企业软性渗透的商业策略在广告形式上的实现,通常借助文字表达与舆论传播使消费者认同某种概念、观点和分析思路,从而达到企业品牌宣传、产品销售的目的。软文推广偏重的"软"换句话说就是"不显",是相对于传统广告的"硬"与"直白"。它是基于受众出发,通过受众的兴趣点切入,并在他们想要阅读的内容中植入广告。

软文推广具有自身的特点:

(1)本质是广告。软文的本质就是广告,这是其商业本性。

(2)以文字为伪装。软文的内容一定是以文字为主,包括各种文字形式。对于软文的语言文字,要照顾到目标受众的阅读能力和理解能力,一般要求浅显易懂、形象生动、贴近生活,让用户读起来有共鸣感。

(3)以制造信任为核心。软文的内容不是瞎写,一定是有目的的,即通过这些文字,在用户中制造信任感,打动用户。

十、微博营销

以微博这种网络交流平台为渠道,利用微博的形式进行推广,以提升品牌、口碑、美誉度等为目的的活动,就叫微博营销。

微博,即微博客的简称,是一个基于用户关系的信息分享、传播以及获取的平台,用户可以通过 Web、WAP 以及各种客户端组建个人社区,以 140 字左右的文字更新信息,并实现即时分享。微博的内容只是由简单的只言片语组成,对用户的技术要求低,而且在语言的编排组织上,只需要反映自己的心情,不需要长篇大论,更新起来也很方便。目前国内主流的微博平台主要有新浪微博、腾讯微博等。

1. 微博营销的特点

(1)操作简单。微博的操作非常简单,只要会打字即可。信息的编辑也非常简单,不需要长篇大论,马上书写,马上发布。

(2)互动性强。微博的互动性非常强,可以与粉丝即时沟通,及时获得用户的反馈与建议,第一时间针对用户的问题给予回应。

(3)低成本。微博的申请是免费的,维护也是免费的,而且维护的难度和门槛非常低,不需要投入很大的资金、人力、物力等,成本非常低廉。

(4)易传播。微博是一个可以广泛传播和分享的平台,其热点内容的传播是非常快的。

(5)获取粉丝方便。由于微博是一个开放的、易传播的平台,能够快速地获取大量粉丝。

2. 微博营销的作用

(1)提高企业或个人的形象。企业或个人的公众形象决定了用户的黏性与好感度,也会影响到企业或个人的品牌与口碑。

(2)拉近与用户关系,获得反馈与建议。得用户者得天下,做珠宝公司、珠宝产品同样如此。任何时候都不能与用户拉开距离,不能忽略用户的感受与声音。通过微博,将会更好地拉近与用户之间的距离,直接获得用户的反馈与建议。

(3)对产品和品牌进行舆情监控。通过微博,可以更好地进行用户舆情监控,方便企业或个人改善产品和形象。

(4)方便引发或辅助其他营销手段。随着微博越来越深入人心,其作用也越来越凸显,利用微博来引发或者辅助其他营销,是大有裨益的。

3. 微博内容的建设和运营

(1)微博定位。微博定位是为了在用户心中树立一个形象,微博的内容和风格也应该围绕这个定位和形象来策划开展。微博定位成企业和个人存在巨大区别,目前用户都喜欢拟人化的或者真人的形象定位。

(2)内容定位。微博的个性定位完成后,就需要根据这个人物来进行内容的定位和编辑。发布什么样的内容,以什么样的口气和风格等,都是需要明确定位的。

(3)内容策划差异化。差异化内容容易树立品牌,建立影响力,以及吸引和留住用户。尽力做到人无我有、人有我精、人精我专。

(4)合理的运营计划。微博的运营,不是简单地把内容组织好发出去即可,如果想运营好,要将微博作为一个网站或者媒体来运营。围绕用户的喜好,策划相关的微栏目,组织对用户有吸引力的内容,每天有规律地更新。

十一、微信营销

微信珠宝营销是基于微信这一 APP 软件进行的珠宝营销,其中又涉及个人和公众号(订阅号、服务号、企业号)的营销(图 5-15)。微信可以作为一个自媒体进行营销,便于有效连接用户,微信营销可以有效提升转化率、提高复购率、增加客户黏性。

微信个人号是针对普通大众用户的产品,微信个人号有助于销售人员与客户进行一对一的沟通,帮助企业获取新客户,并提升新用户的转化率和老客户的复购率。并且利用个人号可以实现仓库—代理—分销的模式。

微信个人号是较封闭的营销环境,但通过公众号可以实现在陌生人之间传播,打破封闭的营销环境。微信公众号是针对企业的产品。公众号和个人号是完全不同的,包括产品界面、使用方式、功能等。微信个人号是以 APP 的形式呈现的,主要是通过手机登录,而公众号是以网页的形式呈现的,主要通过 PC 端登录;从好友数量上来说,个人号有好友添加上限,而公众号可以无限量添加粉丝;微信公众

图 5-15 微信个人号的翡翠营销

号支持向所有粉丝群发消息,而个人号一次只能群发 200 人。微信公众号又分为订阅号、服务号和企业号三种。订阅号的定位是以为用户提供信息和资讯为主,订阅号每天可以发送 1 条群发信息,订阅号进行认证后可申请自定义菜单(个人类型的订阅号除外)。订阅号是一个优良的自媒体平台,是一个具有较强能力的吸粉平台,是一个能够完成珠宝教育和消费者教育的专业平台,最终能帮助企业完成销售(图 5-16)。

图 5-16 玉雕界微信订阅号

　　服务号的定位是以服务功能为主,以为用户提供服务为主,比较适合为用户提供服务的企业。服务号每个月只能群发 4 条消息,但服务号群发消息时,用户手机会像收到短信一样收到消息,显示在用户的聊天列表当中。服务号认证后支持高级接口。

　　企业号的定位是为企业解决办公移动化问题。珠宝企业的企业号可以实现为代理商提供商品的快速服务和珠宝专业知识培训服务(图 5-17)。

　　珠宝企业在具体运用微信时,应尽量将个人号和公众号有机结合起来,构建账号群,集体作战。在销售层面,可以使用个人微信号,同时辅助官方公众号,通过个人微信号、公众号一起来影响客户。在推广方面,可以建立多个微信公众号,围绕

图 5-17 翡翠王朝企业号培训中心

同一大主题的不同细分方向,进行推广。

微信公众号的运营,核心是内容,即要传播的内容是运营的核心。在内容创作的时候,一般会有纯原创、二次创作、伪原创(抄袭)、转载等几种类型。针对企业自身用户进行特定开发,是创作的核心。

就微信公众号的推广而言,一般可以利用以下几种方式:

(1)现有资源导入。利用珠宝企业的现有资源,如名片或者宣传资料等,加以利用,进行扫码导入。

(2) 内容推广。通过内容本身进行传播是最好的推广方式,如果内容好,用户就会转载,其他人看了内容,就有可能会关注。

(3) 排名优化。有些用户会利用微信的搜索功能,如果公众号能够在结果页中排在前面,就有较大可能增加粉丝。

(4) 活动推广。可以进行线上或者线下的活动推广,进行关注送赠品活动。

(5) 个人号辅助。通过个人号吸引粉丝后,再引导粉丝关注公众号。

十二、搜索引擎营销

根据 CNNIC 的 2016 年第 38 次《中国互联网络发展状况统计报告》显示,中国有超过 80% 的网民使用搜索引擎。搜索引擎营销也叫 SEM(Search Engine Marketing),即全面而有效地利用搜索引擎来进行网络营销和推广。SEM 追求最高的性价比,以最小的投入,获取最大的访问量,并产生商业价值。

搜索引擎营销主要方式有两种:搜索引擎优化(SEO)和竞价排名。

1. 搜索引擎优化

搜索引擎优化主要是通过提高目标网站在搜索引擎中的排名来达到推广目的。搜索引擎优化具有成本低、客户质量高、投入产出比高、效果稳定、效果实时监控等特点。一般而言,通过 SEO 将企业网站优化到百度首页,费用并不是太高,并且用户点击是免费的,这点跟竞价排名完全不同。客户通过搜索引擎进行精准搜索,企业获取的用户质量也会较高,由企业主动转变为消费者主动。SEO 是 SEM 中比较省钱的,并且最持久。珠宝企业还可以通过百度统计等工具来监测优化效果。搜索引擎优化就是利用搜索引擎算法或规则,通过一系列的技术手段,模拟真实用户的评判标准,对相关网站进行优化,提高网站在有关搜索引擎内自然排名的方式(图 5-18)。

2. 竞价排名

竞价排名在国内主要是百度竞价排名。百度竞价是百度在国内首创的一种按效果付费的网络推广方式,是一种基于百度搜索平台的网络广告。珠宝企业通过在百度上做关键词广告,就会被主动查找这些产品的潜在客户找到,从而把目标人群带到网站上,最终引导用户成交(图 5-19)。竞价排名的特点是按效果付费,只有用户点击了链接,企业才支付相应的费用。竞价排名其实说白了就是通过花钱买排名。

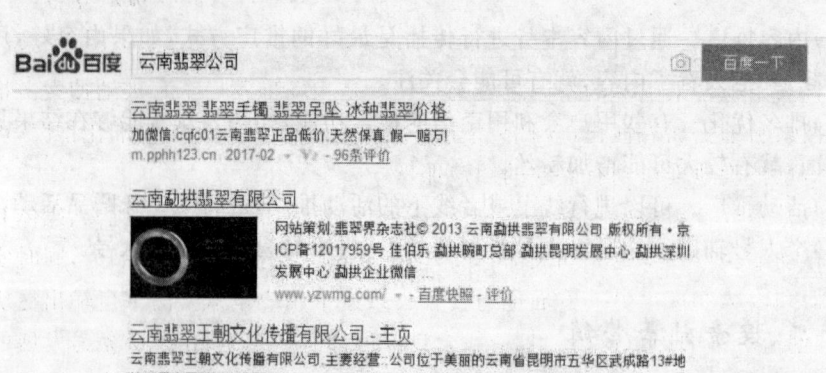

图 5-18 云南翡翠公司搜索引擎优化

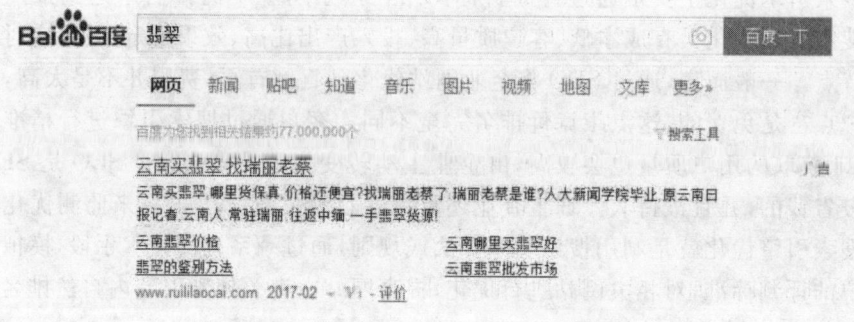

图 5-19 关键词"翡翠"的竞价排名

十三、今日头条营销

2016 年,"今日头条"上线 4 年,已经积累用户 5.5 亿,日均活跃用户超过 6000 万,搜索指数已经超过腾讯新闻,日均阅读量超过了 18 亿,用户平均使用时长更是高达 76 分钟。"今日头条"是一款基于数据挖掘的推荐引擎产品,通过对用户人群画像的分析,针对兴趣不同的用户,向用户推荐其感兴趣的资讯,这对于喜欢看资讯的用户来说就是一款"懒人资讯"软件。"今日头条"还可以利用城市定位进行更深层次资讯的推送。

今日头条与搜索引擎的不同之处就是一个是主动推荐一个是被动搜索。推荐引擎比搜索引擎更加人性化,今日头条推广是一种基于大数据的精准化推广,可以将推广信息精确地推送到有兴趣的用户那里。

头条号是今日头条旗下的媒体/自媒体平台,致力于帮助企业、机构、媒体和自媒体在移动端获得更多曝光和关注,在移动互联网时代持续扩大影响力,同时实现品牌传播和内容变现。另一方面也为今日头条这个用户量众多的平台输出更优质的内容,创造更好的用户体验。打造一个良好的内容生态平台,是头条号发展的重要方向。基于移动端今日头条海量用户基数,通过强大的智能推荐算法,优质内容将获得更多曝光,并且让原创者远离侵权烦恼,专注内容创作,借助头条广告和自营广告,让入驻媒体\自媒体的价值变现有更多可能。头条号的认证模式远较微信公众平台简单。

十四、珠宝 APP 营销

APP 是英文 Application(应用程序)的简称。珠宝 APP 营销就是指利用移动端的各种应用程序来进行营销(图 5-20)。

珠宝 APP 营销相对有以下几个特点:

(1)相对成本较低。APP 的营销模式相对于电视等成本较低,比其他营销方式成本较高。

(2)自主性较强。APP 由于是自身开发的平台,可以实现较强自主性。

(3)持续性与难开发性。一旦用户下载相关珠宝 APP,基本都可以实现持续性使用,但由于珠宝产业面窄等特点,较难开发用户下载相关 APP。

(4)互动性与服务性。通过 APP 可以实现与用户的及时互动,并保证服务的随时性。

(5)用户黏性。如果 APP 的内容或者功能能得到用户的认可,用户黏性将会非常高。

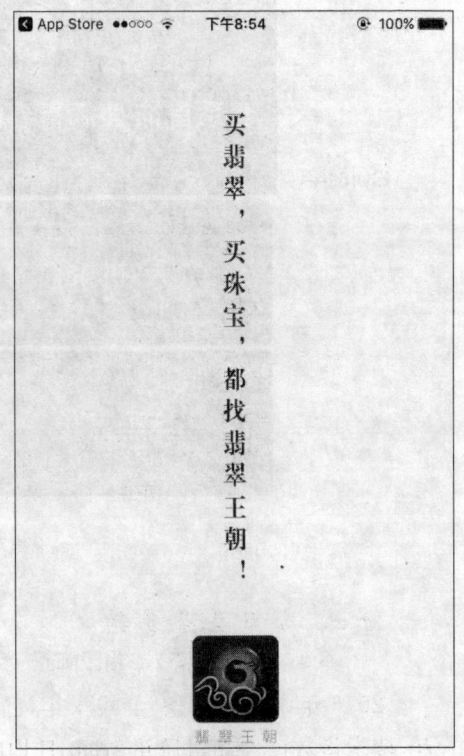

图 5-20　翡翠王朝 APP

由于珠宝产品的购买需求、消费者的复购次数等实际客观情况的存在,珠宝

APP 的应用和推广远比资讯类的或者及时通讯类的要差得多,诸多珠宝企业投入资金来做 APP 后,最终都选择了放弃。但也可以通过入驻相关类型的 APP 进行产品和品牌的推广,如东家—守艺人珠宝平台(图 5-21、图 5-22)等。

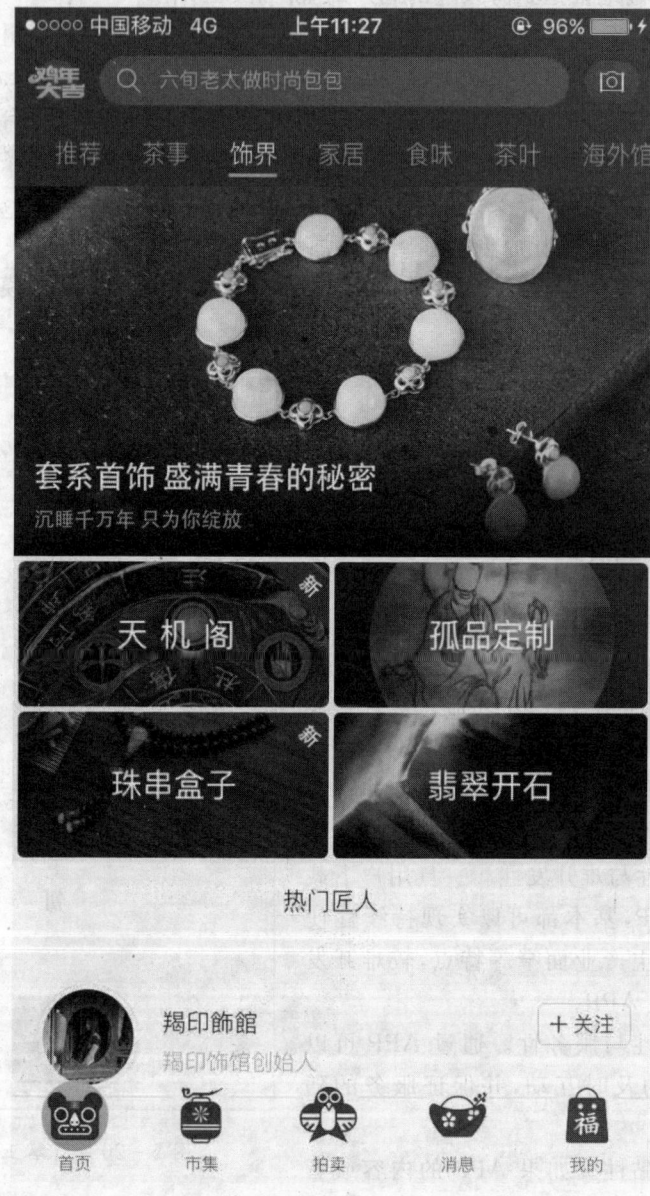

图 5-21　东家—守艺人珠宝平台

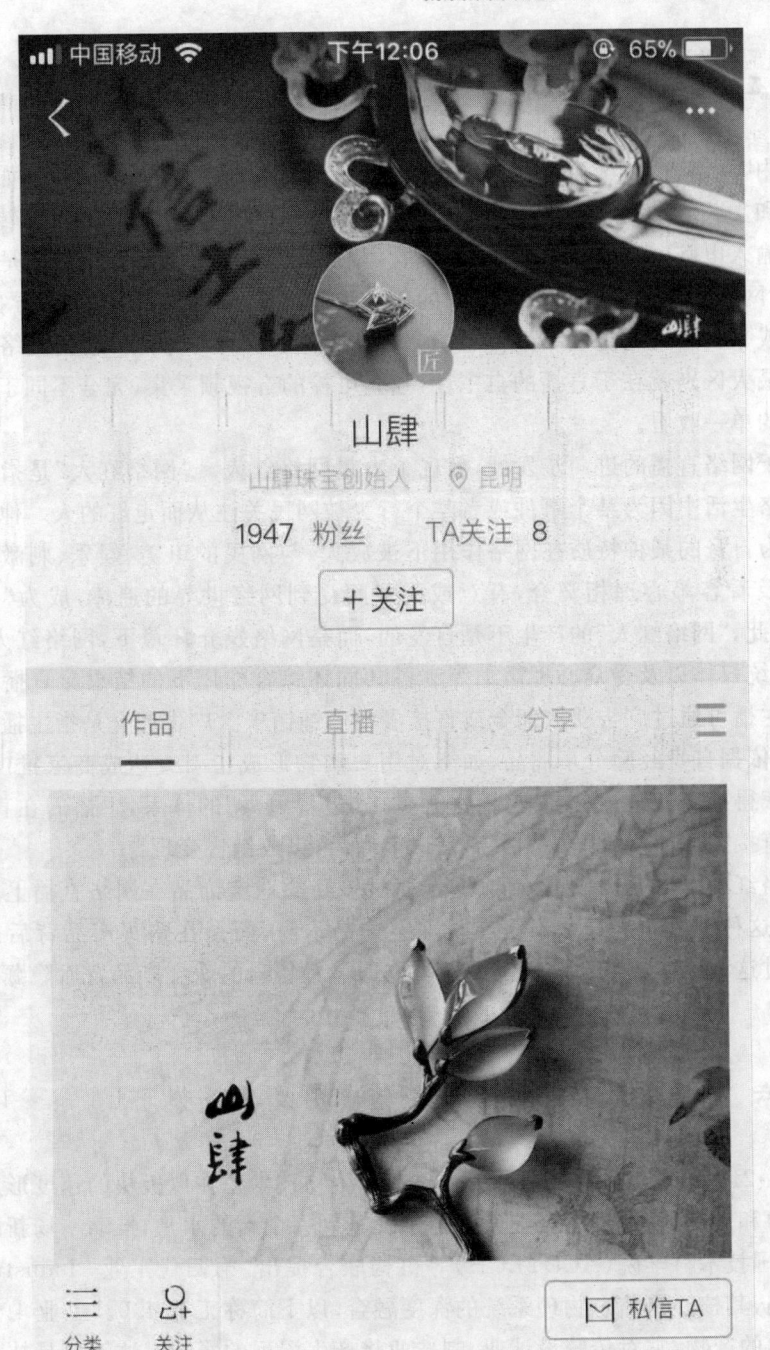

图 5-22 东家—守艺人入住商家

十五、网络直播营销

国内"网络直播"大致分两类,一类是在网上提供电视信号的观看,例如各类体育比赛和文艺活动的直播,这类直播原理是将电视(模拟)信号通过采集,转换为数字信号输入电脑,实时上传网站供人观看,相当于"网络电视";另一类则是真正意义上的"网络直播":在现场架设独立的信号采集设备(音频+视频)导入导播端(导播设备或平台),再通过网络上传至服务器,发布网址供人观看。这类网络直播较前者的最大区别就在于直播的自主性:独立可控的音视频采集,完全不同于转播电视信号的单一收看。

由于网络直播的进一步发展,出现了大量网络红人。"网络红人"是指在现实或者网络生活中因为某个事件或者某个行为被网民关注从而走红的人。他们的走红皆因为自身的某种特质在网络作用下被放大,与网民的审美、娱乐、刺激、偷窥、臆想以及看客等心理相契合,有意或无意间受到网络世界的追捧,成为"网络红人"。因此,"网络红人"的产生不是自发的,而是网络媒介环境下,网络红人、网络推手、传统媒体以及受众心理需求等利益共同体综合作用下的结果。直播平台上的网红主播可通过广告获取佣金或直接参与店铺销售。广告佣金是指主播在直播过程中,依据自身经验分享商品,如能对用户购物形成指引或达成商家推广任务,主播可获得推广佣金;直接参与销售就是在"边看边买"的体系,主播们在直播中,就可以直接推荐消费者购买相关店铺珠宝商品,完成销售变现。

网络红人可以通过成本较低、制作相对较好的珠宝饰品在网络直播上直接进行销售,这种销售的本身并不是在卖珠宝饰品本身,而是在购买产品背后的附加值。通过这种成本较低,平台要求不高的方式,销售出的珠宝产品背后隐藏着巨大的利润。

十六、新兴技术在珠宝网络营销中的发展趋势

进入21世纪,互联网、新能源、新材料和生物技术正在以极快的速度形成巨大产业能力和市场,将使整个工业生产体系提升到一个新的水平,推动一场新的工业革命,德国技术科学院(ACDTECH)等机构联合提出"第四代工业-Industry4.0"战略规划,其核心是信息物理系统的深度融合,以下简称工业4.0。工业4.0是网络信息化的产物,它对传统设计业、制造业将产生深远的影响。这不仅是技术和应用的改变,更是商业模式的变革,未来新兴技术在珠宝网络营销中会有进一步的广阔应用(图5-23)。

图5-23 宝珑(BAVLO)研发的VR/AR体验技术

从古至今，珠宝产业经历过无数次技术和商业变迁，对设计、材料、工艺、生产到销售模式的探索从未停止。随着科技创新突飞猛进，珠宝行业将进入前所未有的变革时代，一些新兴技术将深入而广泛地影响珠宝互联网产业。对珠宝产业来说，信息技术将渗透到珠宝设计、销售和制造的各个节点，并逐渐向产业链前端环节延伸，重点影响珠宝网络营销环节。

1. 珠宝设计与制造系统

越来越多的高性能手绘板、输入设备、手势识别绘图技术投入应用，智能化的CAD软件越来越易用，将设计师从复杂的3D软件中解放出来，专注于创意和设计。传统手绘只是设计流程中的一部分，而非全部，没有完成3D制版和工艺方案的设计都是不完整的设计，这对珠宝设计师提出了更高的要求。简言之，不会数字化制版、不懂工艺就不叫珠宝设计师！因为你无法融入到信息化产业链中来。珠宝设计师依赖相关珠宝平台或自身平台构建销售和供应链资源，可完成从设计到成品交付的所有流程，并通过销售实现自身设计价值。客户可在平台上选择任何设计师为自己服务，实现最短创意和定制供应链，这些设计师的风格、产品和服务也将逐渐形成独立品牌（图5-24）。

图 5-24 智能化珠宝设计

3D 打印技术将进一步快速发展,现阶段的喷蜡机已经导致传统手工雕蜡、手起银版等工艺的要求和人才储备越来越少。3D 打印贵金属工艺技术将进一步成熟,传统精密铸造(倒模厂)也将面临一定生存转向。未来,分层抛光和智能装配技术成熟后,珠宝制造业的执模、镶嵌工艺也将被智能制造所取代(图 5-25)。

2. 大数据

详见第八章珠宝电子商务与大数据。

3. 增强/虚拟现实系统(AR/VR)

VR/AR 在网络营销零售终端将起到核心作用。3D 渲染技术进步神速,未来几年内,即可实现超真实的 3D 珠宝实时展示。VR/AR 可以实现沉浸式交互体验,配合手势识别和跟踪技术,终端客户可以选中任何珠宝首饰在虚拟现实场景中进行 3D 试戴,并根据客户身体体型等数据调整款式大小和结构。随着线上和线下 VR/AR 体验效果的接近和客户购物习惯的改变,纯线上业务会快速增长。未来线上定制店推广将在崭新的 VR、AR 和人工智能平台上进行,传统的珠宝试戴与线下体验优势将不再明显。

VR 能给消费者带来真实的购物环境。在 VR 技术的帮助下我们能够给消费者在眼前展现出一个与真实商场完全 1∶1 的珠宝专柜,所有首饰都会和现实中的

图 5-25 利用 3D 打印机制造的金属饰品

商场一样展示在消费者的眼前,消费者可以尽情选购。这跟现阶段的手机或电脑购物有了非常大的不同。在网购的前提下也能体验到现实商场中的购物乐趣。VR 技术可以将用户的全身数据输入设备中并生成一个和自己 1∶1 的虚拟人物,这个虚拟的自己也给 VR 购物带来了更真实的体验。在 VR 技术中所有虚拟世界的东西和现实世界都是 1∶1 形成,也就是说我们在虚拟商场中看到的所有商品和实物都是 1∶1 的。现阶段珠宝电子商务中珠宝的尺寸都是需要商家提供数据以后,消费者根据数据自行想象商品的大小和实际佩戴效果。但在 VR 技术的帮助下消费者可以在虚拟商场中选择自己喜欢的商品后,在自己的虚拟身体上进行佩戴,这样消费者可以更加直观地了解商品的实际大小,更好对商品大小进行判断。在 VR 的虚拟商场中没有导购的存在,却有真实的购物环境,消费者可以自由地对商场中的所有商品进行欣赏、选择、试穿或试戴,这给消费者带来了更加自由放松的体验(图 5-26)。

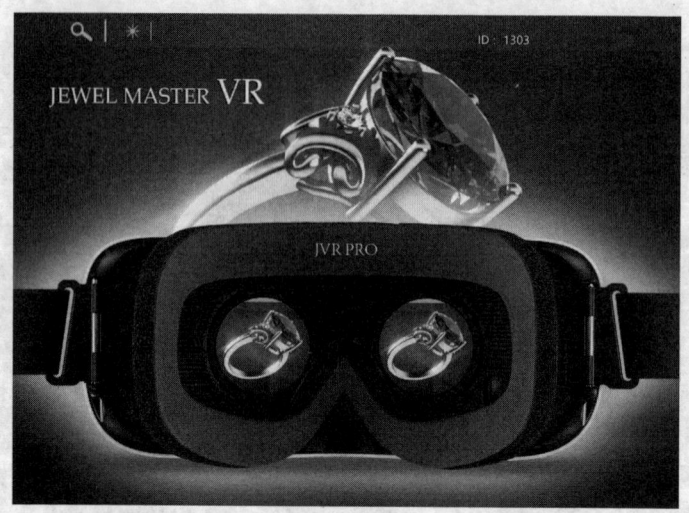

图 5-26 宝珑(BAVLO)研发的 VR 体验技术

4. 人工智能服务(AI)

人工智能(AI)将为珠宝网络销售终端提供重要的服务。从客户进入场景,智能系统开始扫描、获取和分析客户数据,跟踪眼球瞳孔的视觉热点,或根据以往成交数据,计算并推荐客户最感兴趣的造型和款式,使客户体验达到极致。

第六章 珠宝首饰商品与电子商务的匹配性

第一节 珠宝首饰商品分类及商品标准

一、珠宝首饰分类

首饰原指头上的装饰物,后来泛指人们佩戴的装饰物。首饰可以分为贵金属首饰和珠宝首饰两大类。贵金属首饰主要指由金(纯金、K金)、铂金、银、钯等制成的首饰;珠宝首饰指由宝石、玉石、有机宝石等制成的首饰。首饰按传统方式分类如下:

1. 按用途分类

按用途可分为实用性首饰、艺术性首饰、纪念性首饰、传统性首饰和寓意性首饰。

(1)实用性首饰。指具有一定实用价值的首饰,如纽扣、领带夹、发卡等。

(2)艺术性首饰。指艺术性占主导地位的首饰。

(3)纪念性首饰。指针对某些事件或个人表示纪念的首饰。

(4)传统性首饰。指着重体现文化内涵的首饰。

(5)寓意性首饰。指具有某种精神寄托的首饰。

2. 按佩戴者的性别分类

按佩戴者性别可以分为女性首饰和男性首饰。

(1)女性首饰。特别是设计美观,做工精巧,能使佩戴的女性魅力体现的更加充分的首饰。女性首饰的设计所受限制极小,且占主导地位。

(2)男性首饰。男性首饰一般多为了突出个性,体现成就感。男性首饰多线条明快,设计大方,突出首饰材料的特点及价值。

3. 根据佩戴的位置分类

根据佩戴位置可以分为头饰、颈饰、胸饰、腰饰、手足饰等。

(1) 头饰。指佩戴在头部的首饰,可包含有发饰、耳饰、鼻饰、舌饰等。

(2) 颈饰。指佩戴在脖子部位的首饰,常见挂坠。

(3) 胸饰。指佩戴在胸部的首饰,常见胸针。

(4) 腰饰。指佩戴在腰部的首饰,多见玉佩、带钩等,现少用。

(5) 手足饰。指佩戴在手指、手腕、足部的首饰。

以上三种珠宝商品分类为最常见的珠宝产品分类,对于消费者也是简单易懂的。但这种分类方法在早期的,包括现阶段的互联网营销策略中,对于珠宝电子商务的创业者并不适用。因此需要对商品标准和商品标准化作进一步认知。

二、商品标准

(一) 商品标准的定义

我国颁布的《标准化基本术语第一部分》(GB 3935.1—1983)中对标准作了如下定义:"标准是对重复性事物和概念所作的统一规定。标准以科学和实践经验的综合成果为基础,经过有关方面协商一致,由主管机构批准,以特定形式发布,作为共同遵守的准则和依据。"标准的定义揭示了以下内涵:

(1) 标准的本质是统一。当技术或其他事物的发展需要某种协调统一时就有必要制定标准,如 GIA 和 NGTC 的钻石 4C 分级标准。

(2) 标准的产生以科学技术和实践经验为基础,既要吸收科学技术的先进成果,又要顾及当下的生产实践,充分听取各方面意见,最终制定出科学合理的标准,如钻石净度级别中的 VS2 和 SI1 的划分。

(3) 制定标准的目的是获得最佳秩序和最佳效益,即有利于社会分工、协作的顺利进行,又有利于社会、经济和生态效益的最佳获取。

商品标准是为保证商品满足需要或要求对商品的结构、成分、规格、质量、等级、检验、包装、储存、运输、使用以及生产技术等方面所作的技术规定。商品标准是一定时期、一定范围内具有约束力的产品技术典范,是质量验收、监督检验、贸易洽谈、储存运输等的依据和准则,也是对商品质量争议做出仲裁的依据。珠宝商品常见鉴定标准和分级标准。

(二) 商品标准的分类

商品标准根据一些常见标示等可以按照以下规则来分类:

1. 按标准的表现形式来划分

按标准的表现形式可以分为文件标准和实物标准。

(1) 文件标准是用特定格式文件,通过文字、表格、图样等形式,表述商品的规格、质量、检验、包装等有关技术内容的同意规定。它是珠宝商品鉴定标准的主要表现形式。

(2)实物标准也叫标准样品,它是文件标准的补充和升级。当一些商品的质量要求难以用文字准确表达时,就由标准化机构或指定部门用实物做成与文件标准规定的质量要求完全或部分相同的标准样品,按一定程序颁布,用以进行商品质量的评定。实物标样广泛存在于珠宝商品的等级评价中,如钻石的4C标准、翡翠分级标准、红蓝宝分级标准等需要实物的标准样品(图6-1)。

图6-1 翡翠颜色分级标样

2. 按标准的约束性来划分

按标准的约束性可分为强制性标准和推荐性标准。

(1)强制性标准是强制执行的标准,代号为"GB",它受到法律、法规的强制性约束。此类标准一旦制定、颁布和实施,需要使用此类标准的行业和企业就必须贯彻执行。涉及保障人体健康、人身财产安全的标准及法律、行政法规规定强制执行的标准均为强制性标准,如首饰贵金属纯度的规定及命名方法。强制标准必须严格执行,凡是不符合强制性标准的相关商品禁止生产、销售,造成严重后果的,要追究直接责任人的法律责任。

(2)推荐性标准是除强制性标准以外,企业或第三方机构自愿采用、自愿认证的标准,代号为"GB/T"。国家一般制定优惠政策,鼓励企业采用推荐性标准。在实行市场经济体制的国家中,大多数标准是推荐性标准,它们不属于法规范畴,没有强制性,由企业自愿采用。

3. 按标准的对象来划分

按标准的对象可分为技术标准、管理标准和工作标准。

(1)技术标准是对需要协调统一的技术指标所制定的标准,主要包括基础标准、产品标准、安全标准、卫生标准、环境保护标准等。

(2)管理标准是对需要协调统一的管理事项所制定的标准,主要包括基础管理、生产管理、技术管理、质量管理等方面的标准。

(3)工作标准是对标准化体系中需要协调统一的各类人员的工作事项所制定的标准,一般包括基础工作、工作质量、工作程序和工作方法等方面的标准。在这三类标准中,技术标准占有很大比重。

(三)商品标准的分级

商品标准根据其适用领域和范围的不同,可以分为不同的级别,主要分为国际标准、区域标准、国家标准、行业标准、地方标准、企业标准等。其目的是适应不同的生产技术及其管理水平,满足不同群体的需要。根据1989年《中华人民共和国标准化法》的规定,我国商品标准划分为国家标准、行业标准、地方标准和企业标准四级。

(1)国家标准。国家标准是指由国家标准化主管机构批准发布、在全国范围内统一实施的标准。凡是涉及国计民生的重要工农业产品,有关人民安全健康和环境保护的产品以及基本原料、材料、燃料,通用的零件、部件、配件、工具、量具,通用的实验和试验方法标准,一般都采用国家标准。为适应国际市场的需要,近年来我国国家标准积极采用国际标准和国外先进标准,这样做不仅可以提高我国产品的国际竞争力,振兴民族经济,而且可以提高我国在国际经济中的地位,制定有利于各国经济共同发展的国际经济规则,促进世界经济的繁荣。其中,中国的钻石4C标准就大量借鉴美国的钻石标准。

(2)行业标准。行业标准是指由专业化主管机构或组织批准发布,在某一行业范围内统一实施的标准。一般来说,对没有国家标准又要在某行业内统一要求的,可以制定行业标准。凡有关行业范围内的主要产品,通用零部件、配件、设备、工具,通用的技术语言、规则和方法,都可以订立行业标准。行业标准由国务院有关行政主管部门编制计划,组织拟订,统一审批、编号和发布,报国务院标准化行政主管部门(国家技术监督局)备案。行业标准在相应的国家标准实施后自行废止。行业标准编号由行业标准代号、标准顺序号和年号构成,若在行业标准代号后加"/T",则组成推荐性行业标准代号(图6-2)。

(3)地方标准。地方标准是指没有国家标准和行业标准,又需要在省、自治区、

中华人民共和国轻工行业标准

QB 1131-2005

代替QB 1131-1991

首饰　金　覆盖层厚度的规定

图 6-2　首饰中贵金属行业标准——《首饰金覆盖层厚度的规定》

直辖市范围内统一的工农业产品的技术、安全、卫生等标准。地方标准由省、自治区、直辖市人民政府行政主管部门编制计划，组织拟定，统一审批、编号和发布，并报国务院标准化行政主管部门和国务院有关行业主管部门备案。地方标准的制定、实施对于因地制宜地发展本地经济、提高经济效益、满足本地需求及贸易需求、保证消费者安全和卫生方面的利益有着重要意义。地方标准编号由地方标准代号(DB)、地方标准顺序号和年号构成(图 6-3)。

ICS 39.060
Y 88
中华人民共和国国家质量监督
检验检疫总局备案号:24916-2009

DB53

云南省地方标准

DB53/T 282-2009

黄龙玉分级

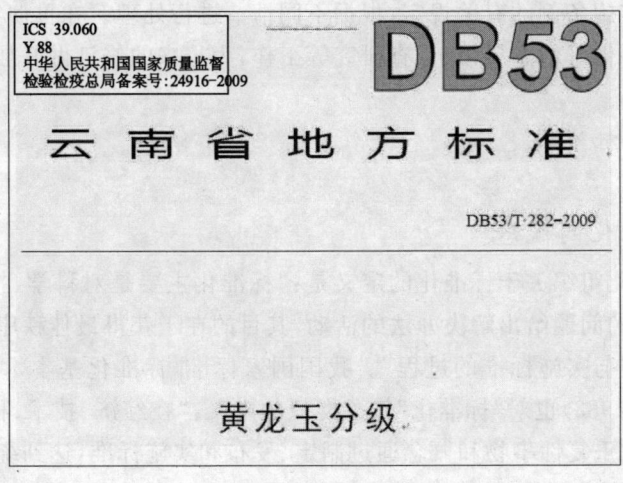

图 6-3　云南省黄龙玉地方标准

（4）企业标准。企业标准是指由企业制定发布、在该企业范围内统一使用的标准。当企业生产的产品没有国家标准、行业标准和地方标准时，就应制定企业标准，作为企业生产、经营活动的依据。企业标准的起草、制定、批准和发布的全过程均由企业自行安排，并按省、自治区、直辖市人民政府的规定备案。企业标准代号为"Q"。企业标准编号由企业标准代号、该企业代号、标准顺序号和年号构成。企业标准的制定有利于企业充分利用最新科技成果开发新产品，开拓新市场，满足新的市场需求。

（四）商品标准的实施

商品标准的实施是整个标准化活动的一个重要环节。商品标准的贯彻与实施要依靠技术监督部门、产品归口部门、设计部门和企业等各方面的相互配合、分工协作和共同努力。

商品标准一经批准发布，就成为商品生产、流通、消费领域的技术依据，各部门在贯彻执行中不得擅自更改或降低标准。从事科研、生产、经营的单位和个人，必须严格执行强制性标准。不符合强制性标准的商品禁止生产、销售和进口。我国鼓励企业自愿采用推荐性标准，凡按国家标准、行业标准、地方标准或企业标准组织生产的企业，应在其产品或说明书、包装物上标注所执行标准的代号、编号和名称。企业研制开发新产品，改造老产品，进行技术改造，应当符合标准化要求，不允许没有标准依据的产品上市销售。质量监督检验部门要严格按照标准进行商品质量监督与认证，这是保证标准贯彻实施的重要手段。对因违反标准造成不良后果以致重大事故者，由质量技术监督部门或有关行政主管部门按照《中华人民共和国标准化法》和实施条例的有关规定，根据不同情节进行处理。在贯彻实施商品标准的过程中，还要做好信息反馈、调查研究等工作，为将来的修订做好准备。

三、商品标准化

（一）标准化的概念

国际标准化组织关于标准化的定义是："标准化主要是对科学、技术与经济领域内重复应用的问题给出解决办法的活动，其目的在于获得最佳秩序。一般来说，包括制定、发布与实施标准的过程"。我国国家标准《标准化基本术语第一部分》（GB 3935.1—1983）也对"标准化"作了类似的定义："在经济、技术、科学及管理等社会实践中，对重复性事物和概念通过制定、发布和实施标准，达到统一，以获得最佳秩序和社会效益。"由此可以归纳出标准化的三个特征：

（1）标准化实质上是一个制定、发布、实施和修改标准的活动过程。标准是标准化活动的中心。

(2)标准化涉及的领域非常广,除了生产、流通、消费等经济活动领域,还包括科学、技术、管理等社会实践领域。

(3)标准化的目的是通过其活动使研究对象达到统一,并最终获得最佳秩序。所谓"最佳"是指通盘考虑了目前与长远、生产与消费等各方面因素后所能取得的综合最佳经济效益。所谓"秩序"则是指有条不紊的生产秩序、技术秩序、经济秩序、管理秩序和安全秩序。

(二)商品标准化的概念

商品标准化是指在商品生产和流通的各个环节中推行商品标准的活动。它是商品标准的制定、发布、贯彻实施和修订的整个动态实践的过程。商品标准化包括名词术语统一化、商品质量统一化、商品零部件通用化、商品品种规格系列化、商品检验方法标准化等内容。

商品标准化是发展国民经济所必不可少的一项基础工作,是发展社会生产力,提高商品质量和全社会效益的重要工作。由于商品标准化活动涉及面广,专业技术要求很高,政策性很强,因此必须遵循统一管理与分工管理相结合的标准化体制。建立一套完善的标准化机构和管理体系,调动各方面的积极性,搞好分工协作,吸取国外标准化的先进经验,才能顺利完成商品标准化工作的任务。

(三)商品标准化的形式

所谓标准化的形式就是标准化内容的存在方式,也就是标准化过程的表现形态。标准化有多种形式,每种形式都表现出不同的标准化内容,针对不同的标准化任务,达到不同的目的。主要的商品标准化形式有简化、统一化、系列化、通用化、组合化等。

1. 简化

简化是在一定范围内缩减商品的类型,使之在既定时间内满足一般需要的商品标准化形式。简化是商品标准化的初级形式,也是实践中应用较广泛的一种形式。它是控制复杂性、防止多样性泛滥的一种手段。由于需求的增长,科学技术的进步以及企业之间的竞争,商品的种类、品种、规格等有急剧增多的趋势,如果不控制和引导,就会导致生产混乱,浪费社会资源。

简化一般是事后进行的,也就是在商品的多样化发展到一定规模以后,才对商品的类型加以缩减。这种缩减是在一定的时间和空间范围内进行的,必须保证在既定的时间内满足一般需要。在科学的基础上,通过合理的简化,去掉不必要的商品类型以及同类商品中多余的、重复的和低功能的商品品种,使商品的功能增加,性能提高,品种构成合理,从而为新的商品类型、品种、规格的出现扫清障碍,为商品多样化的发展和满足社会的多样化需要创造条件。因此,简化是商品系统发展的外在动力,是对商品类型、品种继续有意识控制的一种有效形式,如简化无色至浅黄褐色钻石为同一系列。

2. 统一化

统一化是把同类商品两种以上的表现形式归并为一种或限定在一定范围内的商品标准化形式。它是商品标准化活动中最广泛、开展最普遍的一种形式。统一化的目的是消除由于不必要的多样化而造成的混乱,为人类的正常活动建立共同遵循的秩序。统一化的实质是使商品的形式、功能或其他技术特征具有一致性,并把这种一致性通过商品标准以量化的方式确定下来。

统一化与简化有密切联系。统一化有两种类型:一类是绝对的统一,不允许有什么灵活性;另一类是相对的统一,出发点和总趋势是统一,但在统一中还有灵活性,根据不同情况区别对待,如将钻石的净度特征表征统一化。

3. 系列化

系列化是对同一类商品中的一组商品进行标准化的一种形式。它是标准化的高级形式。通过对同一类商品发展规律的分析研究,对国内外产品发展趋势的预测,结合我国生产技术条件,经过全面的技术经济比较,对商品的主要参数、型式、尺寸、基本结构等做出合理的安排与规划,以协调同类商品和配套商品之间的关系。系列化是使某一种商品系统结构优化、功能最佳化的标准化形式。商品系列化一般包括制定商品的基本参数、编制商品系列型谱和进行系列设计三个方面。

商品的基本参数是商品基本性能或基本技术特征的标志,是选择或确定商品功能范围、规格尺寸的基本依据。商品基本参数系列是将商品的基本参数按一定的规律排列形成的数列,是指导生产厂商发展品种,指导用户选用商品的最基本依据。

商品系列型谱是工业主管部门根据国民经济发展和市场的需要,对国内外同类商品的发展和需求状况进行分析后,对基本总数系列所限定的商品进行型式规划,把基型商品和变型商品的关系以及品种发展总趋势用图表反映出来,形成一个简明的品种系列表。一种商品的系列型谱是该商品品种发展规划的一种表现形式。它不仅为选择商品发展方向、制定商品技术发展规划、合理安排商品生产以及整顿现有商品、发展变型商品等提供依据,而且还可以防止企业盲目设计没有发展前途的品种。

系列设计师以基型为基础,对整个系列商品进行技术设计和施工设计。系列设计是有效的统一化,能有效防止全国范围内同类商品型式、规格的杂乱,能集中研究和设计优势,即可保证设计的先进性,又可防止各企业平行设计同一商品,做到最大限度地节约设计力量。

4. 通用化

通用化是在相互独立的系统中,选择和确定具有功能互换性或尺寸互换性的子系统功能单元的一种标准化形式。通用化要以互换性为前提。对于具有功能互换性的复杂商品来说,通用化的程度越高,生产机动性越大,对市场的适用性也越强。提高商品的通用化水平,对防止不必要的多样化、增强企业竞争力、组织专业化生产、提高经济效益有明显作用。通用化的一般方法是,在商品系列设计时全面分析商品的基本系列和变型系列中零部件的共性与个性,从中选择具有共性的零部件作为通用件或标准件;在单独设计某一商品时,尽量采用已有的通用件;新设计零部件时,充分考虑到能为以后的新商品所采用,逐步发展为通用件或标准件;对现有商品进行革新时,可根据生产、使用、维修过程中积累的经验,使可以通用的零部件经过分析、试验达到通用。在贵金属饰品中,通用化可以得到较好的应用。

5. 组合化

组合化是按照标准化的原则,设计并制作出一系列通用性较强的单元(标准单元),根据需要组合成不同用途商品的一种标准化形式。组合化是根据系统的分级和组合原理,把一个具有某种功能的商品看作一个可分解为若干功能单元的系统。由于某些功能单元不仅具备特定的功能,而且还可以与其他系统的某些功能单元通用、互换,于是这些功能单元可分离出来,以通用单元或标准单元的形式存在,这就是分解。为了实现某种新功能,把准备好的标准单元、通用单元和个别的专用单元按照新系统的要求有机地结合起来,组成具有新功能的新系统,这就是组合。在商品设计、生产、使用过程中都可以运用组合的形式。组合化的内容主要是选择或设计标准单元和通用单元(又称组合元),预先制作和储存一定数量的标准组合元,根据需要组装成不同用途的商品。组合化的原则和方法已广泛应用于钻石互联网销售。

目前的珠宝商品,基本都具备有鉴定标准。但对于珠宝电子商务而言,不能仅仅按照鉴定标准来参考,而是应该按照珠宝商品是否具有分级标准和能否批量化生产来进行分类。

早期的,包括现阶段的珠宝电子商务企业,绝大部分都是以能批量化生产和具有分级标准的珠宝商品为突破口,进行珠宝电子商务运作的,未来单件定制化珠宝可能会造就一批小而精的珠宝企业。

就目前珠宝电子商务运营的产品,本书简单的将具有珠宝商品分级标准且能批量化生产和销售的珠宝商品称为标准化珠宝商品;而不具有珠宝商品分级标准且不能批量化生产和销售的珠宝商品称为非标准化珠宝商品。

标准化珠宝商品应具有以下几个特征：

(1)具有明确的鉴定依据。目前几乎所有珠宝品种都具有较为明确的鉴定标准(图6-4)。

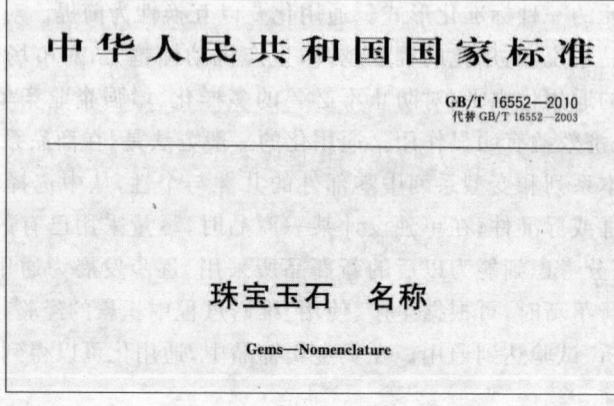

图6-4　国家标准——《珠宝玉石名称》(GB/T 16552—2010)

(2)具有明确的、适用的、广泛接受的分级标准(图6-5)。

图6-5　国家标准——《钻石分级》(GB/T 16554—2010)

(3)具有一套可供参考和论证的价格评价体系。美国纽约Rapaport国际钻石报价表是现在钻石批发贸易中普遍参考的，尤其是钻石的4C标准与价格的对照表。标准圆钻型钻石的价格每周发表一次；花式钻石每月第一周的周五发布一次。

(4)具备量产的规模。中国目前已成为世界第一大黄金生产国，也是黄金消费大国。2015年上半年，我国累计生产黄金229t，消费黄金561t，其中，首饰制造用金412t,金条及金币用金102t,工业及其他用金47t。

非标准化珠宝商品一般具有以下几个特征:

(1)具有明确的鉴定依据。

(2)不具有广泛接受的分级标准。有些珠宝商品行业内没有分级标准,有些珠宝商品虽然有分级标准,但不被商家、消费者广泛接受和认可。以翡翠为例,虽然具有翡翠分级的国家标准,但可实施性弱,商家和消费者认可度低(图6-6)。

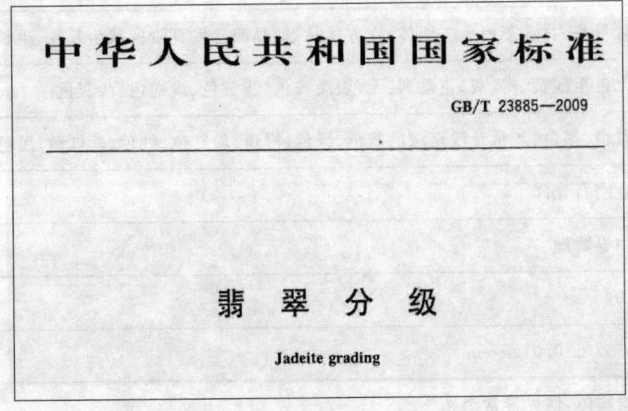

图6-6 国家标准——《翡翠分级》(GB/T 23885—2009)

(3)不具备一套可供参考和论证的价格评价体系。由于翡翠分级标准的不适用性,导致翡翠行业没有钻石批发行业的报价表,而仅仅通过专家来评估价格,难以实现大范围的批量价格评估。

常见的标准化珠宝商品包括钻石、黄金和珍珠等,尤以钻石和黄金具有最明显特点。其他绝大部分珠宝商品都是非标准化珠宝商品,尤以翡翠为甚,翡翠虽然具有翡翠分级的国家标准,但整个行业目前仍认为翡翠是非标准化珠宝商品。

第二节 珠宝首饰标准商品

珠宝标准商品,最常见的为钻石和黄金。

一、钻石产品特征

(一)钻石鉴定标准

1. 矿物名称:金刚石

2. 材料性质

表6-1 钻石的材料性质

化学成分	C,可含有N、B、H等微量元素。Ⅰ型含N；Ⅱ型含极少量的N，Ⅱa型不含B，Ⅱb型含B
结晶状态	晶质体
晶系	等轴晶系
结晶习性	常见八面体、菱形十二面体、立方体晶形，晶面常发育阶梯状生长纹、生长锥或蚀象
颜色	无色至浅黄(褐、灰)色系列：无色、淡黄色、浅黄色、浅褐色、浅灰色
彩色系列	黄色、褐色、灰色及浅至深的蓝色、绿色、橙色、粉红色、红色、紫红色、黑色
光泽	金刚石光泽
解理	中等解理
摩氏硬度	10
密度	$3.52(\pm0.01)g/cm^3$
光性特征	均质体，偶见异常消光
多色性	无
折射率	2.417
双折射率	无
紫外荧光	无至强，蓝色、黄色、橙黄色、粉色等，短波较长波弱
吸收光谱	绝大多数Ⅰ型具有415nm、453nm和478nm吸收线
放大检查	浅色至深色矿物包体，云状物，点状包体，羽状纹，内凹原始晶面，原始晶面，解理，刻面棱线锋利
特殊性质	色散强(0.044)
热导性	钻石热导率高
发光性	将钻石置于日光下暴晒后，会发出淡青蓝色的磷光；在X射线下大多数发出天蓝色或浅蓝色的荧光，极少数不发出荧光；在阴极射线下发出蓝色或绿色光
导电性	Ⅱa型钻石为非常好的绝缘体；Ⅱb型钻石为优质高温半导体材料
特殊光学效应	变色效应(极稀少)

3. 优化处理

钻石的优化处理有激光钻孔、覆膜处理、充填处理、辐照处理、高温高压、化学气相沉积等方法。

(1)激光钻孔：放大检查可见钻石内部的白色管状物，并在钻石表面留有近圆形开口；或呈蜈蚣状包体出露钻石表面，有不自然状弯曲的裂隙，有时会残留有未处理掉的黑色物质。

(2)覆膜处理：放大检查可见覆膜表面光泽较弱，不具金刚光泽，结构有颗粒感，局部可见薄膜脱落现象。

(3)充填处理：放大检查可见充填裂隙呈现闪光效应，暗域照明下呈橙黄或紫至紫红、粉红色闪光，亮域照明下呈蓝至蓝绿、绿黄、黄色等闪光；充填物中可有残留气泡、流动构造、细小裂隙等，充填区域呈白色雾状，透明度降低；可有不完全充填区域；X荧光光谱仪(XRF)可检测出充填材料中的重金属元素(如铅等)。

(4)辐照处理(常附热处理)：经辐照处理的彩色钻石，显微镜下油浸观察，颜色在表面富集，由表及里颜色变浅，其色带、色斑分布位置及形状与钻石琢型和辐照方向有关；红外光谱中 $H1_a(1450cm^{-1})$ 与 $H1_b(4940cm^{-1})$ 组合出现，可作为钻石经过辐照加热处理的鉴定依据。

(5)高温高压(HPHT)：放大检查可见包体周围有羽状裂隙，有时裂隙可见黑色石墨；Ⅰa型HPHT处理黄或黄绿色钻石，在长短波紫外光下，呈现强的白垩状黄绿色或绿黄色荧光。光致发光(PL)测试(液氮温度下)，钻石中出现575nm峰和637nm峰，未经处理的天然钻石多为575nm峰占主导地位；当637nm峰的强度大于575nm峰时，钻石可能经HPHT处理，需根据样品情况综合分析。

(6)化学气相沉积(CVD)：在长波紫外荧光灯下无荧光，在短波紫外荧光灯下具有较难观察到的弱或极弱的荧光，无磷光。钻石确认仪(Diamondsure)检测后，建议进一步检测(Ⅱ型)。钻石观察仪(Diamondview)检测后，可见蓝绿色荧光以及蓝色磷光，具有CVD合成钻石的特征生长纹理。红外光谱仪检测：为Ⅱa型，不含氮。在光致发光光谱中，可见737nm峰。

(二)钻石分级标准

钻石分级标准主要内容依据中华人民共和国国家标准《钻石分级》(GB/T 16554—2010)。

1. 适用范围

本标准的颜色分级适用于无色至浅黄(褐、灰)色系列的未镶嵌及镶嵌抛光钻石。

本标准的切工分级适用于切工为标准圆钻型的未镶嵌及镶嵌抛光钻石。

本标准中的分级规则适用于质量大于等于 0.0400g(0.20ct)的未镶嵌抛光钻石、质量在 0.0400(0.20ct,含)~0.2000g(1.00ct,含)之间的镶嵌抛光钻石。质量小于 0.0400g(0.20ct)的未镶嵌及镶嵌抛光钻石、质量大于 0.2000g(1.00ct)的镶嵌抛光钻石可参照本标准执行。

非无色至浅黄(褐、灰)色系列的未镶嵌及镶嵌抛光钻石,净度分级可参照本标准执行;其标准圆钻型切工的切工分级可参照本标准执行。非标准圆钻型切工的未镶嵌及镶嵌抛光钻石,颜色分级、净度分级及切工分级中的修饰度(抛光和对称)分级可参照本标准执行。

2. 颜色分级

按钻石颜色变化可划分为 12 个连续的颜色级别,用 D、E、F、G、H、I、J、K、L、M、N、<N 代表不同的色级,亦可用数字表示。分级标准如下:

(1)待分级钻石与某一比色石颜色相同,则待分级钻石的颜色级别为该比色石的颜色级别。

(2)待分级钻石颜色介于相邻两粒连续的比色石之间,则以其中较低级别表示待分级钻石颜色级别。

(3)待分级钻石颜色高于比色石的最高级别,仍用最高级别表示该钻石的颜色级别。

(4)待分级钻石颜色低于"N"比色石,则用"<N"表示。

3. 荧光级别

按钻石在长波紫外光下发光强弱划分为强、中、弱、无 4 个级别。分级标准如下:

(1)待分级钻石的荧光强度与荧光强度比对样品中的某一粒相同,则待分级钻石的荧光强度级别为该样品的荧光强度级别。

(2)待分级钻石的荧光强度介于相邻的两粒比对样品之间,则以较低级别代表该钻石的荧光强度级别。

(3)待分级钻石的荧光强度高于比对样品中的"强",仍用"强"代表该钻石的荧光强度级别。

(4)待分级钻石的荧光强度低于比对样品中的"弱",则用"无"代表该钻石的荧光强度级别。

4. 净度分级

净度级别分为 LC、VVS、VS、SI、P 五个大级别,又细分为 FL、IF、VVS1、VVS2、VS1、VS2、SI1、SI2、P1、P2、P3 共 11 个小级别。

表6-2 钻石的净度级别

LC	在10倍放大镜条件下,未见钻石具内、外部特征	FL	10倍放大条件下,未见钻石具内外部特征
		IF	10倍放大条件下,未见钻石具内部特征
VVS	在10倍放大镜下,钻石具极微小的内、外部特征	VVS1	钻石具有极微小的内、外部特征,10倍放大镜下极难观察
		VVS2	钻石具有极微小的内、外部特征,10倍放大镜下很难观察
VS	在10倍放大镜下,钻石具细小的内、外部特征	VS1	钻石具细小的内、外部特征,10倍放大镜下难以观察
		VS2	钻石具细小的内、外部特征,10倍放大镜下比较容易观察
SI	在10倍放大镜下,钻石具明显的内、外部特征	SI1	钻石具明显的内、外部特征,10倍放大镜下容易观察
		SI2	钻石具明显的内、外部特征,10倍放大镜下很容易观察
P	从冠部观察,肉眼可见钻石具内、外部特征	P1	钻石具明显的内、外部特征,肉眼可见
		P2	钻石具很明显的内、外部特征,肉眼易见
		P3	钻石具极明显的内、外部特征,肉眼极易见

5. 切工级别

切工分级的切工级别、比率级别、修饰度(抛光、对称性)级别都为5个级别,即极好(Excellent,简写为 EX)、很好(Very Good,简写为 VG)、好(Good,简写为 G)、一般(Fair,简写为 F)、差(Poor,简写为 P)。

二、黄金商品特征

黄金商品的特征要比钻石还要简单,由于其颜色种类相对单一。并且对于造型而言,黄金的可塑性和重塑性强,所以基于一特定款式的黄金商品的特征主要是对黄金含量的表征。

在国标《首饰贵金属纯度的规定及命名方法》(GB 11887—2012)的基础上,国家标准委员会于2015年发布第1号修改单。取消千足金等标记方法。黄金纯度即使达到999.0‰,也只能称为"足金"。

第三节 珠宝首饰非标准商品

珠宝非标准商品,最常见的为翡翠。

一、翡翠商品特征

翡翠作为玉石之王,一直是行业研究的重点,国家也出台了翡翠的鉴定标准和分级标准,但由于翡翠的变化过于复杂,而不像钻石,可以只对于某一特定造型、特定颜色进行分级。目前国家和云南省出台的相关分级标准(中华人民共和国国家标准《珠宝玉石鉴定》(GB/T 16553—2010))在实施过程中还存在一些问题。

(一)翡翠鉴定标准

1. 矿物组成

主要由硬玉或由硬玉及其他钠质、钠钙质辉石(如钠铬辉石、绿辉石)组成,可含少量角闪石、长石、铬铁矿等矿物。

2. 材料性质

表6-3 翡翠的材料性质

化学成分	硬玉 $NaAlSi_2O_6$;可含有 Cr、Fe、Ca、Mg、Mn、V、Ti 等元素
结晶状态	晶质集合体,常呈纤维状、粒状或局部为柱状的集合体
常见颜色	白色、各种色调的绿、黄、红橙、褐、灰、黑、浅紫红、紫、蓝色等
光泽	玻璃光泽至油脂光泽
解理	硬玉具两组完全解理,集合体可见微小的解理面闪光,称为"翠性"
摩氏硬度	6.5~7
密度	$3.34(+0.06,-0.09)g/cm^3$
光性特征	非均质集合体
多色性	无
折射率	1.666~1.680(±0.008),点测法常为1.66
双折射率	不可测
紫外荧光	无至弱,白、绿、黄色
吸收光谱	437nm 吸收线;铬致色的绿色翡翠具630nm、660nm、690nm吸收线
放大检查	星点、针状、片状闪光(翠性),纤维交织结构至粒状纤维结构,固体包体
特殊光学效应	猫眼效应(罕见)

3. 优化处理

翡翠常见的优化处理有热处理、漂白浸蜡、漂白充填处理、染色处理、覆膜处理等。

(1)热处理：常用于将浅棕黄色至无色的翡翠改善成棕红、棕黄色，不易检测。

(2)漂白浸蜡：经酸漂洗后，用蜡浸泡，以改善颜色和透明度，可见表面蜡状光泽，常规方法不易检测。

(3)漂白充填处理：抛光面显示树脂光泽或蜡状光泽；密度常为 3.00～3.34g/cm³；折射率常为 1.65(点测法)；紫外荧光常呈无色或蓝绿色、黄绿色；放大检查可见纤维交织结构，结构松散；表面呈橘皮状构造或沟渠状构造；抛光面见显微细裂纹；红外光谱：(2400～2600)cm⁻¹ 和 (2800～3200)cm⁻¹ 有强吸收峰。

(4)染色处理：染料沿粒隙呈网状分布，铬盐染绿色者常具 650nm 吸收带，有些致色物在查尔斯滤色镜下可显红色，某些致色物在滤色镜下无反应。

(5)覆膜处理：浅色翡翠覆着绿色膜，以改变颜色。折射率低，放大检查可见表面光泽弱，无颗粒感，局部可见薄膜脱落。

(二)翡翠分级标准

详细可参考国家标准和云南省标准。

翡翠分级国家标准：中华人民共和国国家标准《翡翠分级》(GB/T 23885—2009)。

翡翠分级云南省标准：云南省地方标准《翡翠饰品质量等级评价》(DB53/T 302—2009)。

第四节 珠宝商品的网络营销适用性

一、一般商品的网络营销适用性

网络营销形成了一种新兴的商业模式，造成了一种与传统市场不同的市场环境，在这个市场环境中曾对商品的网络营销适用性产生过讨论。对于珠宝电商从业者而言，要具备分析和认知何种珠宝适合网络营销的能力。本文所指的商品电子商务适用性是指商品或服务在多大程度上可以脱离对传统购买方式的依赖，能直接或间接在网上完成购买，而无须或者较少使客户在购买过程中需要物理接触商品或供应商。

(一)从商品的信息化角度分析

在网络市场上,无论是什么类型的商品,都是以信息的形式表现出来的,是实际商品在网络空间的映射,是虚拟的,由于受产品可信息化程度的限制,很多网络空间的产品实际上是不完整的。产品的可信息化程度可定义为某个产品能够用纯信息表述出来的难易程度。很显然,技术含量越高、标准化程度越高、使用人工材料越多的产品越容易用信息描述出来,其可信息化程度也越高。比如说一台手提电脑,可以用 CPU 的工作频率、内存和硬盘的大小、显示器的尺寸、电脑的重量等纯数字信息将这台电脑的特点描述得清清楚楚。而艺术含量越高、标准化程度越低、使用天然材料越多的产品越不容易用信息进行描述,其可信息化程度也就越低,如一些具有较高艺术性的珠宝首饰、中成药产品就属于这一类。

网络空间的产品是信息化的产品,从它的完整性来说,可信息化程度越高的产品,在网络空间的完整性越高;而可信息化程度越低的产品,完整性也越低。很显然,消费者是不愿意购买不完整的产品的。越不完整的产品越不容易销售出去,这个产品的电子商务适用性越低,虽然目前通过图片、视频等手段局部解决了部分信息化的问题,但仍有不足。消费者的购买决策依据是产品本身的效用(如质量、价值、功能),这种效用是用顾客对产品的期望利益与所支付的成本之差来衡量的,顾客通过搜集信息、比较信息来评估产品的效用大小差别,从而找出备选产品。可见信息对于消费者的购买决策起着至关重要的作用,是直接购买的决策依据。但是,不完整的信息必然会影响顾客对产品效用的评估。当同一种产品在网络空间表现为不完整(可信息化程度低),而在现实空间表现为完整时,顾客会对现实空间的产品给予较高的效用评估,因而网络空间的产品的销售就会受到阻碍。由此可见,产品的可信息化程度是影响产品的电子商务适用性的重要特性。产品的可信息化程度在信息技术不断发展的情况下,会有一定程度的改进,但企业必须不断充分挖掘和表现产品的各种信息,并将这些信息有效地传递给消费者,以便消费者评估产品的效用。同时企业也可以通过技术改造、标准化生产不断创新产品,增加产品的可描述信息含量,提高其可信息化程度。譬如说黄金首饰可以通过颜色和纯度等来提供效用评估参数;中成药可以通过分析有效成分,标明有效含量等方式增加信息的含量。

(二)从电子商务交易过程角度来分析

从电子商务交易过程来说,涉及顾客搜寻、顾客认知等方面。

1. 顾客搜寻

(1)产品的剩余需求。顾客需求在传统条件下无法满足的部分就是产品的剩余需求,它是由多种原因造成的,就产品本身的特性来说,产品在传统市场中稀缺,产品个性化要求和产品由于受到地域的限制而无法满足等,消费者都会产生剩余需求。剩余需求越大,消费者就越容易将目光从传统的市场转移到网络中来。在传统市场中,由于时间和空间的限制,众多细分商品往往因不符合经济效益而未能浮上台面。互联网便于收集用户的信息资料,从而更能发现、满足用户的需求,通过信息提供交互式沟通,可实现一对一的个性化服务,促销更具有针对性。如果一种产品由于企业的战略问题仅在一定区域销售,而这种产品又不是只是针对这些地区而设计的,那么它在更大的范围内也会有顾客群。在网络中,消费者将拥有比过去更大的选择自由,他们可根据自己的个性特点和需求在全球范围内寻找满足品,不受地域限制。

(2)配套产品的搜索成本。传统市场中商品展示的信息局限在单件商品上,而消费者在选择商品时,往往会留意与这个单件商品有关的其他商品的信息。如当客户在选购彩电的同时,也会思考选择什么样的音响与之配套、选择什么样式的电视桌与之搭配。在网上商品销售的过程中,商家能够更容易地实现这种配套产品的信息搭配,所以从配套产品的搜索成本角度来考虑,具有组合信息特性的商品更容易在网上出售。

2. 顾客认知

(1)传统方式下的认知程度。品牌知名度高的企业或产品已被实践证明货真价实、质量可靠,产品具有相当知名度的品牌就相当于具有顾客充分认知的信息,顾客就可利用网络的便捷性进行网上购买。日常消费品品牌知名度并不高,并且网络上的产品信息表达有缺陷,但通过在传统市场中的大量推广,也可以利用网络便捷销售。

(2)产品的可附加认知程度。信息对消费者的购买决策起着至关重要的作用,是直接的购买决策依据。产品能否通过纯信息方式有效地描述出来,并为网络顾客所接受,是由产品的可信息化程度决定的,由于网络购买无法像亲临现场购物那样亲身体验,因此顾客对产品质量尤为重视。正是因为对产品质量的担心,许多顾客只愿意购买那些标准化的产品。

(3)顾客购买过程。在网络营销当中,顾客只是通过虚拟的网络了解到产品信息,无法确定体验性产品的质量,从而影响购买决策。搜寻性产品就比较适合网络营销,而对体验性的产品来说,是否适合网络营销就依赖于产品的其他特性。许多进行网络营销的网站都尽量还原传统的购物条件,让顾客进行购物体验,但都无法达到传统市场中产品、购买者以及商家面对面的交流所带来的愉悦。顾客最为在意的就是商品质量有无保证、供货是否及时、一旦出现问题能否通过合法途径予以解决。

(4)售后服务。售后服务是指产品被售出后,由销售厂家为客户提供的有偿或无偿的围绕产品在安装使用过程中的调试及维护、技术及质量问题咨询、客户沟通和回访等方面进行的服务。在市场激烈竞争的当今,售后服务已成为吸引客户和消费者的一个重要因素。产品的物质独立性就是产品售出之后,商家不再对产品的质量负责,不用再围绕这个产品进行后续的服务。需要售后服务作为重要附加价值的产品,因为部分售后服务无法通过网络进行,通过网络营销也就无意义了。所以,具有良好物质独立性的产品在网络适用性上具有较大优势。有些产品需要售后服务作为重要的附加价值,比如说客户咨询、保修和上门维修、客户跟踪,等等,有些产品的售后服务很适合在网上进行,客户可以在线咨询,对客户的跟踪也可以通过邮件、电话等方式。当然,有些具备强大线下维修保障体系的公司,是适合开展网络营销的,比如各大手机公司。

(5)产品盈利。一是产品的需求量大小。网上市场是以网络用户为主要目标的市场。因此,适合在网上销售或能发挥网络营销优势的产品一般是那些覆盖较大的市场范围,且市场容量较大的产品,如果产品没有足够大的需求量,达不到规模效应,产品是无法实现盈利的。二是产品可降低成本空间大小。可降低成本空间要从卖方成本和买方成本两方面来考虑。在卖方方面,网上用户比较认同网上产品价格低廉的特性;买方方面,只有在这种产品网上购物成本低于传统购物成本的情况下,一般顾客才会乐于采用,也才会有网络企业的商机。

(三)从产品类型的角度来分析

1. 按顾客认知产品质量方式

产品的分类方法很多,要想找出产品类别与电子商务适用性的对应关系,就必须采用依据顾客认识产品质量(效用的主要衡量指标)的方式所做的产品分类。Neslon(1970)和 Karni(1973)提出的产品分类方法可以被有效地应用于研究产品的电子商务适用性。他们认为产品可以分为三类:

(1)搜寻性产品。它是指产品质量在购买前可用观察加以确定的产品,如汽车、钢材等。

(2)体验性产品。这类产品的质量必须通过使用才能确定,如有些软件、小说、音乐产品。

(3)信誉性产品。这类产品的质量很难鉴别,消费者即使是使用了以后,也很难发现的质量好坏。譬如很多保健食品就是这样,其效果很难显现,安全性很难辨别。对于信誉性产品,消费者是通过对企业信誉、品牌信誉的了解来认识产品效用的。品牌实际上是产品信息包的标示,它能够提醒消费者从记忆中找回这个信息包,搜索出相应的产品效用评估信息。

Klein 等人(1998)的研究认为,搜寻性产品比较适合于电子商务,因为这类产品有消费者认可的、能辨别其质量的信息可供利用,也就是说可信息化程度较高。很多学者都认为体验性产品和信誉性产品的电子商务适用性与产品的其他特性有关。对于体验性产品而言,如果这种产品是完全信息化的产品,可以通过网络提供试用,如很多杀毒软件那样,那么,其电子商务适用性就很好,反之就很差。就信誉性产品而言,只有那些有良好信誉的企业的产品和那些知名度高的品牌产品会受到消费者的信赖。对于可信息化程度低的信誉性产品,企业可以通过建立产品质量等级制度、质量贴标制度等方式帮助消费者认识其质量属性,提高产品的电子商务适用性。

一个值得注意的因素是,很多情况下一个产品并不能被严格地区分为搜寻性、体验性和信誉性产品中的哪一类,它们往往具有不同的跨类属性。尽可能多地找出描述质量的信息,提供信息化的体验方式,结合品牌战略是提高产品电子商务适用性的根本出路。

2. 按其他方式

(1) 交易成本能大大降低的产品和服务。互联网的随时性和即时性使得客户随时都可以获得商品信息,而互联网的全球性则使客户能方便地获得全世界范围内网上的产品信息。并且互联网的数字化使信息的传播和复制的成本都很低,这些都大大降低了产品的交易成本。同时互联网的价值链整合功能对降低交易成本也有很重要的作用。

(2) 信息类产品和服务。互联网的全球性、数字性使得信息在全球范围的传播和复制都既容易又方便,而且网络外部性使得很多信息类的产品和服务的边际收益是递增的,这些都使得互联网成为信息类产品和服务的最佳营销渠道。

目前,互联网模式的信息类产品和服务销售是网上开展得最成功的电子商务类型,从电子报刊、书籍到软件、音乐,从个人金融和税务服务到法律咨询,等等。

(3) 标准化产品和服务。数字性使得互联网很容易传播信息,但也使互联网具有虚拟性,网上的产品看得见,但摸不着,而目前互联网的多媒体功能还不够强大,这就使得对于一些非标准化的,需要当面检验的产品在网上无法鉴别,对于一些有标准的,不需要当面验证的产品,就很适合在网上销售,例如书、电子类产品等。

完全客户订制的产品,用户要参与从产品设计到生产的各个环节,但在实际中绝大多数产品既不是完全标准化产品也不是完全定制化产品,而是处于两者之间的某一点。其中有一类产品比较特殊,它们的生产方式是根据订单装配。即根据客户的个别要求,将相对标准化的零部件组装成最终成品,即供应链的前一部分产品是标准化的,客户可以在网上填写标准化的表格而无须再与供应商进行其他沟通。因此基础零件标准化、成品定制化的产品适合电子商务。

(4) 地域特色产品。很多有地域特色的产品,比如一些当地的特产,在其他地方是无法买到的或购买的价格很高,比如翡翠、紫砂壶、刺绣等。互联网的全球性使得这类原本市场地域性极强的产品,可以方便地以低成本面向全世界市场,对于客户来说,坐在家里就能买到世界各地的特色产品无疑是有很大的吸引力。

(5)隐私品。互联网的数字性使得网络具有虚拟性,但这种不能面对面交流的虚拟性也有好的一面,就是让客户的隐私得到更好的保护。有一些商品,人们往往不愿意让别人知道自己购买,甚至不好意思去商店里向营业员购买,比如性用品、内衣、一些药品等。在网上购买这类商品,既不会让别人知道,也避免了面对营业员的难堪,互联网无疑是这类商品的最佳营销渠道。网上提供这类商品的公司很多,销售情况也很好。这说明很多商家都已经发现了这类产品在网上销售的优势。

(6)个性化定制产品。互联网的交互性使得一对一营销的理念变成了现实,客户可以通过网络在线进行自助式的个性化定制,而商家也可以通过对客户访问记录、交易记录数据的分析来找出客户的偏好,对客户实施一对一个性化营销。高度个性化定制产品必须要做到高附加值,才能保障在互联网上的有效运营。当然,也可以利用标准化的基础零部件来组建定制产品,这是最方便的最利于互联网销售的定制化产品。

(四)从产品的普及角度分析

对于普及程度低的补缺产品,消费者往往缺乏在现实空间搜集信息的有效渠道。网络空间的无限性能够大大提高他们搜集信息的能力和速度,因而能够吸引他们在网上购买,也就是说普及程度越低的产品具有越高的电子商务适用性。

二、珠宝商品的网络营销适用性

由于互联网不受时间、空间限制的特点,珠宝类商品网上销售可以突破传统门店销售的缺点,商品销售的覆盖面大为扩展(理论上是可以全球范围内销售);同时,也突破了传统门店营业时间的限制,可以实现 24 小时在线销售,从而大大增加产品销售机会。传统珠宝店铺的投资非常大,在很大程度上影响到了企业的扩张。从浏览商品到下订单到实现付款,消费者网上购买珠宝产品无需出门,即可完成,交易非常便捷;由于网上交易的匿名性,消费者不用担心"露富",可实现匿名购买,隐私性好。

但同时消费者无法亲自体验产品。珠宝类产品由于产品本身的特点,消费者在购买此类产品的时候比较慎重,通常需要亲自触摸产品。网上销售珠宝产品最大的缺陷就在于顾客无法亲自体验产品,缺乏直观感受,无法满足消费者"眼见为实"的消费心理,从而影响其购买。消费者不选择网上购买珠宝类产品还有一个主要原因就是对珠宝类网站缺乏信任。到目前为止,我国有关网络销售的制度并不健全,再加上一些不良商家采用欺骗手段将假冒伪劣产品销售给消费者,破坏了珠宝类产品的电子商务环境。

随着电子商务的发展,众多的珠宝类企业对"线上销售+线下体验"的整合营销模式进行了探索,并形成了一定的规律。如推广和销售还是依靠于网络推广,而线下的体验店主要是为了解决中国市场诚信度、信任度缺乏的问题,从而满足中国消费者眼见为实的消费心理和消费者体验性问题。

但很多珠宝企业只是将传统线下模式照搬到线上来做,没有系统研究和分析过珠宝商品在网络营销中的适用性问题。上文介绍了一般商品在网络营销中的适用性,下面就具体什么品种的珠宝,什么价位的珠宝适合网络营销等这些问题做些介绍。

(一)珠宝商品的信息化

珠宝商品目前的信息化展示根据品种不同有以下几种方式:以钻石为例,主要是通过技术指标来进行钻石的展示和呈现,兼顾一些配套;黄金饰品主要是以图片进行信息化呈现,兼顾一些技术指标;翡翠饰品主要是以图片、视频进行信息化呈现,兼顾一些技术指标(图6-7)。从难易程度和复杂程度而言,翡翠饰品的信息化难度较高,网络营销的适用性较低。

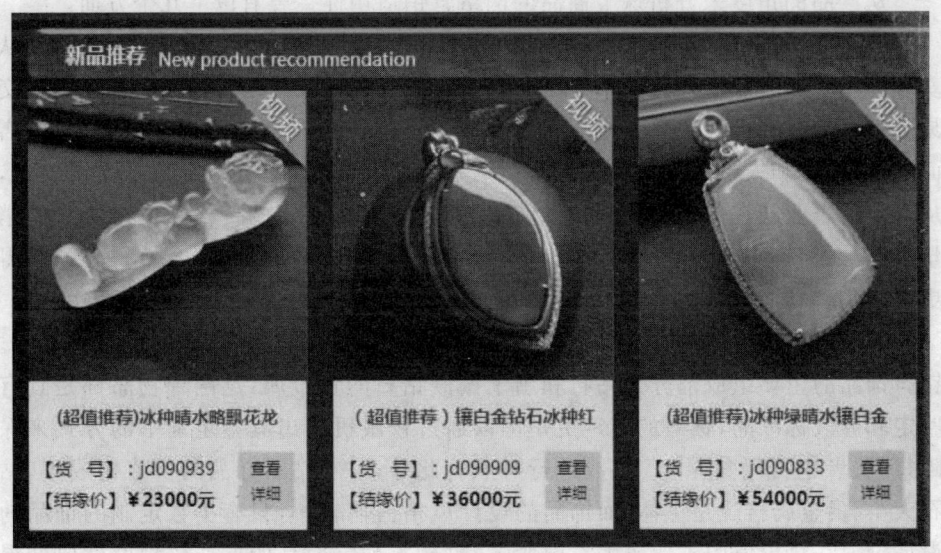

图6-7 翡翠王朝翡翠饰品的信息化展示

(二)从电子商务交易过程角度来分析

电子商务交易过程一般从地域产品供给、珠宝购物体验、珠宝售后服务三个角度来分析。

(1)从地域产品供给来说。由于在线下的珠宝购买中,局部地区可提供的珠宝产品选择是具有一定局限性的。在网络中,消费者将拥有比过去更大的选择自由,他们可根据自己的个性特点和需求在全球范围内寻找满足品,不受地域限制。从这个角度而言,珠宝是适合网络营销的。

(2)从珠宝购物体验来说。珠宝有不同的种类,同类珠宝又具有数量庞大的款式,试戴对比以及有销售人员进行专业的讲解等体验价值对消费者购买而言是不可或缺。消费者对购买体验的价值有强烈的需求,体验价值在消费者购买行为中占据较大的比重。因此,在购买体验的价值维度上,珠宝的网络营销适用性低。如果珠宝企业想采用网络营销,必须通过一系列的措施为消费者提供体验场所,以弥补网络营销造成的购买体验价值的损失。

(3)从珠宝售后服务来说。珠宝的售后服务并不是很多,主要体现在清洗等方面,从这个角度而言,是利于网络营销的。

(三)从产品的角度来分析

从产品的角度来分析珠宝商品的网络营销适用性主要有以下几个方面。

(1)产品价格大大降低。珠宝商品可降低成本空间大。可降低成本空间要从卖方成本和买方成本两方面来考虑。珠宝可以通过开展网络营销而大幅度降低交易成本。传统的店面主要是繁华地段开设的商铺或者在百货商场开设的专柜,店面装潢、租金和人员成本都比较大。而网络营销则可以避免上述销售成本的支出,从而使得企业能在保证单件利润的前提下,降低网售珠宝的价格来取得更大的销量;或者在保持售价不变的情况下减少销售成本。这两种情况都会使得公司获得更多的销售利润。从交易成本维度来看,珠宝商品具有极高的网络营销适用性。

(2)珠宝商品的标准化。由于珠宝有不同的类型,其标准化程度也有所不同。钻石饰品的主要组成部分为钻石和用于镶嵌钻石的贵金属,这两种物品都是具有鉴定和分级标准的,钻石的鉴定更是可以通过权威机构出具鉴定证书的方式来保障,消费者也可以参照 4C 参数进行对照。此外,一般钻石饰品的价值构成中,钻石大小、贵金属材质是主体,而饰品的设计风格占比较小,只有少数定制的饰品的设计价值在总价值中占比较大。而翡翠、玛瑙等珠宝商品的标准化程度就要低得多,其品质的好坏评价在很大程度上受到主观因素的影响。并且,产品的设计价值在总价值中占有较大的份额,造型设计、雕刻工艺直接影响着产品的价值,更有甚者粗劣的雕刻反而降低了珠宝的价值。在产品的标准化维度上,钻石饰品具有较高的网络营销适用性,而翡翠、玛瑙等珠宝首饰的网络营销适用性较低。

(3)地域特色商品。翡翠作为云南一个特色地域产品(虽然云南不产),是云南比较有名的特色产品。因此云南地区的珠宝企业利用这一特点进行网络营销是具有适用性的。

(4)珠宝个性化定制商品。互联网的交互性发展使得一对一沟通变成了可能,高端珠宝的定制化需求变成了可能,消费者可以通过网络在线进行自助式的个性化定制。

(四)目标客户与珠宝商品

网络营销作为区别于传统店面的一个新渠道,其所服务的对象——企业的目标顾客,必须是能够接触并且乐于尝试新鲜购物方式的人群。按人口年龄分类,年轻人比老年人更具有冒险精神,更加乐意尝试和接受新鲜的生活方式。此外,网络的兴起与普及是近些年的事儿,年轻人对信息技术的掌握比老年人更加熟练,也更善于利用网络来解决诸如信息检索、购物等生活问题。如果产品的目标客户为年龄介于20~35岁之间的年轻白领(特别是女性),利用网络营销可以构建一个便捷有效的营销渠道。

不同种类的珠宝,目标客户不同。钻石饰品因其象征着爱情的永恒,主要目标客户为订婚和结婚的年轻人,并且多为年轻女性。据统计,欧美国家平均每对夫妇在钻石方面的消费为1.2万美元,但每年只有大约30%的消费者购买钻石是因为结婚,而在中国,结婚钻戒却几乎是一种刚性需求,76%的消费者购买钻石是因为结婚,钻石市场正在向以婚庆需求为主的多元化市场过渡。随着网络技术的发展、电子商务的成熟,网上购钻将成为年轻一代的趋势。

而翡翠、玛瑙等珠宝首饰的目标客户年龄跨度较大,确定目标客户的主要诉求点不是年龄,而是收入水平。因此钻石饰品在目标客户这一角度上看,具有较高的网络营销适用性;而翡翠、玛瑙等珠宝首饰饰品在目标客户这一角度上,网络营销适用性一般。

(五)重复购买性

珠宝消费者购买珠宝的次数普遍较低,只有少数消费者较多次数地购买珠宝。珠宝的重复购买度较低,因此,在重复购买这一维度上,珠宝的网络营销整体适用性低。

对于钻石商品而言,由于前期某品牌的特定婚戒广告推广"钻石恒久远,一颗永流传"的婚戒广告的推广,再加上钻石首饰成品的相对单一性,造成钻石的第一次消费(结婚消费)成为刚性需求,而二次消费(复购)情况非常不理想。

对于翡翠商品而言,由于传统的文化积淀造成翡翠在中国南方地区的认知程度较高,消费者复购率虽然不如日常用品,但相对钻石而言较高。

（六）产品价格

珠宝的常见价格从千元到万元不等,甚至有的珠宝价格在百万元以上,由此可见珠宝的价格跨度之大。处于不同价格区间的珠宝具有不同的网络营销适用性,就我国目前的市场信用体系而言,千元左右的珠宝具有较高的网络营销适用性,千元到万元的珠宝具有偏低的网络营销适用性,而万元以上的珠宝的网络营销适用性更低。

（七）从消费者的被引导程度

传统珠宝的认知和消费者被引导的方式较为主观,且可供选择和理解的知识不够丰富,通过网络推广,可以有效地引导潜在的珠宝消费者。提高普通消费者的珠宝认知水平,降低珠宝消费的知识门槛。

通过戴比尔斯的钻石推广来看,中国的珠宝消费者很大程度上是一种被引导的消费者,这也是其他珠宝品种同样需要推广和运作的方式。而通过互联网,可以有效地传播知识,引导消费者,从这个角度看,珠宝商品具有较高的网络营销适用性。

从以上分析结果可以看出,不同种类的珠宝具有的网络营销适用性是不同的,钻石和贵金属（黄金、铂金等）商品具有较高的网络营销适用性,而翡翠、玛瑙等珠宝玉石的网络营销适用性则处于中等水平。不同种类、不同价值的珠宝类型,采用的网络营销方式也是不同的。目前中国绝大部分珠宝电商企业都是基于钻石和贵金属在做珠宝网络营销。

这种情况意味着,企业如果希望通过网络这一新的营销渠道取得销售上的突破,必须从两个方面着手：①选取网络营销适用性高的珠宝种类开展网络营销,如钻石；②针对特定商品、特定渠道中的薄弱点进行改进,提高珠宝的网络营销适用性,比如高适用性的翡翠分级标准,即将翡翠变成标准化产品。

第七章 珠宝网购消费者特点分析

第一节 消费者的心理需求

一、需求

珠宝首饰作为一种个性化的耐用消费品,已经成为越来越多人们表现自我、提升生活品质、满足心理需求的商品,成为心理体验和社会地位的象征。珠宝首饰的主要目的是满足人们心理的、社会的需求,因此,消费者的购买行为,比购买日常必需品时要复杂很多。在传统的实体店与现实网购珠宝的过程中,人们在选择不同的方式购买珠宝时的心理需求、购买动机和珠宝消费的心理特征都是一样的。

在市场经济条件下,消费者是市场活动的主体,消费者的购买行为构成市场活动的重要方面,一切购买行为都是由消费者的具体需求欲望所引起的,都是以复杂多样的心理活动为基础的。消费者在购买过程中的一系列活动,是消费者的自身需求对客观事物的综合反映,是主观与客观的统一。

(一)需求的种类与特点

1. 需求的种类

需求是在一定生活条件下,有机体对延续和发展生命所必需客观事物的需求和欲望的反映。这是一切有机体所必须遵循的规律,人们为了生存和发展,必须从周围环境之中获得生存和发展的条件。这些条件就构成了人们的需要,它们包括食物、空气、水等基本的生理需求,也包括生产工具、物质生活用品、精神生活用品等各种物质需求。

需求是人的自然的和社会的客观需求在头脑中的反映,是客观存在的。满足消费者自然性的需求,是有机体所共有的;而社会性的需求则是消费者所特有的。社会性的需求表现为:不同的社会发展阶段有不同的需求,不同的个体会因他从属不同的社会群体而有着不同的需求。

人类的需求不是一成不变的,随着社会生产的发展与社会文明的进步,人们的需求是从低级向高级发展的,不仅需求的内容越来越丰富,而且需求的层次也越来越高。人类对物质和文化的需求虽然多种多样,但基本上可以归纳为生理需求与心理需求两大类。

生理需求是人类为了维持与延续生命而产生的基本生活需求。人类的生理需求不仅受自然条件的影响,而且受社会条件的影响。随着社会生产和人们生活水平的逐步提高,人们生理需求的对象越来越丰富,谋取需求的手段越来越科学,满足需求的程度也越来越充分。

心理需求是在人类社会发展过程中形成的,它是人们为了提高物质和文化生活水平的社会性的高级需求。它受到生产力发展水平与社会环境的制约,也受人的个性心理特征的影响。当人们的生理需求得到满足以后,其心理需求就更加突出、更加迫切。由于消费者的性别、年龄、文化素质的不同,以及消费者的个性心理特征的差异,他们对于各种消费品将会产生不同的心理需求,而这些不同的心理需求又直接影响着消费者的购买动机和购买行为。

2. 需求的特点

一般来说,需求有以下三个方面的特点:

(1)任何需求总是具有自己的对象。即需求总是对于某种东西的需要,对于某种物质性物品的需要。

(2)一般需求都具有周而复始的周期性。即需求的不断重复出现是需求形成和发展的最主要的条件。

(3)需求是随着历史的发展而发展,是随着满足这种需求对象的范围、方式的改变而改变的。在早期的人类社会,人的需求比较简单,大都是为了追求生理和安全的需求而活动。随着生产力的发展,物质文化和生活水平的提高,人的需求也变得越来越复杂,除了满足物质需求外,还会产生各种各样的精神需求。

(二)马斯洛需求层次理论

1. 马斯洛需求层次理论的主要内容

1943年,美国著名的心理学家马斯洛在《人类激励理论》一书中提出的需求层次论,把人们的需求分成五个层次,并按照需求的轻重缓急,由低向高排列,形成一个"需求金字塔"。最基本的需求是维持生存的生理需求,它处在"需求金字塔"的最底层,向上依次为人们对安全的需求、社会交往的需求、尊重的需求和自我实现的需求。

(1)生理需求。指的是维持生命所必要的各种需求,包括衣、食、住、行及阳光、空气、水等人的生理过程的基本需求。当人们的生理需求没有得到满足时,生理需求是驱使人们进行各种行为的强大动力。只有当人们的生理需求得到满足时,才能产生更高层次的需求。

(2)安全的需求。指人们社会生活中需要达到的各方面安全,所生活的环境要具有一定的稳定性,有一定的法律秩序,所处的环境中没有混乱、恐吓、焦虑等不安全因素。

(3)社会交往的需求。指在人们的生理需求和安全需求得到一定程度的满足后,人们会很自然地产生社会交往的需求。给他人以帮助并得到来自社会的关心与温暖,是人们正常生活不可缺少的组成部分。在这种需求的驱使下,人们会主动地交往朋友,寻找自己喜欢的人和自己所爱的人。

(4)尊重的需求。指在人们的生理需求和其他的心理需求得到满足之后,要求受到尊重并获得荣誉、地位、威望的高级需求。需要他人承认自己的实力、成就,得到个人的荣誉和诚信。

(5)自我实现的需求。这种需求是最高级的需求层次,即自我实现价值和发挥自我潜力的需求,在这种需求的驱使下,人们会尽最大的力量发挥自我的潜能,实现自我的目标,将自己的价值付诸行动。

2. 马斯洛的需求层次与相应的销售品市场

每一个消费者都会产生各种不同层次的需求,为了满足消费者的这些需求,商家必然要以具体的商品来满足消费者,并形成相应的消费者市场。

(1)人们为了满足生理的需求而消费的商品包括食品、饮料、服装等。由于生理需求是人们最基本的一类需求,这类商品的消费不仅数量大,而且具有永久性的特点。

(2)人们为了满足安全的需求所消费的商品包括保健防护用具、劳保用品、药品、保安用品,以及购买人身与家庭财产的保险服务等。

(3)人们为了满足社交的需求所需要的商品包括礼品、公共场合的娱乐品、旅游工艺品、珠宝首饰品,以及各种营业性社交场所等。随着人们生活水平的不断提高,生活节奏越来越快,人们交往的需求也会变得越来越强烈,这一类商品市场的发展也会越来越大。

(4)人们为了满足尊重的需要所消费的商品包括各类名牌商品、名贵商品、稀有商品、名牌服装、名贵的珠宝首饰等。这些商品一般具有以下特点:①知名度高,由商品的知名度提高自身的知名度;②消费这类商品的人数较少;③商品的特质独特。简而言之,购买这类商品是为了显示自身所处的状态。马斯洛的需求层次理论对企业的设计产品和制定有效的市场营销策略有一定的指导意义。企业应设法找出潜在消费者已经满足的需求和期待满足的需求是什么,以便据此制定适应消费者目标和生活的市场营销计划。

(三)心理需求的特征

心理需求是相对于生理需求而言的,具有以下明显的特征。

(1)伸缩性。心理需求的伸缩性较强,表现在消费者对心理需求的数量多少、层次高低和程度强弱都具有一定的弹性。例如,有的消费者以最高级的心理需求为目标,有的则安于现实,满足于一般心理需求。对于珠宝首饰消费者来说,有的为了满足显示能力、成就的心理需求而购买;有的则仅为满足求美的心理需求而购买。又如,有的消费者要求多项心理需求的满足,有的则追求某项心理需求的满足,对于珠宝首饰消费者来说,可以表现为不仅满足显示能力、成就的心理需求而购买,还可以为满足求美、求新的心理需求而购买;而有的只为满足其中一项心理需求而购买。消费者心理需求的伸缩性,受到内外因素的影响。内因主要受消费者本人的生理需求、个性特点和支付能力的影响;外因主要受社会环境和商品广告宣传的影响。一般情况下,生活必需品的需求伸缩性较小,非生活必需品的伸缩性较大。

(2)复杂性。消费者的任何需求总是指向和要求获得某种具体的商品或服务,因此就形成了消费者需要的多样性和复杂性。由于人们的生活习惯、文化素质、个性特点、收入水平、兴趣爱好等的差异,他们的心理需求也会有所不同。

(3)可变性。消费者心理需求的产生和发展,与客观环境的刺激有着密切的关系。生产的发展,科学技术的进步,生活与工作环境的变迁,商品信息的诱发等,都可以导致消费者心理需求的变化,或由此项需求向另一项需求转移,或由微弱的需求变为强烈的需求,或由潜在的需求变为现实的需求。因此,消费者的心理需求是可以随外部客观环境的改变而改变的,而且变化是多样的。

(4)发展性。消费者的心理需求是没有止境的,不会长期静止在一个水平上,随着经济的不断发展,社会财富的不断丰富,人们科学文化水平的不断提高,消费者的心理需求总是从低级向高级推进,在获得了某种需求的基础上,又会发展、派生出新的需求。

(5)可诱导性。消费者的心理需求不仅具有上述特征,而且是可以诱导和调节的。例如,由于对某种商品或服务加强了广告宣传和售后服务,就能影响和改变人们的心理需求,从而使需求发生变化与转移,或使潜在的需求转化为现实的需求,未来的需求转化为现在的需求,或反之。

二、珠宝消费者心理特征分析

珠宝首饰产品作为一种非国计民生之必需品,为什么会在人类社会的历史长河中成为一种经久不衰的商品,并且成为人们广为喜好的商品的呢?要回答这个问题,只能从消费心理与民俗文化层面上来理解和认识。人们购买珠宝首饰的原因很多,不同的消费心理决定了消费者不同的购买行为。

1. 美化装饰心理

美化装饰心理是人们最普遍最常见的珠宝首饰消费心理,也是珠宝首饰所有价值中最能让人直接体验到的。俗话说"爱美之心人皆有之",在爱美心理的驱使下,人们不断从外表着手美化自己,使自己更潇洒大方,更富有朝气和活力,既美化生活又得到精神上的享受。因此,色泽艳丽、造型奇特、款式新颖、美观漂亮、秀气细巧的珠宝首饰是这类消费者理想的装饰品。

2. 象征寓意心理

珠宝不仅具有美丽的色泽和光彩,同时还具有寓意深刻的内在美。很多人选择珠宝首饰不仅是因为喜欢它外在的美,而且还想表达某种愿望,或者美好的寄托。自古以来,人们就将珠宝比作物华天宝而加以崇尚。例如,我国人民自古以来就有佩玉的习惯,以示吉祥如意;在西方一些国家,航海的水手常佩戴海蓝宝石,以求一路平安、顺利,因为在海蓝宝石的传说中,它能战胜邪恶,给人带来安宁和幸福;而在阿拉伯国家,人们认为佩戴绿松石能消灾避难。这些观念已深刻地融入了当地民族的传统文化中。借珠宝而产生寓意,可以说是人类自古以来就有的,即使在今天,人们的这种朴素心理依然可寻。

3. 纪念心理

持有这种心理的珠宝首饰消费者,往往对人对物都怀有深厚的感情。他们注重人与人的诚挚之情,进而将这种感情寄托在珠宝首饰上。他们会选择一些符合自己心情、愿望的珠宝,以作对人对事的纪念。例如,生辰石(诞生石)系列宝石和结婚周年系列纪念宝石等。结婚纪念首饰的流行,可以说是人们这种心理较为典型的反映。据有关资料统计报道,美国每年有1500万新娘要接受男方的订婚戒指,这也是人们对"钻石恒久远,一颗永流传"的最好注解。

4. 储备心理

珠宝首饰不仅美丽迷人,而且还具有很强的保值性。有的国家将一些名贵的宝石列入国家银行储备,充当起比黄金还要坚固的"硬通货"。正因为如此,在现实生活中,也有较多的人持有珠宝首饰保值心理,将珠宝首饰消费作为一项特殊的"储蓄"。珠宝首饰小巧、便携、便存,而价值又极高,是用作储备的好商品,在钻石业内,就有"尽情地享用,等着慢慢升值"之说,当然,这里强调的是用于储备的珠宝首饰应为镶嵌高档稀有的珠宝玉石的首饰,并且是质量高的、颗粒大的。例如,优质大颗粒的钻石、红宝石、蓝宝石、祖母绿、猫眼石、翡翠和珍珠等。

5. 时髦个性心理

讲时髦、赶潮流,追求个性,是现代人,尤其是年轻男女的普遍心理。时髦本身也是一种对美的追求,是一种充满热情活力的表现。珠宝首饰作为一种时代性较强的消费品,富有时代气息,也是一种充满个性化的消费品。亮丽的颜色,众多的款式,给追求时髦和个性的青年男女提供了广阔的空间。在这种心理的支配下,许多年轻人在购买珠宝首饰时,并不注重宝石本身的价值,而是追求其款式的新颖和个性的色彩。

6. 感情心理

人们崇尚美,追求纯真的感情,往往借物喻情,表达内心的情感。珠宝首饰历来为人类所钟爱,借物喻情的感情心理是一个很重要的方面。出于这种心理的珠宝首饰消费者,在选购珠宝首饰时,并不看重首饰的名贵与华丽,而注重的是一种情调,一种能反映他们内心深处的那种情感。例如亲情、爱情、友情等,不管哪一种,都反映了人们内心深处的一种向往和追求。人们选择珠宝首饰,为的是将那份情感融进去,表达出自己内心的感受。

7. 社会礼仪心理

在社会生活中,各种礼仪交往是不可缺少的。为了某种交往的需要,人们除了在言行、服饰等方面有所讲究外,在现代礼仪中,首饰也越来越显出其重要性。佩戴高雅、得体的首饰,从某种意义上讲,也是对对方的尊重和友好,同时也表现了自身的素质和涵养。在一些发达国家,人们就十分注重社会交往礼仪中的首饰佩戴。在一些重要的社交场合,佩戴珠宝首饰也是必不可少的,有些企业或社团组织,在发出的邀请函上,还会明确地写上"请佩戴首饰"的字样。可以说,在不同的场合,不同的氛围中,佩戴适当的珠宝首饰,也是现代文明礼貌中的一项新的内容。

8. 身份心理

人的身份与装饰是有着一定联系的。在中国古代就曾有"古之君子必佩玉"之说,古人不仅爱玉,而且将玉与人的品性相联系,与人的身份素质相对应,有"君子无故,玉不去身"之讲究。从广泛的意义上讲,人们选择首饰本身就反映了一种个人"身份",这种身份不只是直接的权力、职位的标志形式,更多的是从一个侧面代表了一个人的内在状况和拥有状况。生意场上曾流行过一种说法:"手指上戴着光彩夺目的钻戒,会使你的买卖谈起来更容易些。"这或许是一种夸张的说法,但仔细品味起来,还会有一定的道理。

9. 艺术心理

珠宝首饰不同于一般的装饰物品,它是一种高级的艺术品,凝聚了珠宝首饰设计者的心血。对于那些酷爱艺术的人来说,在选购珠宝首饰时,更注重首饰的艺术价值,强调首饰的艺术美。出于这种心理的消费者,选购珠宝首饰最重要的标准是首饰的造型是否独特,款式是否新颖,是否具有内在的审美价值和观赏价值。

10. 实用心理

在人类应用珠宝首饰的历史上,有很长一段时间,珠宝首饰是与人们的实际应用相结合的。例如,发夹、钗、发针等,都有它们的应用价值。在现代珠宝首饰中,如装饰性的手表、领带夹、饰针、纽扣等,也都有实用方面的意义,是装饰和实用两方面的结合。

11. 自我展现心理

这类珠宝首饰消费者主要是一些先富起来的人们,他们主要追求的是珠宝首饰的内在质量及价值的高低。佩戴首饰是为了显露自己所拥有的财富、身价和派头。他们在选购时一般不讲究制作是否精美,款式是否新颖。对于黄金首饰只求重量和成色;对于镶嵌首饰,只求宝石是否高档,质量是否优质,价格是否昂贵。

12. 从众消费心理

珠宝首饰是一种高档的耐用消费品,20 世纪 80 年代以来,我国曾几度掀起了"黄金首饰热"和"珠宝首饰热",在这些消费热潮中,不乏有从众消费心理和盲目攀比心理。但是,随着珠宝首饰市场的逐渐繁荣,珠宝首饰产品的日益丰富,具有从众消费心理的购买者将会逐渐减少。

以上我们分析了珠宝首饰消费者的各种消费心理,但是值得一提的是,消费者在具体购买珠宝首饰时,通常内心并非只是一种心理使然,可能是多种心理共同作用所引起的,这与消费者所处的环境、经历、文化素质、年龄等有着密切的联系。

第二节 消费者的购买动机

一、消费者的购买动机

1. 动机的含义

动机是引起和维持个体活动并使之朝向一定的目标和方向进行的内在心理动力,是引起行为发生和结果产生的原因。动机是在需求的基础上产生的,是激励人们活动的内在动力。

购买动机是为了满足一定的需求,引起人们购买行为的愿望或意念,是直接驱使消费者进行购买活动的一种内在动力。购买动机不仅反映了消费者的需求,而且形成了为获得满足而实施购买行为的决心和意志。

　　动机产生于需求,甚至可以说动机的本质就是需求,但是动机又不同于需求。每种生物都会有许多需求,但是需求并不一定能够产生具体的行为。只有当需求达到一定的强度,而且客观环境存在有可能满足需求的目标和条件时,需求才开始转化为行为的动机。需求是促使人产生行为的基础和源泉,而动机则是推动人们行动的直接原因。

2. 动机的产生

　　需求是动机产生的基础。但是只有需求而没有满足需求的目标和诱因,也不能形成动机。人的需求是无止境的,但许多需求仅仅存在于一时,并不能产生相应的满足需求的行动。只有当客观环境出现了满足需求的对象,在经过努力可以实现的情况下,需求才能进一步转化为动机,推动着人们进行有目的的行动。人的动机源于需求,但也受到外界因素的制约。动机是内在和外部条件相互影响的结果。用公式可以表示为:动机＝需要＋目标＋实现目标的可能性。

　　动机的形成还受到环境压力的影响。环境压力包括群体压力、社会舆论和竞争。环境压力主要影响动机的强弱,如果压力不足,行为人就可能缺乏足够的心理动力;如果压力过大,动机就会过于强烈,从而产生紧张和焦虑。

3. 动机的功能

　　动机可以强化人们的需求,从而使人们产生满足需求的愿望、信念。需求越强烈,行为的动力越强劲。

　　(1)始动动能。人的行为是由一定的动机引起的,动机能够唤起或引起人们的某种行为。

　　(2)指向或选择功能。动机是有目标的,所以动机具有维持行为趋向一定目标的指向功能。动机促使人们朝着一定的目标去行动,使行为沿着一定的方向发展。每个人同时有多种动机,在这些动机中,有的目标一致,有的可能相互冲突。如果不能同时满足,它们之间将会发生竞争。竞争的结果就是某种最强烈的动机促使其行为限定在一定范围内,朝着特定方向选择性地寻找目标。

　　(3)维持功能。任何动机的实现和需求的满足都需要一定的时间过程。在这个过程中,动机会贯穿于某一具体行为的始终,激励人们限定自己的行为方向,避免不符合预定目标的行动,直到满足需求,实现动机。

　　(4)调整和反馈功能。动机能够帮助人们保持和巩固行为,动机作用于行为的产生、进行、直至终止的全过程之中。行为目标对动机产生很大影响。良好的结果会强化行为动机;反之,不良的行为结果促使动机减弱,从而降低行为的内在驱动力。动机能够激励人们调整行为,克服自身的弱点,解决在行动过程中出现的问题。

4. 消费者的购买动机

购买动机是为了满足一定的需求而引起人们购买行为的愿望和意念,是推动消费者进行购买的内在动力。

消费者的每一次选择和购买行为,都是受着动机系统的支配。消费者选择某种商品或者某些服务项目的时候都是基于多种需求、多种动机的。而最终选择某种商品和服务,一般应满足主要动机。由于影响消费者购买的因素,除了那些消费者自身需要的内在因素外,还有众多的外在刺激因素,所以消费者的购买动机复杂多样,而且因时、因地产生变化,如何把握消费者的购买动机,向消费者提供符合需要的商品和服务方式,是所有经营者必须面对的问题。任何商品都必须拥有它的自身独特的功能和用途,满足消费者的需要,才可能打动消费者,从而引起其购买的欲望和兴趣,才能产生具体的购买行为。

二、消费者的购买动机类型

消费者的购买动机类型大致可以分为以下几种。

1. 求实的购买动机

消费者求实的购买动机是以注重商品的实用价值为特征,讲究商品的内在质量与性能,希望购买经久、耐用、有实际效用的商品。产生这种购买动机的条件有三种:①消费者选购商品把实用性放在首位;②消费者的经济能力有限;③商品的价值主要表现在实用性,消费者没有必要去追求商品的其他特性。

2. 求廉的购买动机

以追求商品的低价格为特征,同样品牌的商品、同一类型的商品,或在商品功能的外观质量相似的情况下,消费者会尽量选择价格最低的商品。

3. 求美的购买动机

以注重商品的欣赏价值与审美价值为主要特征。求美的购买动机主要表现为两种形式:①商品本身存在客观的美的价值,如商品的精美包装、工艺品、珠宝首饰品、观赏石等;②商品能为消费者创造出美和美感来,美化了自我形象,美化了个人的生活环境等,如高级时装、化妆品、珠宝首饰品、家庭装饰品等。首饰具有独特的装饰功能,虽然体积小,却可蕴含无穷的文化艺术魅力。一件制作精致、富有创意的珠宝首饰,可以使珠宝的价值成倍增加,即使镶嵌的宝石不是很名贵,但却让人爱不释手。

4. 求名的购买动机

以追求名牌优质商品或特殊商品为特征。通过购买这种商品来表现自我、炫耀自我的目的。购买名牌商品、名贵商品、稀有商品、价格高的商品,是求名购买动机的具体表现形式,对于珠宝首饰消费者来说,知名的品牌代表了一种经营理念或者是人生态度。消费者与其说是在购买珠宝首饰,不如说在购买相应的生活品位和格调。

5. 自我表现的购买动机

以追求商品的时髦、新颖与奇特为特征,兼具有以显示地位、身份和财富为目的的购买动机。这类消费者特别关心商品是否时髦、奇特与新颖,而对商品的实用性和耐久性及价格的高低并不介意。持这种购买动机的消费者,一般是经济条件比较好的年轻人,他们往往是高级时装、新颖款式珠宝首饰、新式家具的主要购买者。特别是具有一定社会地位的各界名流喜欢拥有、佩戴珍稀昂贵的珠宝首饰,以此突出自己的富有与高贵。在一些重要场合里,人们也爱佩戴与自己身份相符的珠宝。

6. 储备性的购买动机

以储备商品的价值或者储存商品的使用价值为目的。如某些消费者购买珠宝首饰、金银饰品、名贵保值的收藏品,进行保值储备,由于这类商品价值比较稳定,一般不会贬值,况且随着时间的推移,还会出现增值现象。

7. 纪念性的购买动机

消费者出于纪念的心理购买某种商品,是为了纪念当下的氛围、情景,留下难忘的记忆。如旅游纪念品,就与这种购买动机密切相关。此外,许多珠宝首饰的消费者,在购买珠宝首饰时,也会出于这种购买动机,如订婚戒指、结婚戒指等。

8. 馈赠性的购买动机

购买商品的目的是馈赠他人。在这种购买动机的支配下,购买者所购买的商品在挑选和选购的标准上是不同的。一般对商品的实用价值、质量、外观、象征意义等方面视为同等重要。在经济发达的国家,珠宝首饰品也是常被用作馈赠的商品。

9. 从众性的购买动机

以效仿与趋同心理为特征,当消费者周围的人购买了某一种商品时,消费者感觉到也需要购买同样的商品,以达到某种程度的心理平衡。如日常生活中常见的流行现象、攀比式消费,就是从众购买动机的表现。

10. 习俗性的购买动机

这是受社会文化或者亚文化影响而形成的一种购买动机,诸如地理、气候、名族、信仰、历史与文化传统、价值观念等因素,会使一个地区或一个民族或一个相关群体具有相同的心理习惯,在购买动机形成时,这些习俗与习惯或明或暗地发挥着作用。

常见的影响消费者的购买动机的因素有以下几个方面:

(1)商品本身的因素,包括色彩、款式、品牌、价格、质量、质地、制作工艺等。
(2)消费者个人的因素,包括年龄、性别、文化、民族、职业、地区性等。
(3)经济因素,包括消费者的个人收入、家庭收入、家庭负担、生活方式等。
(4)媒介因素,包括口碑、陈列、展示、宣传力度等。
(5)经营因素,包括地点、品种、信誉、购物环境、服务、商品的特色等。

第三节 珠宝消费者的购买行为分析

一、消费者的购买行为

1. 购买行为的含义

行为是在动机的驱使下所发生的实践活动,它是具体的、现实的、可以观察到的。从心理学的角度来看,可以把行为分解成两项行动:目标导向行动和目标实现行动。前者是寻找能满足需求和欲望的具体物品、具体方式和结果;后者是找到物品和方式之后满足需求和欲望的实践活动过程。

购买行为完成的过程也就是动机趋向削弱、心理冲动逐渐解除的过程,同时又是需求不断得到满足的过程。随着购买行为的逐步完成,新的需求会逐步产生、强化,新的购买动机逐步形成,新的购买行为就会再次引发。整个消费过程就是如此周而复始,永不休止。

行为实质上是实践(即人)在内外环境和条件的影响下,所引起的内在生理和心理变化的外在反映。消费者的购买行为是指个体、家庭或群体消费者,为了满足自身的物质、文化生活需要,在接受外界刺激后而形成的购买动机的驱使下,用货币交换商品的实践行动。消费者的购买行为不仅是消费者对商品的感性认识、理性认识及购买欲望、购买动机的表现,也是消费者在商品交换过程中个性的直接表现。

2. 消费者购买行为的特点

(1) 目标性。人的行为的第一要素就是明确目标，这个目标在行为开始时就已经在观念上存在着。明确目标的过程就是目标导向行动。消费者追求商品的使用价值用以满足某种需求，这种对具体商品的追求，就形成了消费者的购物目标。目标是可以细化的，目标的细化过程实际上也是购物目标逐步、逐层次、明确化、具体化的过程。

(2) 系列性。购物目标的逐步、逐层次、明确化和具体化的过程，就把消费者的购买行为分解成既相互紧密联系，又相对独立的若干阶段过程。

(3) 连续性。消费者的购买行为具有系列性，每一系列的购买行为往往不能通过一次行动就能达到预期目标，必须连续或重复进行，这就构成购买行为的连续性。可能是前一次行为的简单重复，但更多的情况是前一次行为的深化。连续性的特点保证了消费者购买行为功能的持续发挥和更大功效的取得。

(4) 可控制性。消费者的购买行为具有可控制性，这包括自我控制和间接控制。自我控制是指消费者在购买行为的每一个阶段中，都会自觉或不自觉地调整和修正自己的购买决策，控制自己的购买行为方式和途径，以便能更合理、更快速地实现预期目标。间接控制则是来自外界，外界的环境因素变化当然会引导、修正和改变消费者的购买行为。营销人员的工作目标之一，就是通过改换消费者购物的外界环境条件，采取灵活有效的促销宣传方式、方法和策略，间接影响和引导消费者，并努力使间接控制通过自我控制，使消费者的购买行为实现规范化。

(5) 变异性。购买行为的目标实现行动可能会由于消费者内在因素的重大变化而改变。比如，在购买过程中，发生了需要把货币收入集中投向另一个方向，或者一项新的更具迫切性的需求要优先得到满足，原定的购买目标就要改变，甚至取消。外界环境的重大变化，也会很大程度上改变消费者的购买行为。

3. 消费者购买行为的类型

由于消费者的个性、能力、爱好、兴趣以及年龄、性别、文化素养、职业等条件的不同，消费者的购买行为呈现多方面的差异性，具体地分析这些差异，将有利于营销活动的改善和提高。

(1) 个性分类法

根据消费者的个性，可以把消费者的购买行为分为以下六种类型。

①习惯型。日用消费品的购买，已熟悉产品的性能与品牌，购买时目标明确，认准某一固定牌号，很少花时间与精力去挑选。

②理智型。购买价格较高、使用时间较长的耐用消费品，往往要花费较多的时间与精力，认真仔细地搜集信息，进行综合比较评价，最后才做出购买决策，慎重地

进入购买过程。

③价格型。这类购买方式的采纳者,往往比较重视价格因素,货比三家,除比较质量上的差异外,更注意比较不同厂家、不同品牌、不同店家在同类产品上的价格差异。

④冲动型。感情表现比较外向和充分的消费者,往往受环境因素影响而产生一时的购买动机,不加慎重考虑即做出购买决策,采取购买行动。这类人动机形成快,但消失的也快。

⑤感情型。这类消费者的购买方式偏重于感情因素。由于产品名称、品牌、商标设计等,使顾客产生感情上的联想与共鸣,往往能强化购买动机的形成。

⑥疑虑型。表现为消费者购买时举棋不定,疑虑重重且犹豫不决,挑选商品时小心翼翼,时常终止购买行为。

(2)情感分类法

根据消费者在购买现场的情感反映,可以将消费者的购买行为分为以下五种类型。

①沉稳型。此类消费者由于神经过程平静而灵活性低,反应比较缓慢而沉着,一般不为无所谓的动因而分心。因此,在购买活动中往往沉默寡言,情感不外露,举动不明显;购买态度持重;不愿与营业员谈些离开产品内容的话题。

②温顺型。这类消费者选购产品往往尊重营业员的介绍和意见,作出购买决定较快,并对营业员的服务比较放心,很少亲自重复检查商品的质量,更注重营业员的服务态度与服务质量。

③健谈型。这类消费者神经过程平静而灵活性高,能很快适应新的环境,但情感易变,兴趣广泛。在购买商品时,能很快与人们接近,愿意与营业员和其他顾客交换意见,并富有幽默感,喜爱开玩笑,有时甚至谈得忘掉选购商品。

④警惕型。此类消费者具有高度的情绪敏感性,对外界环境的细小变化都能有所警觉,显得性情怪癖、多愁善感。在选购中,往往不能接受别人的意见和推荐,对营业员的介绍异常警觉,抱有不信任态度。

⑤激动型。这类消费者由于具有强烈的兴奋过程和较弱的抑制过程,因而情绪易于激动,在言谈、举止和表情中都有热烈的表现。此类消费者选购商品时表现有不可遏制的劲头,在言语表情上显得底气十足,甚至用命令的口气提出要求,对商品品质和营业员的服务要求极高。这类消费者虽然为数不多,但营业员要用更多的注意力和精力接待好这类顾客。

(3)行为分类法

美国市场学家霍华德和西斯曾把消费者的购买行为视同解决问题的活动,他们把消费者的购买行为分为以下三种类型。

①常规反应行为。这是最简单的购买行为,一般指价值低、次数频的商品的购买行为。购买者已熟知商品特性和主要品牌,并在各品牌中有明显的偏好,因此购买决策很简单。但由于缺货或其他品牌商品的优惠条件,或受喜新尝鲜心理的影响,有时也会更换品牌。但一般来说,这类购买行为如同日常的例行活动,不需要花费太多的时间和精力。营销者在此种情况下的对策是:质量和价格尽量保持稳定,以便保住现有消费者,同时宣传自己品牌较其他品牌优越的方面,尽量吸引喜欢其他品牌的消费者。

②有限解决问题。消费者熟悉某一类商品,但不熟悉所有的品牌,要买一个不熟悉的品牌时,购买行为就较为复杂。例如,有人想买珠宝,略懂珠宝知识,但对某一具体品种的价值评价尚不熟悉,这就需要进一步了解情况,解决有关问题,然后才能做出决策。对此,营销者应通过各种促销手段,加强信息传递,增强消费者对特定珠宝品种的认知。

③广泛解决问题。消费者面对一种从来不了解、不熟悉的商品,购买行为最为复杂。例如,第一次购买珠宝首饰的消费者,对宝石品种、首饰款式、工艺技术水平、贵金属类型和成色等一无所知,就需要广泛解决有关该商品的一切问题。营销者必须了解潜在购买者如何搜集信息和评估产品,想方设法介绍产品及其各种属性,使消费者对产品增加了解,便于做出购买决策。

二、消费者的购买行为分析

消费者的购买活动,都要通过一定的程序来完成。一般来说,消费者的购买程序(尤其是耐用消费品的购买程序,如珠宝的购买)可分为以下五个阶段。

1. 唤起需求阶段

需求是消费的根源,需求能引发人们的动机,当人们感到自身的一个需求必须得到满足时,购买过程就开始了。需求可以被人的内在因素或外部刺激所唤起。因而经营者在市场营销中,要十分注意唤起消费者的需求,不仅要唤起消费者的现实需求,还要研究与把握消费者的潜在需求,并摸索出其中能唤起人们需求的种种诱因,从而通过一系列的经营手段,唤起消费者的需求。对于购买珠宝首饰的消费者来说,可能媒体所播发或登载的知识、广告(如电视广告、广播广告、报刊杂志的广告或宣传文章、互联网上的广告或知识文章等)能够影响他们;或是受到周围的同事、朋友佩戴珠宝首饰的影响;或是受珠宝首饰店橱窗陈列的珠宝首饰的诱惑,从而产生需要拥有某种类型的珠宝首饰的想法(图7-1)。因此,唤起珠宝首饰消费者的需要,是促使珠宝首饰消费者实施购买行为的第一步。

图 7-1　通过产品唤起需求

2. 搜集信息阶段

当消费者拥有珠宝首饰的心理需求被唤起并产生购买动机之后，就要考虑如何购买的问题，如"到什么地方购买？""线上还是实体店？""什么时候购买？""哪一个品牌的质量有保障,款式最漂亮？""个人珠宝商还是大品牌的划算？"等等。在这个阶段，珠宝电子商务就有其明显的特殊性,传统信息搜集的方式和方法将不断得到补充。

为了解决这些问题,消费者就要开始搜集有关的信息资料。信息的来源主要有以下途径：①营销来源，如各种媒体和自媒体的广告、推销员、经销商、包装品、珠宝展销会等；②个人来源，如家庭、亲友、邻居和同事等，对消费者来说，这种信息的可信度最高，因而也极易引起购买行为；③互联网来源，如网络上陌生消费者对商品和品牌的认知与分享，这种共享信息的方式也具有较高的可信度；④公共来源，如各种消费者组织及政府的有关机构等；⑤经验来源，即消费者通过参观、实际操作使用的体会所获得的经验与感受，有经验的消费者会很快完成购买过程，而没有直接经验的消费者则需要营销人员耐心细致的引导和交流。总之，各种来源的信息对消费者都有相当的影响，一般情况下，消费者得到的商品信息大部分来自营销来源和互联网来源，而影响最大的则是个人来源的信息。营销来源的信息主要起到通知作用，互联网来源的信息主要起到通知和评估比较作用，个人来源的信息主要起到评估作用(图 7-2)。在搜集信息中，同时还可能搜集有关珠宝首饰的款式、价格及零售店信誉等方面的信息。

图7-2 红掌柜珠宝在百度百科上提供的"珠宝快爆"

3. 比较评价阶段

消费者在广泛搜集信息的基础上,根据已掌握的信息资料,对自己所需购置的商品信息进行衡量比较,做出评价与选择,其中主要包括对商品的质量、款式、生产厂家、价格及售后服务等内容的评价与选择,在此基础上决定购买对象。对于珠宝首饰消费者来说,在购买珠宝首饰时,不仅要考虑珠宝首饰的款式、宝石的类型与质量、价格,而且还会比较商店的服务质量和信誉等。

对于准备进行线下购买珠宝的消费者来说,尤其需要指出的是,珠宝首饰消费者对商店的整体印象会直接影响消费者的购买行为,因此商店的信誉便成为影响消费者购买过程的至关重要的因素。对于准备线上购买珠宝的消费者来说,通过网络对特定品牌、产品、价格等都会直接咨询,或者参考别人分享和咨询的意见进行分析比较。

4. 决定购买阶段

消费者经过比较评价后,进入决定购买阶段。一般来说,决定购买有以下三种情况:①决定购买,立即成交;②延缓购买,如需对商品作进一步的了解等;③决定停止购买,经过比较评价认为商品的质量、款式、价格等具体内容尚不符合自己的需要而不购买。经过比较、评价后,消费者产生真正的购买意图,就会去商店实施具体的购买行为。值得提出的是,购买决策的最后确定,除了消费者自己的喜好外,还会受到其他因素的影响,如他人对其购买决定的评价、所选珠宝首饰的满意程度、价格因素以及营销人员的态度等。

5. 用后感觉阶段

用后感觉是指消费者购买商品之后，在商品的使用过程中，对商品的有效反馈。消费者的用后感觉，不仅影响他本人的下一次购买行为，也会影响到其他消费者的购买，并会直接影响到企业对这种商品的继续销售。如消费者购买珠宝首饰后，通常会佩戴使用，通过其家庭成员、亲友及同事的评价，对自己的购买决定进行检验、反省，以确定这一购买决定是否明智，从中产生满意或不满意的用后感觉。这种感觉不仅会影响其再次购买的行为，还会影响到他人的购买决定，因为消费者会对朋友、同事讲述自己的这种感受，所以商家应尽可能与消费者保持联系，为消费者提供全面而实在的服务，努力提高营销人员的专业素质、服务水平，做好售后服务工作，力争使消费者对所购珠宝首饰的质量、营销服务工作感到满意，获得良好的用后感觉。所谓的"最好的广告便是满意的消费者"就是这个道理。

第四节 珠宝网购消费者的特点

一、珠宝网购与传统购物的区别

珠宝网络购物与传统购物在消费者的需求层次和购买目标方面并不存在什么差异，只是在具体的购买人员构成、购买行为和购买过程中存在一些明显的差异，主要体现下以下几个方面。

1. 多元化的唤起需求的方式方法

通过互联网唤起消费者需求的方式多种多样。以自媒体和软文推广为例，互联网运用新兴的媒体，将传统局限于杂志和报刊等软文的适用范围进一步扩宽，以文化传播的形式进一步教育消费者，唤起消费者的购买需要（图7-3）。

2. 极大扩充信息搜集的渠道

利用互联网能极大地扩充信息搜集的渠道，不再仅仅局限于电视、杂志、报刊、书籍等渠道，最大限度地消除信息不对称，完成信息数据的搜集。通过互联网来搜集信息，消费者通过对信息的对比分析，能获取真正有效的产品信息。基于特定平台的大量真实有效的陌生消费者的点评，在珠宝网购中，起到增强品牌和产品信任度的作用，可信度高，极易引起购买行为。

3. 比较评价的便利性

珠宝网购消费者可以通过对不同珠宝企业官方网站的浏览、问询，也可以基于

珠宝电子商务

图7-3 昆工珠宝自媒体

其他平台对某个珠宝企业和产品进行咨询评价,甚至可以通过互联网来请教行业内专业人士,来完成对珠宝首饰在品种、品质和价格方面的判断,这些行为显著增强了互联网在比较评价方面的的便利性和专业性。通过互联网进行的比较评价,对于能否完成潜在的珠宝销售,能起到至关重要的作用。

4. 体验方式的差异性

传统珠宝购物一般而言都是先体验,然后再决定是否购买,而珠宝网络购物,绝大部分的佩戴体验都是在购物之后,珠宝电子商务将珠宝佩戴体验的时间推后了。对于传统珠宝产品而言,尤其在初次购买时,顾客总是要接触过实物产品之后才能做出决定。而珠宝电商的消费者可以有多种选择,消费者甚至可以选择进行提前入店体验,掌握相关产品的完整数据后,再通过网上,选择价格和性价比更高的产品,进行购买。交易完成后,再进行已购买产品的佩戴体验,最终确定产品是否进行退换货。

珠宝网络消费者主要依赖视觉、听觉和情报分析来做购买决策。详细和完整的产品介绍、佩戴效果和产品大小介绍是弥补无实物佩戴体验的一种方式和方法。伴随着 VR 等新技术的进一步应用,体验方式的差异性将逐步缩小。

5. 消费者构成的差异性

传统珠宝消费者包括各个年龄层次、各种背景类型的消费者,但珠宝网络购物就会对消费者对于互联网的使用程度、认知程度和信任程度造成一定门槛,即不擅长使用互联网的、不信任互联网交易安全的群体很难成为珠宝网络购物的客户。截至 2016 年底,我国 60 岁以上老年网民占全国网民的 4%,数量达到 2924 万人,相比 2013 年的 1.9%,增长近两倍。但老年网民目前阶段对于互联网的使用多局限在资讯的获取、朋友之间的沟通等方面,通过互联网购物的比例较少。但线下实体珠宝门店中,老年人却是黄金饰品消费的主力军之一。

6. 二次营销的差异性

传统线下购物,完成销售后需要通过让消费者填写保修卡或会员卡来完成对消费信息的获取,之后才能进行产品的二次推销。而在网购过程中,商家可以通过互联网技术全面的获得,消费者的基本信息及其感兴趣的产品,利于进行二次销售,且在二次销售时,可以通过互联网进行产品的展示。

7. 消费者固有购物习惯的差异性

当然,由于购物是一项消费体验,并且珠宝产品是高价值和高体验型的产品,所以有些具有固有习惯的消费者根据自身情况,对于网络购物认知会存在一些差异性。对于喜欢逛街购物,并能从中得到满足的人,购物成为他们走出家门与人交往的一种机会,网络销售则对其不太适用。但追求性价比的珠宝消费者则会选择产品质量、价格、服务的最佳组合,即如果网上购物能以较低或相同价格提供商品并以类似或高水平的服务作为支持,那么价值至上者会很乐意采用珠宝网上购物的形式。消费者个人性格的差异性导致其固有购物习惯的差异性,会体现在不同购物的方式和方法上。

二、珠宝网购的消费者特点分析

珠宝网购消费者在很多方面具有比较鲜明的特点。

1. 地域

利用互联网进行销售,首先打破了地域限制,特别是对于县域经济中的具有较强珠宝消费能力的消费者,网购提供了更多产品的选择。传统县域经济中的消费者,受地方经济等各个方面的影响,可供选择的珠宝款式不多,地域限制了其珠宝消费的可能或者提高了其珠宝消费的成本。

对于较大城市的珠宝消费者而言,由于互联网和线下实体店珠宝购物的便利性,其可供选择和比较的品牌和产品将会更加丰富,增加了其可供选择的内容,客观上提高了购物的几率。

互联网也打破了珠宝首饰款式的区域性特点,特别是西部地区款式远比东部地区滞后的特点。各个地区的珠宝消费者,可以通过互联网欣赏到最新的珠宝设计,最好的产品,并且完成交易。

在没有定制型珠宝消费的地区,有定制需求的珠宝消费者可以通过互联网完成珠宝定制型消费。

2. 珠宝产品信息获取渠道

在唤起需要、搜集信息和比较评价阶段,对于珠宝产品的信息获取上,珠宝网购消费者具有自身明显的特点。

(1)巨量信息来源。在网络上,珠宝信息量是巨大的,具有远较书本上繁多和庞杂的珠宝知识,包含各个珠宝产品类型(图7-4)。其信息展现和传递比传统书本、店铺宣传、电视广告等要快速和便捷。

(2)信息可靠性甄别。伴随着巨量的信息,对于信息的可靠性甄别是存在巨大难度的,这就会导致不能甄别相关信息的珠宝网购消费者根据信息盲目选择某项产品和某个品牌进行消费。而能够较好甄别相关信息的消费者则可以利用优质信息,获取对产品和品牌的深入了解,选购到合适的珠宝产品。由于大量软文在珠宝互联网行业的出现和使用,使有些普通消费者在珠宝信息甄别方面存在一定困难,并且由于有些软文的写作水平和知识水平存在明显欠缺,会导致部分消费者产生错误认知。

(3)碎片化时间。"碎片化",英文为Fragmentation,原意为完整的东西破成许多零块。信息时代,生活节奏加快,各种移动设备充斥,人们逐渐发觉很难有一段的时间去干一件自己想干的事,可自由支配的整块时间逐渐减少,零星的琐碎的时

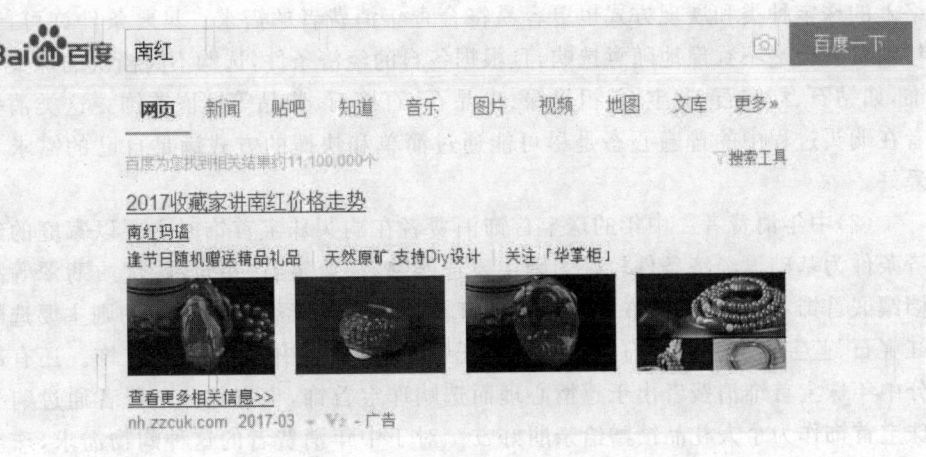

图7-4 关于南红的巨量信息

间却越来越多,时间被分割为各种零碎的时间段,短则数十秒,长则半小时,称为碎片化时间。这些零碎的时间虽不起眼,但被重聚之后能够产生巨大的效果,"碎片化"时间显得越来越重要。目前珠宝网络消费者通过碎片化时间来获取珠宝资讯的机会最多。

(4)信息的特定推送。消费者一旦在某一平台或者企业进行了相关珠宝信息的浏览,并留有关联的信息,则珠宝电商企业就会通过移动互联网设备将特定的穿戴信息、产品信息、企业信息推送给消费者。

3. 年龄

现代珠宝首饰从功能上来说是以装饰性为主,当今国际珠宝首饰市场已出现由保值化向装饰化发展的趋势,因而在首饰的选择上更加注重珠宝首饰产品和肤色、服装、气质、年龄以及职业环境的搭配,突出装饰化、趣味化、个性化和情绪化,单纯的保值观念已不再是人们选购珠宝首饰的主要追求。目前国内珠宝首饰的消费群体从年龄上主要分为三个部分:即年轻消费者群体(包括刚踏入社会不久的年轻女性、正在筹备婚嫁的新人、白领青年、校园的学生及社会上的年轻一族)、中年消费群体(包括工薪阶层中收入稳定的中年人、收入较高的中年人)以及老年消费者群体。不同年龄段的消费者群体对珠宝网购的运用是不同的。

(1)青年消费者。青年消费者的共同特点是对商品较少有保守思想,易于接受珠宝网络购物,对于新的渠道和新的商品有较强的敏感性和强烈的兴趣,追求明显的消费个性和消费时尚。如在青年人结婚购买钻戒时,一般都会在线上和线下综合对比分析钻石价格、品质、设计款式和企业品牌等。一般而言,青年珠宝首饰消费者在购买珠宝首饰时往往选择颜色艳丽、款式新颖、设计别致的珠宝首饰,而网络上的珠宝种类和展现方式也更容易符合青年消费者的需求。只要条件许可，青年消费者会毫不犹豫地随意选购，且根据各自的经济条件，选购不同档次的珠宝首饰，如钻石、红宝石、蓝宝石、祖母绿、尖晶石、石榴石、紫晶等镶嵌首饰。这类消费者在购买过程中的普遍心态是尽可能通过简单和快捷的方式满足自己的需求和爱好。

(2)中年消费者。中年的珠宝首饰消费者在购买珠宝首饰时主要以家庭的经济条件为基础。经济条件较好的则主要选购钻石、蓝宝石、祖母绿、优质翡翠等高档镶嵌首饰，对首饰的镶嵌工艺和款式有较高的要求；经济条件一般的则主要选购红宝石、蓝宝石、尖晶石、石榴石、紫晶、托帕石、水晶等中、低档镶嵌首饰。还有部分中年珠宝首饰消费者出于感情心理而选购珠宝首饰，也有部分消费者通过购买珠宝首饰作为个人礼品馈赠给亲朋好友。对于中年消费者的这种购物需求，珠宝网络购物只是其珠宝购物中的一种常用的参考方式和方法，对于贵重珠宝而言，通过网络进行信息搜集和对比，在线下进行交易较为常见；而珠宝网购也是他们购买廉价珠宝的一个重要途径。

(3)老年消费者。老年消费者购买珠宝首饰一般都进行线下的珠宝购物。主要原因包括他们的消费心理和互联网的使用及信任程度两个方面。老年消费者珠宝购物心理多出于储备的心理、纪念心理、身份心理和社会礼仪心理四个方面。由于他们的消费经验丰富，在购买的过程中往往经过深思熟虑，同时会在线下进行实物的体验和"货比三家"，并且由于互联网操作的不熟练，老年消费者较少选择互联网进行珠宝网购。

第八章 珠宝电子商务与大数据

第一节 珠宝行业与大数据

一、大数据

21世纪,我们迎来了一个大量产生、分享和应用数据的全新时代——大数据时代。大数据一词对我们来说并不陌生,它又称为巨量资料,指的是以多元化的形式与途径从各方面搜集而来的比较庞大的一些数据组。维克托·迈尔-舍恩伯格预言:"大数据开启了一个重大的时代转型。就像望远镜让我们感受宇宙,显微镜让我们能够观测到微生物一样,大数据正在改变我们的生活以及理解世界的方式,成为新发明和新服务的源泉,而更多的改变正蓄势待发。"围绕大数据的商业价值开发和利用将成为各行各业人士争相追捧的焦点。

大数据具有数据体量大、数据类型繁多、价值密度低、商业价值高、处理速度快等特点。"大数据"的概念最早由维克托·迈尔-舍思伯格和肯尼斯·库克耶在所编写的《大数据时代》中提出。现在每天有大量数据产生于每个行业、每个人群、每个角落,当我们要了解某种现象、解决某个问题或探索某个未知领域时,不再用依赖经验、理论、抽样调查等的方式。传统的这些方式会存在造成最终结果趋于表面化、不确定性的可能性。而"大数据"就是挖掘出可用的所有数据作为分析对象,通过建立对应的数据模型,快速高效地得出数据中蕴藏的核心信息,发现问题的关键,最后找到问题的解决方法。大数据能够伸入到更多、更深的层面获得和使用更全面、完整、系统的数据,以此探索现实现象,解决短期就要解决但因数据过于庞大而搁置的问题,获取过去不可能获取的知识,得到过去无法企及的商机。

大数据时代的经济学、政治学、社会学和许多科学门类都会发生巨大甚至是本质上的变化和发展,进而影响人类的价值体系、知识体系和生活方式。

(一)大数据时代的思维变革

大数据时代的思维变革主要有以下几个方面。

(1)更多数据。大数据要求的不是随机样本,而是全体数据。大数据需要的数据是"样本=总体"。小数据时代的随机采样,利用最少的数据获得了最多的信息,但对于随机采样而言,它的成功依赖于采样的绝对随机性,但是实现采样的随机性非常困难,一旦采样过程中存在任何偏见,分析结果就会相去甚远。在信息处理能力受限的时代,世界需要数据分析,却缺少用来分析所收集数据的工具,但如今,计算机可以轻易地对这些数据进行收集和处理。传统采样的目的就是用最少的数据得到最多的信息,当可以获得海量数据的现在,它就没有什么意义了,数据处理技术已经发生了翻天覆地的改变,但我们的方法和思维却没有跟上这种改变。

(2)混杂性。大数据要求的是更多更杂的数据,不是精确性而是混杂性。执迷于精确性是信息缺乏时代和模拟时代的产物。只有5%的数据是结构化且能适用于传统数据库的,如果不接受混乱,剩下95%的非结构化数据都无法被利用。大数据时代要求我们重新审视数据精确性的优劣。我们掌握的数据库越来越全面,它不再只包括我们手头现象中的一点点可怜的数据,而是包括了与这些现象相关的大量甚至全部数据。我们不再需要担心某个数据点对整套分析的不利影响。

(3)相关关系。在大数据时代,不要追寻因果关系,而是查找相关关系。我们不必非得知道现象背后的原因,而是要让数据自己"发声"。相关关系的核心是量化两个数据值之间的数理关系。相关关系强是指当一个数据值增加时,另一个数据值很有可能也会随之增加;相关关系弱就意味着当一个数据值增加时,另一个数据值几乎不会发生变化。大数据的相关关系分析法更准确、更快,而且不易受偏见的影响。

(二)大数据时代的商业变革

(1)数据化。大数据发展的核心动力来源于人类对于测量、记录和分析世界的渴望。大数据时代需要关注数据本身,要将某种现象转变成可制表分析的量化数据,并且将数据从最不可能的地方提取出来。有了大数据帮助,我们不会再将世界看作是一连串我们认为或是自然或是社会现象的事件,我们会意识到本质上世界是由信息构成的。

(2)数据的价值。数据就像一个神奇的钻石矿,当它的首要价值被发掘后仍能不断给予。在大数据时代,数据的价值从它最基本的用途转变为未来的潜在用途,它影响了企业评估其拥有的数据及访问者的方式,促使甚至是迫使公司改变他们的商业模式,同时也改变了组织看待和使用数据的方式。数据的价值是其所有可能用途的总和,这些似乎无限的潜在用途就像是选择,这里不是指金融工具意义上的选择,而是实际意义上的选择,这些选择的总和就是数据的价值。

(三)大数据时代的管理变革

(1)风险。一旦让数据主宰一切,将会带来前所未有的风险。大数据的价值不再单纯来源于它的基本用途,而更多源于它的二次利用。在大数据收集的时候,对很多数据可能仅仅只是一个简单的收集,并未想过具体的利用和使用方式,但最终却产生了很多创新性的用途。这种情况就会导致公司无法告知个人尚未想到的用途,而个人亦无法同意这种尚是未知的用途。从法律上来讲,任何包含个人信息的大数据分析都需要向个人征得同意,但绝大部分公司都不会这么做,这就会带来诸多的风险。现如今,很多用户都觉得自身的隐私已经受到了威胁,当大数据变得更为普遍的时候,情况将更加不可设想。

(2)掌控——责任与自由并举的信息管理。大数据时代,对原有规范的修修补补已经满足不了需要,也不足以抑制大数据带来的风险,需要社会方方面面制定全新的制度规范,而不是修改原有规范的使用范围。想要保护个人隐私就需要个人数据处理器对其政策和行为承担更多的责任。要注重个人隐私保护,要将责任从民众转移到数据使用者,因为数据使用者是数据创新应用最大的受益者。

(四)预测——大数据的核心

大数据的核心就是预测,它通常被视为人工智能的一部分,或者更确切地说,被视为一种机器学习。但是这种定义是有误导性的,大数据不是要教机器像人一样思考,相反,它是把数学算法运用到海量的数据上来预测事情发生的可能性。这些预测系统之所以能够成功,关键在于它们是建立在海量数据的基础之上的。此外,随着系统接收到的数据越来越多,世界上许多现在单纯依靠人类判断力的领域都会被计算机系统所改变甚至取代。计算机系统可以发挥作用的领域非常广泛,就像互联网中的通信功能已经改变了世界,未来,大数据也将改变我们生活中的方方面面,它为我们的生产创造了前所未有的可量化的维度。大数据已经成为了新发明和新服务的源泉,更多的改变必然不断出现。随着大数据的广泛应用,人们通过分析数据获得知识、商机和社会服务的能力迅速增强,大数据从原来仅限于学术精英圈,发展到越来越多的普通机构、企业和政府部门都在使用。

二、珠宝行业与大数据

(一)宏观层面

大数据也渗透到了珠宝行业,其带来的巨大价值引起了许多珠宝行业人士的关注,越来越多的珠宝人正加入到大数据学习和应用的行列。纵观整个珠宝行业,大数据大致可以提供以下几个方面的帮助。

1. 大数据有助于精确珠宝行业市场定位

成功的企业离不开准确的市场定位,有了准确的市场定位才能有准确的前进目标和生长条件,企业才能知道现阶段该怎么做、需要什么、能做到什么程度,有了这些前提基础,企业想要快速发展也就不成问题了。要做好市场定位并不容易,需要对市场上所有数据做分析和调研,此时,大数据就起到了关键作用。应用大数据战略拓宽市场,扩大数据的广度和深度,得到更全面、有效的数据汇总,从中了解现阶段珠宝市场的构成,以及市场特征、消费者的需求,同行竞争者情况等众多信息。站在这些科学有效的信息上定出计划实施方案以及存在问题的解决方法,既能保证方案的全面性,提高企业品牌在行业内的接受度,又能使企业品牌发扬自身的特点,给珠宝大环境带来新的冲击。

一个企业想要进入市场或者开辟新的战场需要大量的人力、物力,如果市场定位不准确,带来的风险是不可预知的,随后的资金损失也是不可估量的。在以往的概念里,市场上的数据主要来自于珠宝行业内报告、中国珠宝玉石首饰行业协会、各级省宝协等管理部门的数据、统计年鉴、行业专家意见和当地市场调查,但以这些方式收集的数据本身存在不够全面、收集时间长、准确性有偏差等问题,分析起来有困难,更不用说能精确定位市场,这样无形拖慢了企业的发展和扩张速度,相比之下大数据的应用不仅能够挖掘出所有可用数据,提供足够的数据信息,还能建立相应科学的数学模型预测未来的一些趋势,为准确市场定位带来了最大程度的保障。

2. 大数据在销售中能起到关键主导作用

现在是互联网时代,我们每天生活离不开手机、笔记本电脑、平板等智能移动设备,每天从微信、QQ、微博、各种电商平台到FACEBOOK、TWITTER、论坛上都有数以亿计的各种文本、照片、音频等信息,这些信息包括个人生活状态以及和他人的交流互动,和各种商家互动,网页浏览记录等。这些信息直接或间接反映了各行各业的市场需求、大众的喜好、竞争者的情况等。对企业来说是巨大的隐藏财富,通过大数据分析这些数据,就能快速、全面的了解现阶段消费者的情况,例如潜在消费者人数、消费者的喜好、消费目的等,有了这些准确的市场需求,企业就能拟定出下一步的销售战略,做出相应的货品调整,以及落地活动。对于业内其他竞争者,也能及时知道对方的情况,了解存在的差异,让企业更好更稳的前进。

3. 在收益管理方面也离不开大数据的支持

收益管理是近几年出现的新型管理模式,立志于使企业收益达到最大化,受到广泛推广和应用。收益管理是指把合适的产品和服务在合适的时间以合适的价格通过合适的销售渠道出售给合适的顾客,最终使企业收益实现最大化。要实现收益管理,需求预测、细分市场和敏感度分析是三个重要环节,而这三个环节的推进基础就是大数据。

需求预测是通过对数据的统计与分析，应用大数据建立相应的数学模型，以达到预测市场的目的，使企业能以最快速度掌握全面的珠宝行业潜在市场需求，了解未来一段时间内每个细分的市场的产品销售量和产品价格走势等信息，从而使企业能够灵活地根据现阶段市场整体情况来调节货品的供需平衡，并针对不同的细分市场来实现动态定价和差别定价，更灵活地应对市场变化。如果企业品牌有一定权威性，还存在通过采取一定措施来影响和带动甚至改变市场趋势的可能性，使企业在一定程度上拥有主动权，这对企业的发展和整个市场将带来质的飞跃，意义非同寻常。

需求预测的好处在于可提高企业对珠宝行业市场判断的前瞻性和主动性，在不同的市场波动周期将合适的产品定以合适的价格投放到市场，一方面最大力度的获得潜在的收益；另一方面也有带动市场、调节市场的作用。细分市场为企业预测销售量和实行差别定价提供了条件，大数据保证了划分定义市场的科学性，使企业能放心地通过珠宝行业各细分市场的需求预测来制定和调整货品及价格，让各个细分市场的收益最大化。而敏感度分析则是通过市场需求价格弹性分析技术，获得不同细分市场的价格潜力区间，以此对各细分市场的价格和货品进行调整、优化，最大限度地挖掘总市场潜在的收入。这一结果的准确性同样需要大数据来保驾护航。

大数据时代的崛起，为企业收益管理工作的开展提供了保障。需求预测、细分市场和敏感度分析对数据需求量很大，而传统的数据分析大多是采集企业自身的历史数据来进行预测和分析，往往因小失大，无法全面掌握信息，分析出的结果不全面，缺乏准确性，后期的相应计划的拟定变得困困重重，施展不开拳脚。企业在实施收益管理过程中如果能在自有数据的基础上，依靠大数据自动化信息采集收集更多的珠宝行业数据，制定科学的数学模型分析数据，以此预测更多的珠宝行业市场信息，将会对快速制定准确、全面的收益策略，赢得更高的收益起到巨大的推进作用。

4. 大数据有助于深度挖掘珠宝行业需求

随着微博、微信、淘宝等电商平台、论坛、博客、点评网等媒介在移动端和PC端的全面发展和突破，公众分享信息变得更加自由便捷，再用上匿名等措施对个人隐私的保护，使公众分享信息的主动性大大增加，从而促使了"网络评论"这一新型舆论形式以千军万马之势迅速占领了网络，如今网络评论已经成为我们生活的一部分。而微博、微信、电商平台、点评网、评论版上成千上亿的网络评论无形中形成了交互性的大数据，其中蕴藏了大量对珠宝行业需求开发很关键的隐藏价值信息，带来了巨大的商机，值得企业高度重视。现在随着线上电商越来越多，微商、博商遍布我们的生活，微博、微信、论坛、电商评论版等平台随处可见网友使用某一珠宝品牌或某一珠宝的评论：优点有些什么、缺点的吐槽、功能需求评价、质量好坏与否、外形美观度程度、款式样式点评、货品整体是否符合商家的图片和描述、客服服务质量等信息。这些都构成了产品需求的大数据，企业、商家可以通过这些评价调整商品价格、样式、销售方式，在线上就能了解市场现状。同时，由于匿名保护了消费者的个人信息，消费者对企业、商家服务及产品的表扬与批评演变得更加客观真实，评价内容也更专业化和理性化，随着性能的不断完善，分享的渠道也更加广泛。作为珠宝行业企业、商家，如果能对线上珠宝行业的评论数据进行收集，建立网评大数据库，然后再利用分类、聚类、情感分析等方式了解消费者的消费行为、价值取向、商品质量问题、服务人员是否做的周到等，以此来改进和创新产品，量化产品价值，制定合理的价格及提高服务质量，开展相应的活动来获得更多的新顾客，调动、维护已有的老顾客，从中获取更大的收益。

纵观现在的珠宝市场，从珠宝产品到珠宝价值评估再到消费者，大数据贯穿了整个原石开采、生产加工、鉴定评估、投入市场、流通销售的过程，它的快速性、科学性、准确性和全面性无疑给无数企业、商家乃至整个珠宝市场带来了翻天覆地的改变，给珠宝业带来了新的思路、新的商机。每天都有珠宝企业、商家、珠宝人接触到大数据，受它的影响不断适应珠宝市场，从改变自己到改变市场，给珠宝业注入新的血液，焕发新的生机。

（二）大数据与珠宝产品

产品是整个珠宝市场的灵魂，市场的所有环节都要围绕产品展开。现在的珠宝市场每天都像战场一样，充斥着大大小小的战役，想要取得战斗胜利，弹药一定不能少，无论是企业还是商家，都需要时刻关注与产品有关的一系列动向，掌握了产品就掌握了消费者，拥有了主动权。从原石开采出来，到专门的市场售卖再到加工成为产品，投入到市场流转到商家或企业进行售卖，最后到消费者手中，中间的环节一环接着一环，自然产生了很多的相关数据，如果对这些数据加以分析，对产品信息的掌握就能非常全面、准确，无形中也就掌握了市场的情况。将所有数据进行整理，构建出相应的数学模型，快速得到结果，因有庞大的数据支撑，结果必然是全面的、准确的，并且有绝对的实效性，商家或企业只需要分析结果就能知道产品乃至市场的情况，以此对不同材质、不同造型的珠宝产品的开发以及造型的流行趋势和价格等进行预测，这样就能开发潜在购买市场，挖掘潜在购买欲望，培养消费者对不同产品的接受度。产品围绕消费者展开，大数据的存在帮助商家或企业看准产品，摸清消费者，适应市场，甚至主导市场。

珠宝行业存在很多特殊性。以黄金为例，在全世界都是最传统、涉猎范围最广、价格波动最大的首饰材料，现在市场上随处可见各种纯金、K金饰品，由于黄金超强的可塑性和增值保值性，黄金也是镶嵌时使用得最多的辅助材质，无形中给产品带来很大的附加值。说到黄金的增值、保值性,是黄金价格最直接的体现,黄金的价格与其开采成本、国际经济形势等诸多方面都有关。大数据将为黄金生产和批发企业提供保持库存,不同阶段维持采购比例等的数据支持。对于钻石而言,通过对钻石大小、品质等的大数据收集及分析,企业可以了解到在特定经济环境下,消费者对何种级别和大小的钻石接受度高。在未来,什么类型的钻石可能受到热捧,对应的,商家便可以进行货品比例等方面的调整。

产品在销售过程中是最核心的部分,商家、企业与消费者都围绕产品展开。商家、企业根据消费者的需求,寻找、生产对庄的产品,根据市场制定合理的价格,再通过适合的方式展示给消费者,由消费者来决定最终是否成交。想要交易过程圆满,一方面是看商家、企业在交易过程中对产品的讲解是否起到了推波助澜的作用,一方面看顾客体验是否良好,但最关键的还是看顾客对产品本身是否满意。消费者衡量一件珠宝产品,最直观的是看这件珠宝产品的款式和价格,其次是考虑该珠宝产品是否有保值、增值的空间,消费者对一件产品的款式第一眼是否喜欢,决定了后面是否能产生交易,可见产品的款式在销售中的重要性。企业必须在了解顾客的需求和喜好的基础上,在推出新的款式以前做好市场调查,分析消费者喜欢这类款式的概率有多少,喜欢的人群涵盖几个年龄段,能有多少人喜欢,是否能给公司带来盈利,用什么方式进行宣传推广等,而这些借助大数据来完成,得到的数据才全面、准确,面对同行压力也能更迅速拍定方案,夺得商机。另外,对于新推出款式的价格也需要做市场调查来作为参考,通过市场价格的衡量,以及和同行的对比,最后定出最适合市场的价格,在公司盈利的同时,也能最大限度满足消费者的需求。

(三)大数据与地区珠宝市场

中国珠宝首饰行业的地区特色性非常明显,比如南方地区偏爱翡翠,北方地区偏爱软玉。各个地方当地的珠宝玉石品种在当地占据着主要的市场,消费者认可度也高。但具体到不同地区的市场总量、需求类型、消费偏好等方面,存在显著不同。以钻石为例,虽然作为婚戒类产品,钻石的消费者需求是基本一致的,但各个地区对于钻石大小和品质的要求是不同的,对于戒托材质的要求也是不同的。而文玩类珠宝在北京等地区的市场认知和接受程度远高于其他地区,这是受到其传统文化因素等各个方面的影响所造成的。

关于特定地区中的珠宝市场的大数据收集是非常必要的,有助于预测特定地区珠宝市场的发展走向,特定珠宝产品的接受程度及发展空间。

(四)大数据与消费者

珠宝网络平台建立以后,就可以实时监测或者追踪用户在互联网上产生的无数行为数据,经过数据库的筛选、通过对数据的分析就可以得到一些目标用户,制定一些有效的推广策略,预测市场风险,把销售做得更加精准,整个过程会比较快速,成本也会比较低。所以大数据完全是"预测式"或者是"镜像",它会根据之前收集沉淀的数据,反映接下来将要发生的交易行为,从监测到预测,它可以把大数据的功能挖掘到极致。对于消费者的分析而言,大数据的具体价值主要体现在以下几个方面:

(1)大数据可以对用户的行为和特征进行分析,只要在平时的业务流程的各个环节积累了大量的用户数据,就可以很清楚地看到用户的轨迹,分析出用户的购买习惯、喜好、职业,进一步探究用户的实力等,在一定程度上更深入地了解用户。这是大数据构建的前提与出发点。大数据对企业来说,可以更加明确地知道自己的目标用户并精准地进行产品定位,更加明确推广模式。

(2)大数据可以使产品及推广营销活动更容易打动客户。在产品生产之前如果了解潜在用户的主要特征,以及对产品的期待,就可以使产品更加符合用户的需求。大数据营销让一切营销行为和消费行为皆数据化,通过大数据使得整个业务流程的目标更加明确,让每一个环节可追踪、可量化、可优化。

(3)大数据可以帮助企业进行一些星级用户筛选和用户分级。一个企业有很多的用户或者粉丝,但对企业有推动作用的只有一部分,也就是星级用户,同时企业也很难分辨哪些是星级用户,有了大数据以后,企业就可以用事实来筛选。从用户浏览的产品信息、用户在社会化媒体上所发布的各类内容及与他人互动的内容中或者历史轨迹会反映出一些问题,经过综合的分析可以筛选出星级用户。其次面对现在受众面很广的新媒体,企业可以根据从新媒体中提取的粉丝信息和互动内容,想办法根据粉丝的特征将其转化为潜在用户,激活社会化资产价值,比如像淘宝一样,它可以根据每一个顾客,每一件商品以及用户的每一个购物活动,改善用户体验,做最适时的提醒和推送。还原用户的身体特征,生活习惯,在某些方面的喜好,数字化每一个用户。

第二节 珠宝首饰评估与大数据

一、珠宝首饰评估的基本概念

(一)珠宝首饰的价值与评价

珠宝首饰的价值指的是珠宝首饰对人的效应,即珠宝首饰的存在对于人的需要、利益及其发展和变化的作用及意义。虽然这种效应对于不同主体及不同的需要层次会有所不同,但它确实是客观存在的。在某个时期对某些具有共同认识的人而言,它是一定的,而且可以用货币进行恰当的表达。

珠宝首饰评价是指人们按照一定的价值标准,对珠宝首饰的价值进行比较判定的过程,因而珠宝首饰评价是一种观念活动过程。它是指相对于某种价值标准而言的价格论定,是用货币来表达某种珠宝首饰在市场中所具有的价值。珠宝首饰的评价包含了对珠宝首饰的认知和对珠宝首饰价值评估两方面的内容。对珠宝首饰的认知是对珠宝首饰的组成、结构、来源、形成过程、制作方式等方面的了解和确定;而评估则是对珠宝首饰的价值进行评定的过程,是指对不同的组成、来源、款式或不同时代的珠宝首饰在当今或未来一定时期内,可能对整个社会组织或集体的个人意义、作用进行厘定的过程。珠宝首饰的认知和珠宝首饰的评估是既有联系又有区别的两个方面。珠宝首饰的认知是珠宝首饰评估的基础,而珠宝首饰的评估则是认知的动力和认知的目的。珠宝首饰评估的准确与否取决于对珠宝首饰认知过程的准确性。因此,珠宝首饰的价值和珠宝首饰的评价并不是一回事。珠宝首饰的价值指的是珠宝首饰对人的效应和影响。评价是对珠宝首饰价值的认定过程,是一种人的主观活动,是人对珠宝首饰是否具有价值或者价值的大小进行判断和把握的过程。价值与评价的关系是存在与思维的关系,表现为珠宝首饰的价值是评价的对象和内容。珠宝首饰的价值是评价的前提,直接决定和影响评价的结果,但是评价的结果却不能直接说成是价值本身。这是因为评价是在一定的历史时期,在一定的社会环境中,由某些掌握了一定知识的人或系统,在一定的评估目的下,按照一定的评价标准完成的。

(二)珠宝首饰的价值类型

珠宝首饰的评估中,评估的目的和最后的评估结果有着紧密的联系。珠宝首饰的价值和珠宝的价格并不一定完全对应,特定的评估目的往往和特定的价值类型相对应。目前市场上一般存在如下的价值类型。

(1)市场价值。市场价值是一个经济学的概念,它是指在完全竞争的市场情况下,卖方和买方在公平、公开的条件下,根据各自的消费偏好及经济实力和利益所确定的市场价格。和市场价值相对应的市场价格代表了市场上同类交易的真实情况,它一般不受特殊的费用或成本的影响。在某种意义上,珠宝市场价值是同类珠宝首饰市场价格的平均价格水平。

(2)零售价值。珠宝的零售价值在珠宝评估中,很多时候是指珠宝保险评估时的保险重置价格,它是指对一项全新的珠宝首饰评估时相对应的珠宝市场价格。另一方面,在一定的限制条件下,它也可以是一些古董珠宝首饰、名牌珠宝首饰和特殊设计的珠宝首饰或者二手珠宝首饰的市场置换价格。

(3)重置价值。重置价值是指在一定时间内严格按照相同的质量水平置换或替换另一件财产(珠宝首饰)时所花费的成本,也可称为重置价格成本。

(4)批发价值。批发价值是指零售商从批发商或宝石进口商批量购买某些类别的产品(珠宝首饰)所支付的价格。

(5)拍卖价值。拍卖价值是指在拍卖会上,出价最高的人为拍卖品所支付的价格。珠宝的拍卖价值有时可作为珠宝重置或清算评估目的下的价值参照,在有特别声明和说明文件的情况下,拍卖价格也可在公平市场价值评估中使用。

(6)清算价值。清算价值是指财产(珠宝首饰)在强迫出售或清算时可能获得的现金价格。一般情况下,这种价值会远低于市场公平价格,是卖方在一定的时间及其他约束条件下被迫接受的价格。

(7)残损价值。残损价值是指财产(珠宝首饰)在严重破损的条件下,最低限度可能变现的资产价值,对有黄金、铂金、银等金属的珠宝首饰而言,很多时候是指首饰回炉熔融后,所能获得贵金属的市场价格。这种价值形态一般不受评估目的及首饰美学形态的影响,是一种最原始的可用材料的成本价格。

(三)珠宝首饰评估的概念、研究对象及研究内容

珠宝首饰评估从表面上看可以理解为对珠宝首饰的评估,这个评估要基于对珠宝首饰的鉴定的前提下(即包含珠宝首饰种类、珠宝首饰的真假、珠宝首饰的优化处理等方面),对珠宝首饰的质量及其价值进行评估。按照商品学的研究,所谓商品质量是指商品能满足规定或潜在人或社会要求(或需求)特性的总和,或者说是商品使用价值的尺度。由此可见,珠宝评估的真正对象是珠宝的社会属性,珠宝的使用价值、珠宝的质量及其效应。商品的使用价值决定商品的物的属性,而商品的物的属性又可以分为自然属性和社会属性。自然属性是指商品的成分、结构、性质等;社会属性则是由自然属性所派生的商品的社会、经济、文化和艺术的效应。因此珠宝的使用价值具有物质性和社会性。珠宝首饰评估的基本研究对象包括:①珠宝首饰原料(宝玉石原料、贵金属原料、各种补口材料及配件原料)的评估;②珠宝首饰中的宝玉石半成品、裸石或玉石雕刻品的价值评估;③一般珠宝首饰商品的价值评估;④具特殊美学意义的天然矿物、岩石(观赏石)的价值评估;⑤古董珠宝艺术品的价值评估;⑥具有特殊意义的珠宝艺术品的价值评估。

珠宝首饰评估研究的主要内容包括三个大的方面:①珠宝首饰的质量分级体系的建立和完善;②在不同评估目的下,珠宝首饰价值及估价方法的研究;③珠宝评估管理体系及职业规范问题。就我国目前的情况来看,对珠宝首饰评估的类别包括:企业清算、珠宝资产变现评估;珠宝抵押贷评估;公安破案、法院判案及仲裁珠宝评估;遗嘱验证及遗产继承税珠宝评估;离婚财产清算或公司合作关系终结而进行财产分割的珠宝评估;海关征收关税、处理罚没珠宝的价值评估;保险珠宝评估;拍卖珠宝评估;典当抵押物评估;收藏评估;捐赠评估;珠宝销售及再销售定价

评估;珠宝首饰征税评估;其他评估。

珠宝首饰评估有助于让珠宝消费回归理性,挤掉市场泡沫,珠宝产业链的终端是消费者,大多消费者缺乏珠宝知识,对价格也不是很了解,在购买珠宝首饰时只能凭着自己的喜好消费,这样的情况下消费者很可能成为泡沫的消费者。经过评估,让珠宝首饰的价格回归理性,珠宝消费市场就会处在一个良性的发展。

珠宝首饰评估便于珠宝抵押物的价值分析,目前珠宝金融或者民间借贷中抵押贷款占据了比较大的一部分,所以对珠宝首饰价值的正确评估和金融平台的风险控制有着很重要的关系,首先是金融平台根据珠宝首饰评估的价值确定贷款的额度,其次,在借款方或抵押方违约的情况下,金融平台有权利处理抵押物。然而实际上,无论是向金融机构融资还是民间借贷,只要关系到抵押,就有不能按期还贷的可能,所以为了降低风险,对抵押物的专业评估尤为重要。

珠宝首饰评估有助于解决公司成立、解散或一系列财产纠纷,根据我国现行法律规定,企业成立可以用实物资产入资,如果要成立珠宝企业并且以实物入资,这样对以实物入资的珠宝首饰的评估就很重要,然后经会计师事务所验资,最终由工商部门确认。在公司并购、破产和清算之前也要经过评估,然后依法转让。随着我国对物权的认可,珠宝首饰的价值量化要求逐渐增多,一系列有关珠宝首饰的财产纠纷都需要对其现时价值进行专业评估。

珠宝首饰评估利于解决损坏赔偿纠纷,在珠宝销售和珠宝首饰加工镶嵌过程中会存在这个问题,在现实中有很多新闻和例子,在销售员和顾客交接过程中不慎掉落,或者在珠宝首饰加工镶嵌过程中的损坏,这些都会产生对珠宝自身价值的纠纷,此时专业的评估就显得尤为重要。

(四)传统珠宝首饰评估的基本方法

随着社会中珠宝首饰贸易的发展,珠宝首饰评估也随之产生并得到发展。评估方法也从原始逐渐发展到主要凭借经验,最后达到采用科学的方法和手段。资产评估的基本方法主要有成本计算法、市场比较法和收益法。而对珠宝首饰这种特殊的产品,最常用的主要是成本计算法和市场比较法,或者二者结合。

1. 成本计算法

成本计算法是指评估珠宝首饰时,按在现实条件下重新购买一项全新的被评估首饰资产所需要的全部成本减扣其各项损耗价值来确定其价值的方法,又称为"重置成本法"。其基本思路是站在买者的角度,重新购进与被评估的珠宝首饰相同或相似的全新首饰,要花费的全部费用,即在现行条件下需要支付的成本额。所以,值得说明的是,重置成本不是制造成本,而是购买者的消费成本,即含税和利润的成本,相当于零售重置价。在重置成本的基础上扣除被评估资产的各种损耗,如因新旧程度等对资产价值的影响因素导致的贬值量,即可得出评估值。

成本计算法考虑的因素比较全面。不仅考虑了资产的现行价格水平,还考虑了实体性贬值以及功能性和经济性贬值因素的影响。经济性贬值是指因为经济环境导致的贬值,而功能性贬值则是因为科学技术的发展导致功能方面的落后引起的贬值。因为珠宝首饰的主要功能是装饰和投资,如果首饰受到了严重的损坏,就要考虑其功能性贬值,否则,其功能性贬值基本可以忽略不计。由于首饰的磨损或组件的缺损导致的贬值属于实体性贬值,而由于外部经济环境变化导致供求关系的改变产生的贬值则属于经济性贬值。所以珠宝首饰的贬值因素主要来自实体性贬值和经济性贬值。

成本计算法适用的前提条件是被评估的珠宝首饰是可以复制的,可以再生产或可以找到在年代、品质、出处、状态等方面相似的替代品。成本计算法适合评估绝大多数珠宝,特别是未经版权注册的现代珠宝首饰。这些首饰的材料和工艺较为容易仿造和复制,并且不涉及版权问题。成本计算法主要适用于以资产重置、补偿为目的的资产评估业务,是保险评估、企业清产核资中最常用的方法,同时也用于抵押贷款、经济担保等经济活动的评估。

成本计算法的基本评估步骤:

(1)清洗珠宝首饰。

(2)测量宝石尺寸、首饰尺寸、称重。

(3)鉴定珠宝首饰。分析金属成色、鉴定首饰的设计、对首饰制作工艺质量进行分级;鉴定宝石品种、区分合成、优化处理等,对宝石进行品质分级。

(4)计算成本。计算贵金属原料成本、制作工费及设计费用。

(5)加入税和利润。由于不同国家的税收制度不同,在考虑税时要因地制宜,但通常只加入生产税,不加入零售税,加上税和利润后即获得零售重置价。不同类型的首饰利润有差异。一般机器制作的没有镶嵌宝石的金属首饰,利润较低,计算零售重置价格时,在成本上另加约40%~100%。养殖珍珠及一般的镶有宝石的标准首饰,则加40%~130%不定。所有镶有钻石的首饰及其他高档首饰,利润可以更高一些,可加40%~160%。总成本高的首饰往往利润率较低,总成本低的首饰利润率较高。成本如在数万元以上的高档首饰,通常在成本上只加40%。美国珠宝首饰评估行业通常不按首饰的类型来确定不同的利润率,在计算零售重置价时,只是统一将成本乘以2.5。

(6)提取合适的数据。计算的结果可能是一个复杂的小数,要从中提取整数。

(7)扣除实体和经济性贬值因素的影响。如果首饰因磨损、组件的丢失或不当的修理导致的实体性贬值,以及因为首饰款式及金属材料的过时导致的经济性贬值,都要考虑扣除。经过精心修补的首饰不会留下明显的焊点、凹坑及修补工具留下的痕迹。粗糙的修补则会在首饰表面留下大量焊料的痕迹,这样会明显影响首饰的价值。尤其对古董首饰,粗糙的修补可使其价值降低30%或更多。

(8)考虑估价是否合理,必要的可再分析,进行合理的调整。

应用成本计算法进行评估的珠宝首饰必须是可以复制的,可以再生产或者可以找到相似的替代品,而且被评估的珠宝首饰必须是随时间的推移具有贬值特性的资产。对那些在市场上无法找到相应替代品的,或尽管可以复制但随着时间推移其价值不降反而上升的珠宝首饰,则不能应用成本计算法来进行评估。如稀少或唯一的首饰、纪念品或收藏品、特定历史时期的首饰、古董文物、由已故著名的设计师或工匠制作的首饰、带宗教色彩的手工工艺制品、自然艺术品、取自濒临灭绝生物的有机材料的首饰、其价值与历史和曾经拥有者有关的首饰等。

2. 市场比较法

市场比较法是通过市场调查,选择与被评估珠宝首饰相同或相似的首饰作为对比参照物,分析参照物的成交价和交易条件,并就影响价格的有关因素进行对比调整,从而确定被评估珠宝首饰价值的一种评估方法。

市场比较法的基本思路是对比的思想,即通过充分的市场搜寻,找出相同市场级别和交易条件下,与被评估的珠宝首饰相同或相似的珠宝首饰,以类似珠宝首饰的成交价格作为基础,再对被评估物与对比物之间的差异因素进行必要的调整,从而确定被评估珠宝首饰的现行市场价。

在进行市场调查获得的大量数据中,要合理提取有代表意义的数据,数据越多就越有参考意义。众数比平均值和中值更有代表性。平均值是获得的所有价格数据的几何平均值,中值则为一组数据按大小顺序排列时处于中间位置的那个数据。而众数则是所有数据中出现最频繁的那个值,所以最有意义。市场比较法就是要通过市场交易数据来查获最常见的实际成交价。

运营市场比较法进行珠宝首饰评估的前提条件是需要有一个发育相当成熟、定价合理的珠宝市场,可搜索到足够与被评估珠宝首饰相同或相似的对比物,而且影响对比物的价值因素明确并可量化。

市场评估法应用范围广泛,只要市场条件具备,便可以用于任何珠宝首饰的评估。尤其是那些成本计算法不适用的珠宝首饰。

市场比较法的基本评估步骤:

(1)清洗珠宝首饰。

(2)测量宝石尺寸、首饰尺寸、称重。

(3)鉴定珠宝首饰。分析金属成色、评定鉴定首饰的设计、对首饰制作工艺质量进行分级。鉴定宝石品种、区分合成、优化处理等,对宝石进行品质分级。

(4)辨别珠宝首饰的出处、时期或年代。

(5) 在类似珠宝首饰对应的市场寻找可比较的首饰。根据不同的评估目的,评估师要在最可能出现与被评估首饰类似首饰的市场找到相同或类似可对比首饰,然后查明它们最常出售的价格。所以,评估师需要熟悉各个级别的首饰市场。珠宝首饰常见的市场级别为:大型拍卖市场、小型拍卖市场、批发市场、零售市场、二手货零售市场、古玩店及旧货市场。一般的珠宝首饰对应的市场为一般的珠宝店;古董级珠宝首饰对应的是古董市场或旧货市场;已故著名设计师或工匠的珍稀作品对应的市场则是拍卖行。寻找参照对比物应该尽可能多、尽可能相似,而且在销售时间、地点、市场类型上也应该尽可能相似。

可参照的对比首饰应该在独特性、稀有性、质量、状况、生产时期、工艺质量、出处、销售条件等方面具有相似性。

(6) 对比分析并调整差异。把被评估珠宝首饰与对比物进行比较,分析被评估物与对比物之间的不同点及其对价值的影响。因为要找到完全相同的珠宝首饰很难,可以考虑它们之间组成部分的差异,对销售价格的影响,考虑的程度与它们组成部分的差异程度有关,结合成本计算法加以修正。

(7) 检验估价是否合理。可结合其他方法检验估价结果是否符合实际情况,如有必要可再分析,进行合理的调整。

市场比较法的应用中需要有交易频繁、公开活跃的市场作基础,需要大量的市场价格资料。对缺少透明度、定价不合理的珠宝市场则无法获得可信的价格资料,也就不能应用市场比较法进行评估。甚至有的时候,珠宝首饰真实的价格资料是十分难以获取的,有不少珠宝店的珠宝首饰标价太高,实际销售时都有一定的折扣,所以标价不能作为简单对比参考价。在市场调查中和实际销售价很难了解的情况下,通常只根据标签上的说明,隔着橱窗或在柜台上进行检查,证实柜台中的宝石的颜色、净度、切工的质量是否与标示一致,是否与被评估的首饰相同或相当是不够精确的。因此,市场比较法需要进行大量的市场调查和比对,所以操作起来费时费力。

(五) 珠宝首饰评估的主观性及高要求

社会在发展,人的审美和价值标准也在不断变化,不同的人对价值标准的把握也是不同的,因而评价的结果就可能出现差异,这种差异是一种必然,是由评估人来评估的本质决定的。这种评估过程的本质就会导致许多珠宝在不同时代、不同的社会,甚至在不同商场、不同的评估机构,都可能出现不同的价格。对于珠宝首饰价值的认识,评估人只能依据自己的认识水平和社会规范进行认知和评估。

一方面,珠宝首饰价值的大小决定了评估的基本结果,评估人的评估只有客观地反映价值时,才会被认为是正确的;另一方面,评估对价值也有重要的影响,这是因为由于评估人的知识结构的局限及掌握信息的局限性,人们对价值的认知往往是通过评估的结果来了解的,因而评估对人的认识价值具有明显的导向作用。这种相对性,就会对评估人提出更高的要求,要求其具有更全面的知识,具有更严谨的科学态度,站在公正和独立的立场上进行评估。

这种传统珠宝首饰评估特点就对评估人提出了非常高的要求,但同时又避免不了主观性。这种评估方式极其依赖于评估人知识结构和掌握的信息,甚至可能包含评估人的喜好,因此会不可避免地存在主观性。

(六)珠宝首饰评估的客观性——交易数据

虽然在市场比较法中,对于真实的交易情况的获取是存在较大难度的,但在珠宝市场活动的过程中,有一项数据是真实存在的,即交易数据。这种交易数据可能是在批发市场中存在,也可能是在零售市场中存在,甚至是在旅游购物市场中存在,但无论在哪个市场中,这个交易数据是真实存在的。任何一个市场的交易数据,在珠宝首饰评估中,都具有重要作用。以传统的市场比较法为例,通过充分的市场搜寻,找出相同市场级别和交易条件下,与被评估的珠宝首饰相同或相似的珠宝首饰,以类似珠宝首饰的成交价格为基础进行评估,这种通过市场比较法进行的评估方式,一般是以几件相似或者相同的珠宝首饰的成交价格为基础的,因此,客观存在的交易数据是核心。

(七)大数据对珠宝评估的影响

大数据给珠宝首饰评估带来了冲击,使得行业内需要更高水平的信息化处理工具才能跟上时代的潮流。在整个资产评估行业发展的过程中,我国资产评估行业内从业人员对于市场信息数据的收集及加工处理方面的水平还较低,并且信息化工作还处于建设过程中。低水平的信息化建设会制约资产评估的技术方法,也会使评估的科学性无法体现;没有足够的信息化手段的支持,会阻碍行业执业质量与效率的提高,批量评估技术也无法实现。因此,在大数据时代提高行业信息化水平十分必要,利用好大数据会对行业发展产生积极影响。

1. 提高珠宝首饰评估效率

珠宝首饰评估是一项耗时耗力的工作。一项珠宝首饰资产的评估从被评估资产信息、相关计算参数资料收集到评估数据计算等需要数日甚至数月时间,尤其在现今社会,数据信息量大,数据的权威性和可靠性难辨,在数据收集和处理上极其费力。在大数据时代,以计算机与网络为手段对珠宝首饰资产评估信息进行收集处理并在资产评估领域应用,可以大大提高评估工作效率。

2. 提高珠宝首饰评估精确度

大数据时代计算机与互联网的使用,以及引进数学方法与统计模型等,提高了评估的科学性,克服了珠宝评估中很大程度上依赖评估人员的个人水平和经验的不足,减少手工处理信息过程中易于出现的错误。利用计算机技术及统计模型对珠宝首饰评估过程中的参数进行更为精确的预测,可以提高评估中大数据的处理能力与数据处理的精度。

3. 影响信息收集和分析的方式

珠宝首饰评估具有很强的专业性和技术性。评估方法的应用需要采集大量的信息以确定珠宝首饰评估参数等。未建立大数据资料库之前,对价格信息的查询主要来自出版物、网站、市场、厂家、中介机构、朋友、专家咨询、内部积累和社会调查等渠道。这些途径中缺乏统一标准,存在人为主观判断,从而带来评估的风险。大数据的应用将改变这一现象,来自于互联网市场的海量数据使珠宝首饰评估的信息收集更加迅速便利和多元化。并且通过对交易市场中的真实交易数据的获取,可以实现珠宝首饰价格的大数据积累,构建珠宝首饰评估数据库。

4. 影响珠宝首饰评估方法

珠宝首饰评估方法是评估人员进行价值估算和评定的方法和技术手段。评估方法的选择和应用直接关系到评估结果的科学性和可行性。大数据的应用改变了传统的以市场法、收益法和成本法为主的方法选择,丰富了现有的评估方法。大数据为珠宝首饰评估在方法的应用和参数的选择方面提供了科学的便利条件,例如,在市场法和成本法的应用中大数据的使用可以更加便利地获取来自市场的相关信息。

(八) 大数据珠宝首饰评估存在的问题

就目前整个评估行业而言,专业数据库建设成果较少并且还不成熟,行业普及的信息化工具还跟不上大数据时代珠宝评估行业的发展速度;在此基础上,不同珠宝评估机构之间信息化水平差异较大;另外,我国市场交易信息披露的公开化、透明化不足的问题,也使得珠宝评估可供参考的数据大量缺乏。为实现珠宝评估行业在大数据时代的信息化建设,推动珠宝评估机构发展,同时珠宝评估机构也要积极配合行业发展,在评估过程中对数据收集和分析。

建立珠宝评估数据库。珠宝评估行业要利用计算机技术提高对数据的处理能力,在珠宝评估工作中做到精准化识别、专业化处理,让珠宝评估人员有效接收处理后反馈的信息,达到减轻从业人员工作强度,提升珠宝评估数据产品质量的目的。

大数据对于珠宝首饰评估必然会带来巨大的影响,但就珠宝首饰数据的收集、评估内容、数据库的建立等方面仍存在一些客观问题。

1. 珠宝的社会属性价值评估

大数据珠宝首饰评估,便于对珠宝首饰的自然属性进行评估,而其附加的社会属性等方面具有较强的局限性。对于珠宝首饰中的社会属性的评估，特别是对于珠宝首饰中的宝玉石半成品——裸石或玉石雕刻品的价值评估，对具特殊美学意义的天然矿物、岩石（观赏石）的价值评估，对古董珠宝艺术品的价值评估，对具有特殊意义的珠宝艺术品的价值评估仍需要评估人来评估。

2.信息数据的真实性

珠宝首饰交易中存在的虚假标价，漫天要价就地还钱等行业潜规则，使交易数据的真实性在获取过程中存在较大不确定性。甚至旅游购物中的高返点高回扣等内部分成体系也影响着交易数据的真实性。

3.产品图片和文字说明的真实性

利用大数据进行积累，就离不开计算机，而珠宝首饰产品图片、文字说明和实物的一致性，很大程度上影响了价格数据。如何解决照片和实物在颜色失真等方面的问题，仍待科技进一步发展。

4.不同市场级别交易数据的收集的难易性

不同市场上对于具体交易数据的关注方式是不同的，如翡翠批发市场，是以一批货的形式进行批发交易，对于具体每件货的交易数据并非十分关心，在这类市场上，就难以收集具体单件珠宝首饰产品的交易数据。

5.交易数据的隐私性

传统珠宝行业对于交易的隐私性的要求是非常高的，对交易价格就更是商业机密中的机密。因此，对于充满隐私性的交易数据，获取难度仍较大。

6.数据库的依托平台

建立大的珠宝首饰交易数据库，是非常便于进行珠宝首饰评估的，但具体的交易数据只有企业具备，各个地方的珠宝玉石首饰行业协会都不具备健全的交易信息。而以交易企业为依托，数据的可信度将不断降低，因此，依托于哪个机构和平台来构建大数据的数据库是一个迫切需要解决的问题。

第九章　珠宝加工行业在互联网中的发展
——以翡翠雕刻为研究

第一节　传统翡翠雕刻行业概况

一、玉雕概述

7000年前的辽河红山文化、山东大汶口文化、太湖流域的良渚文化揭开了中国玉文化的序幕。玉石历来被人们当作珍宝,在中国古代,玉被当作美好事物和君子风范的象征。商周时期,制玉成为一种专业,玉器成了礼仪用具和装饰佩件。玉雕行业是中国最古老的雕刻行业之一。中国的玉雕作品在世界上享有很高的声誉。玉雕主要基于传统文化,在造型上主要有人物、器具、鸟兽、花卉等。

玉石经加工雕琢成为精美的工艺品,称为玉雕。工艺师在制作过程中,根据不同玉料的天然颜色和自然形状,经过精心设计、反复琢磨,才能把玉石雕制成精美的工艺品。玉雕是中华民族对世界文化的杰出贡献。

玉雕作品的载体——玉石原料必须符合"美丽""稀少""耐久"三要素,既是美丽的石头,又要具备"物以稀为贵"的稀少和稳定的物理化学条件。现在在玉雕市场上经常使用的玉石材料有几十种,常见的有以缅甸翡翠为代表的硬玉,以新疆白玉、碧玉为代表的软玉,以东海水晶为代表的其他大件雕刻材料。

玉雕艺术品是玉雕工作者运用巧妙的构思、巧夺天工的雕刻技能,在天然的玉石材料上雕刻完成的艺术作品,这些作品除了具有珠宝基本特征之外,还具有很好的观赏属性或者把玩使用属性。毋庸置疑,玉雕艺术发展到了今天,可以说是异彩纷呈、风光无限。材料之精美,创意之丰富,雕刻之精细,作品之玲珑,古时不可比拟。

二、翡翠雕刻行业概况

(一)翡翠雕刻产业集散地

1. 瑞丽

瑞丽地处中国西南部,被称为中国翡翠源头。得天独厚的地缘优势和丰富多

■ 第九章 珠宝加工行业在互联网中的发展——以翡翠雕刻为研究 /163

图 9-1 董春玉——《昭君出塞》

样的资源,吸引了世界各地的珠宝商和全国各地的玉雕师到瑞丽创业兴业。

瑞丽将珠宝文化产业作为重点产业加以打造扶持,通过着力培育产业市场,抓好诚信经营,引进重大项目,扶持龙头企业,打造知名品牌,大力宣传推广,不断提升产品品质,成功打造出集贸易、加工、销售等功能为一体的珠宝产业链,并为瑞丽赢得了"东方珠宝城""中国珠宝首饰特色产业基地""精彩瑞丽,富贵之都""中国翡翠之源头""云南省文化产业发展特色县市""云南省百城万店无假货示范街"等美誉。目前,在瑞丽市有5000余从事珠宝玉石加工、批发零售、运输、毛料公盘的商家,从业人员达6万余人,玉雕师约1000多人,普通技工4000余人,其中国家级玉雕大师和工艺美术大师6人,省级玉雕大师13人,省级玉雕师20人,市级巧雕大师20人,巧雕师120人,配座大师3人、抛光大师3人、新型技术设计师1人。瑞丽玉雕作品已在"天工奖"和"百花奖"玉雕大赛上获得包括金奖在内的60多个大奖。

近年来,越来越多的玉雕师,从国内各地到瑞丽扎根发展,逐渐融合了"北京工、上海工、扬州工、福建工"等各种工艺,形成了以"俏色巧雕"著称的"瑞丽工",备受海内外藏者热宠,具有极高的艺术、经济价值。瑞丽玉雕在不断总结创新中,以海纳百川的开放胸怀和良好的平台,广结玉友、虚心学习,技艺不断精湛,精品不断涌现,造就了一批又一批玉雕大师,聚集吸引了全国各地的玉雕精英。

通过中国玉雕最高奖项"天工奖"和"百花奖"分别在瑞丽设预选赛区,有力助推了"瑞丽工"不断雕琢创新着俏色巧雕玉雕文化的传奇。随着每年瑞丽"神工奖""天工奖"以及"百花奖"的举办,瑞丽珠宝翡翠的加工雕刻、设计创作人才迅速崛起,创作的参赛作品不断创新突破,完美地将追寻时代发展的艺术文化与边境民族文化有机结合,精雕细琢的工艺逐渐在小件作品上完美凸显,一批批优秀的80后、90后玉雕新人通过独特创新的工艺题材在比赛中脱颖而出。

2. 平洲

平洲玉器街位于南海平洲平东村,距广州玉器街约15km,交通十分便利,地理位置优越。平洲玉器除了以经营玉手镯为主外,高端翡翠雕刻也是平洲玉器的一大特点。平洲玉器街道约有玉器厂家1000多家,从业人员有8000多人,每年采购加工的缅甸翡翠约5000t,翡翠玉石成品的市场总销售额超过20亿元。伴随着"岭南派玉雕"的崛起,平洲开始举办"平洲玉器"精英奖大赛,并选送玉雕佳作参评北京天工奖,获得多项大奖。为启动和推进对玉雕初级、中级、高级工的职称考核工作,平洲玉器协会、玉促会和众多有关专家合作,成立专家组委员会,开发试题库并组织考评。

3. 四会

"他山之玉,四会成器"。四会玉雕工艺具有"精""新""巧""韵"四大特色。玉器雕刻的工序依次为选材、立意、设计、画玉、雕刻、成品、打磨、抛光;雕刻工具有金刚沙钻咀、锣机和切割机。四会玉雕行业规模大,从业人员多,产值高,带动了当地经济社会的发展;玉器产品种类多,工艺水平高,培养了众多专业人才,打造了众多玉器精品。四会是"中国玉器之乡",是国内规模最大的玉器专业加工和销售基地之一。四会民间玉雕工艺在四会市东城、大沙、地豆、迳口、下茆等镇(街道)传承了近100年的历史。目前,四会市建有玉器街、玉器城、玉器天光墟等专业市场,共有玉器加工厂、场、店等4000多家。四会全市玉器行业从业人员达15万多人,年加工玉璞1万多吨,年产值50多亿元。早在20世纪初,四会就有玉雕技师到东南亚、香港、广州等地以玉器雕刻、销售为生。中华人民共和国成立后,玉雕师傅们纷纷回乡置业,开设家庭玉雕作坊。60年代四会工艺厂诞生,标志着四会玉器行业正式登上四会的经济产业舞台。1986年四会工艺厂解体转产后,一些地方开始出现个体玉器商行和个体玉器加工厂,并迅速发展蔓延,四会玉雕的工艺技术水平不断提高,从业人员不断增多。1995—2005年,四会相继建成了"玉器街""玉器城""玉器天光墟""玉器博览馆",为四会玉器产业发展打下了坚实的基础。

经过多年发展,四会玉器产业形成了集上游采购、中游制造加工、下游批发展销为一体的完整产业链,特别是玉器加工已成为四会特色行业。良好的产业发展前景和四会人开放、包容的心态吸引了一大批外省、外地玉器从业人员加入,为四会玉器的原料采集、加工、设计、流通和销售等各个环节提供了充足的发展动力,加速了四会玉器行业的发展,使得玉器工艺水平不断提高。四会玉器产业之所以能有今天的成就,与当地大量的玉器行业人才密不可分。四会无悠久的玉石文化,但四会人兼容并包的广阔胸怀、四会玉器强大的产业后盾及四会良好的投资环境吸引了众多外来人才携技前来扎根四会,为四会玉器产业的发展做出了卓越贡献。据不完全统计,目前四会接近半数的玉器从业人员是外地人,尤以福建莆田人和河南南阳人为多。当然,四会本地玉雕工匠也是一支不可小觑的重要力量。他们以兼容并包的博大胸怀,在传承、发扬传统工艺的同时,不断学习创新,提升自身工艺水平。有的后来成了名师,创作出大量玉器精品,成为四会玉器声名鹊起的重要因素之一。

4. 南阳

改革开放前,南阳的玉雕就已经初步进入了规模化发展的阶段,镇平县的玉雕销售总额在1974年时就达到了1490万元。改革开放后,南阳玉雕业如雨后春笋,蓬蓬勃勃地发展壮大起来。十年时间就增加到1.1万多家。现在,无论在天南还是海北,在异国还是他乡,只要有玉的地方,都与南阳有关。南阳玉雕人已遍布全国大中城市及许多城镇,并在那里加工、生产及营销产品。南阳镇平如今已是全国最大的玉石雕刻生产加工集散地,除了南阳玉之外,其原材料来自全国各地和缅甸、阿富汗等12个国家和地区。目前,整个南阳市玉雕行业从业人员20多万人,加工企业达4000多家。石佛寺镇被称为"玉雕之乡"。"村村都有机器响,家家一片琢玉声"是该镇的真实写照。如今,在镇平县,玉雕已成为该县经济的一大支柱产业。全县85%的乡镇都有玉雕加工业,专业村近百个,石佛寺、晁陂等8个乡镇村村可闻雕琢声。

5. 其他集散地

翡翠雕刻行业还有一些比较大的产业聚集地,如揭阳、腾冲等。

揭阳市玉器产业发展历史悠久,具有深厚的文化底蕴和良好的发展基础,市场主要集中分布在市区的阳美、乔西、乔南等社区,从业人员达到17.5万人,玉器产业每年营业额达到480亿元以上。2006年揭阳市被中国轻工业联合会授予"中国玉都"称号。经过多年的精心培育,揭阳玉器产业形成了从玉石购销、玉器设计、加工、贸易到博览、鉴赏、旅游观光、会展一条龙的产业链,和田玉、岫玉、碧玉等玉石加工贸易也正在兴起。目前,揭阳玉器市场已成为全国和世界各地的玉石加工贸易集散地。揭阳市玉器产业协会现有会员(单位)532个,其中高级工艺美术师12人,中级工艺美术师73人,助理工艺美术师257人,玉石雕刻工高级技师11人,玉石雕刻工技师57人,有4人被广东省人民政府授予"广东省工艺美术大师"称号,有69人被揭阳市人民政府授予"揭阳市工艺美术大师"称号,有37人被蓝城区管委会授予"蓝城区青年玉雕工艺师"称号,还有3人荣获"中国玉石雕刻大师"称号,有8人荣获"广东省玉石雕刻大师"称号。协会成立以来,会员作品在参加国家和省级的展览评选活动中,获得特别金奖1件、金奖59件、银奖95件、铜奖132件。

2006年腾冲在"中国翡翠第一城"的基础上被定为"中国珠宝玉石首饰特色产业基地"。珠宝玉石产业从业人员从2005年的1万多人增加到现在的近3万人。依托腾冲翡翠加工、销售、集散的悠久历史所形成的深厚文化,顺应现代珠宝玉石业的发展趋势,腾冲玉雕大师人才辈出。

(二)翡翠雕刻从业人员及产品概况

1. 男性为主

翡翠雕刻行业是一个涉及体力、耐力、毅力的行业,并且遵循最传统的师徒制,导致翡翠雕刻行业基本以男性为主。

2. 文化水平低

在翡翠雕刻行业流行着这么一句话:"最没文化的人,做着最有文化的产品。"玉石文化渊源几千年,但目前翡翠雕刻行业普遍存在从业人员文化水平低、知识储备不足的问题。这也是由于传统翡翠雕刻技艺需要数年甚至数十年的学习磨练才可以练就精湛技艺所造成的。

但玉雕行业是一个基于文化传承责任上的行业。没有文化的玉雕师不可能做到传承，而单纯的技艺传承，也很可能逐渐被经济社会淘汰。所以，建设玉雕品牌，提升玉雕的艺术性、丰富玉雕品种、开拓玉雕发展新模式，是将千年玉雕文明传承的良方。

3. 产品同质化竞争严重

传统的师徒制导致玉雕行业所有从业者大多数只会几种造型，没有任何创新。市场上除了传统的造型就是更传统的造型，导致同质化竞争严重，最终还是回归到对材质的比拼上。玉雕发展某种意义上就是一场智慧的较量，没有思想，没有智慧，单凭简单的雕琢技术，基本难以突破传统束缚，只会停滞不前。有了思想，将玉雕文化与雕刻者、经营者、合作伙伴全部贯通一致，那么创作过程就被赋予神奇的力量，玉雕作品将是展现时代特性的语言，整个玉雕行业的发展也将真的壮大。

4. 品牌意识开始盛行

玉雕工作室目前由各个玉雕大师牵头建设，玉雕品牌得以建立，并蓬勃发展。建设者可以通过市场营销手段，将品牌理念、文化、创新、诚信等关键价值理念传达给消费者，形成品牌独特的竞争优势，让更多人认识和了解玉雕品牌，从而发挥最大的市场影响力。

（三）雕刻行业的客观封闭性

1. 行业上游

翡翠雕刻行业处于行业上游，仅次于翡翠开采行业、原石销售行业。而翡翠行业绝大多数从业者、所有消费者都停留在终端环节。这就导致除了从事原石销售、最上端批发从业者之外，翡翠雕刻行业很难被外界所认知，甚至很多从事数十年的珠宝从业者都不一定具有认知原石的能力和结识玉雕师的需求。

翡翠雕刻行业固守在几个传统的产业集散地区，一直没有走出来，除了相应地域聚集能带来产业聚集等好处之外，很大程度也是由于雕刻行业处于行业上游，并不被绝大部分消费者所需求。

2. 师徒制

传统的翡翠雕刻行业秉承着师徒制这一最传统的传授方式，并且还存在教会徒弟饿死师傅的潜规则。师徒制导致一个最明显的雕刻技艺上的弊端，即师傅会雕什么，徒弟就会雕什么，而其他造型都不会。这就造成了翡翠雕刻这门技艺传承的封闭性。由于翡翠雕刻同行之间交流一点就破，技艺交流讳莫如深，这也是由于技艺传承的封闭性导致的，技艺传承的封闭性也导致了同行之间交流的封闭性，更加造成了翡翠雕刻行业的自我封闭。

3. 地域限制

翡翠雕刻行业想要有所发展，必须依靠大量的、有一定品质的翡翠原石，而翡翠原石的聚集和交易只存在几个地方，如瑞丽、揭阳、平洲等。这一客观条件导致翡翠雕刻行业必须受限于地域，受限于翡翠原石销售发达地区，而这些地区，绝大部分的交通其实很不便利，远不是一般消费者或行业从业人员能够方便到达的。这一地域限制也是翡翠雕刻行业客观封闭的原因之一。

4. 文化知识限制

传统翡翠雕刻行业的徒弟主要来源于就业存在困难的青年学生，由于他们在文化课方面的学习成绩不足以支持他们进一步学习，转而去学玉雕，从而中断了文化课程的学习。这就造就了整个翡翠雕刻行业从业人员文化层次较低、知识储备有限。文化知识的限制也是导致翡翠雕刻行业复合型人才、杰出人才不多，接受新兴事物能力有限的原因。这也是导致翡翠雕刻行业客观封闭的原因之一。

第二节 互联网背景下翡翠雕刻行业的发展

在互联网时代来临、电子商务迅速崛起的前提下，传统玉雕行业也迎来了快速发展的时代。互联网推动传统玉雕行业的发展，促进玉雕行业的改革与创新，使传统玉雕业能顺应历史潮流蓬勃发展。互联网与传统玉雕行业的结合，会将传统玉雕行业存在的问题进一步放大并提供解决方法，并能推动玉雕行业的发展和创新。互联网能对玉雕行业设计、加工、出售的环节进行分析和改善，从而增强创新力。

一、销售渠道的改变

(一) 传统玉雕作品销售模式

1. 渠道销售

传统玉雕作品的销售主要是渠道销售，主要的销售渠道是基于旅游卖场、大型珠宝卖场。这种渠道销售摆脱不了最传统的集散地的批发和零售模式。翡翠产品一般按照：原料→开料→雕刻→一级批发商（原料集散地批发商）→二级批发商（终端销售地批发商）→终端零售商→终端消费者的模式进行，甚至在批发商环节，可能经历数个批发商，导致层层加价，销售环节冗长。此模式最大的特点在于终端零售商占据销售渠道的优势，而不在于产品具有的特点。

2. 信息传递断裂

传统玉雕作品销售模式导致终端消费者只能跟终端零售商相接触，消费者对产品的认知只能反馈到零售商,再由零售商向二级批发商反馈,二级批发商再向一级批发商反馈,一级批发商再跟相关雕刻师协商,信息反馈机制过长,并且很大可能是存在断裂的,这一反馈信息能否传达到雕刻者那里是存疑的。

传统珠宝行业对于消费者之间的沟通是非常忌讳的,因为这涉及珠宝产品价格这一敏感信息的沟通。但消费者之间其实除了对于产品价格的沟通之外,还存在对产品质量好坏、企业品牌、产品售后等多方面的交流,这些问题都因为为了避免产品价格沟通而不复存在。

3. 雕刻决定产品

传统玉雕作品销售模式中,一直以渠道为主要的关切重点。信息反馈机制的断裂、一级批发商经营规模的扩大等因素造成雕刻师傅雕刻什么,批发商和零售商就只能卖什么,终端消费者就必须接受什么。这就是雕刻决定产品,而伴随着规模的扩大、终端消费者的不认同,大量尾货是必然存在的,这部分尾货产品都积压在了零售商手上。

(二)互联网销售模式

1. 产品为王

互联网销售模式虽然也看重渠道营销,也将传统渠道营销理论搬到了互联网上,但互联网的销售终究是以翡翠产品为核心,而渠道营销是对其的辅助。由于互联网在产品展示、展现、推广等各方面的诸多优势,好的产品利用互联网好的传播方式和方法,就可以达到有效的营销效果,而不是完全依靠渠道进行销售。

2. 信息反馈机制健全

在互联网的帮助下,珠宝产品消费者和消费者之间、消费者和批发商之间、消费者和雕刻师之间的相互沟通会更加通畅,关于产品、消费者喜好等信息会有着更加通畅的反馈机制。反馈机制的健全可以帮助企业快速地进行产品等方面的调整,达到消费者的要求。珠宝电子商务缩短了玉雕行业供应商与消费者的距离,玉器商家可以直接接收到消费者反馈的信息,通过了解消费者的需求,快速做出相应的市场调整。

3. 消费者参与产品制作、销售

消费者跟雕刻师之间的沟通,会将消费者信息和要求传递给雕刻师,迫使雕刻师就市场需求做出改变,而不是仅仅依靠自己会雕刻什么、擅长雕刻什么而进行。消费者将参与到雕刻产品的制作和销售等环节,有助于珠宝企业提高自身产品特点、加强售后服务。

4. 展现方式多种多样

互联网翡翠销售,消费者可以通过照片、视频、VR 技术等足不出户,在线欣赏到各类最新作品,抛去中间商家环节,降低选购成本。在妥善解决相关售后问题的情况下,翡翠产品也可以通过鉴赏期来完成实物的鉴赏工作,从照片、视频、VR 到实物鉴赏,互联网用自身的展现方式来帮助完成翡翠产品的销售。

二、加快雕刻技术及文化融合

从理论上来说,不管有没有互联网,雕刻及抛光在工具、技法上的融合是不断实现的,但互联网利用自身消除信息不对称、展示和展现方式的多种多样的特点,加快了这一融合过程。

1. 不同流派玉雕及抛光工具的结合

在传统玉雕行业当中,存在各种不同的流派,如:南派、北派、海派等,现在又出现了瑞丽工等各有特点的雕刻流派。并且不同珠宝产品,如:软玉、琥珀等雕刻方式又存在不同。以软玉为例,绝大部分软玉雕刻仍然停留在横机雕刻这一传统技法上,而较少使用锣机。但翡翠雕刻目前已经绝大部分不使用横机,而主要使用锣机,雕刻工具的不同必然存在技法上的诸多不同,也使产品在造型上存在不一致的特点。

抛光行业更是不为外界所知,甚至在同一个地区,不同抛光师傅所用的技法和工具都是不同的,这种情况导致抛光行业至今没有建立起自身相应的制度和规则,也导致不同抛光师傅对同一件工具的使用和操作都存在不同的理解。要改变这种状况,促进行业的蓬勃发展,沟通和交流是必不可少的,而互联网将会加快这一进程。

2. 玉雕技法的融合

随着互联网技术越来越成熟,各派玉雕技术不再是一个秘密,传统的师徒传承模式已经慢慢地被解除,在网上我们可以寻找到各类玉雕资料,这在一定程度上加速了玉雕技术的融合,让不同流派和具有不同技艺的玉雕师傅相互学习,取长补短,加快高技能玉雕人才的成长。

通过互联网,各派系可以跨地域交流,互相学习探讨,从而借鉴不同派系技术,并将好的方式和方法融入自身派系的技术中。互联网的出现使得玉雕师有更大的空间、更多的机会去学习交流,以他人之长补己之短,于玉雕师个人而言是提高了自己的雕刻技术,于玉雕行业而言是使玉雕技术产生融合,让玉雕技术达到更高的层次。

3. 抛光技法的融合

按照抛光的理论来说，一般是将翡翠表面磨细、然后再通过高温重结晶完成抛光(图9-3)。这一理论的总结其实并不是抛光师傅的总结，而是理论学者通过学习、观摩抛光过程得出的理论。但在实际操作中，不同师傅的实操技法存在巨大差别，甚至有的完全不同，这也就要求不同师傅之间要加快产业规则和规范的建立，但按传统模式，这一手艺活是不外传的，彼此之间交流将会很缓慢，但互联网将加速这一变化。

图9-3 翡翠抛光

4. 雕刻文化融合

在互联网的背景下，不同地区、不同技法、不同文化背景的玉雕师进行相互沟通交流，学习其他地域的玉雕文化，发扬宣传本地的玉雕文化，从而达到玉雕文化的融合。

三、玉雕造型题材获取多样性

1. 题材获取的多样性

玉雕造型题材获取的多样性依旧离不开互联网的推动，现今是信息快速传递的时代，通过互联网可以寻找到时尚、艺术、潮流等各方面各种不同的文化表现形式，玉雕师想要创造新作，可以通过互联网查找相关资料，学习理解其他文化，加快自身吸收(图9-4)。

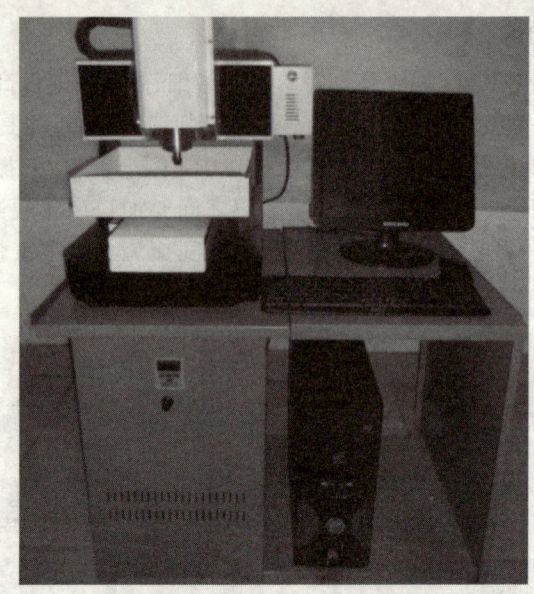

图 9-4 电脑数控雕刻机

2. 现代题材获取的及时性

现代的、反映时代的作品应该在雕刻行业有所展现,也更符合现在消费者的消费需求。玉雕师通过传统渠道只能获取最传统的雕刻题材,而反映时代特点的雕刻作品可以通过互联网进行资料的获取,并将它雕刻出来。

现代题材的玉雕作品数量也较少,这种作品的展示和显现也多在网络上。如玉雕大师赵旭刚作品《Civilization》,完全将现代工业文明、现代文化展现在玉雕作品上。

3. 基于传统创新的方便性

通过互联网获取现代的知识与文化,并将这种文化、现象与传统结合,进行创新和创造,极大地扩充了作品的寓意和展现力。如杨相象作品《归一·慧》展示了现代文明与传统文明的碰撞。

四、计算机在玉石雕刻上的应用

手工雕刻费时费力,但更能体现雕刻师长期的技艺能力。但翡翠行业存在大量水平不高的雕刻师,导致市场上大量的玉器被粗劣加工后,只能沦为地摊货色,也成为玉石资源被严重浪费的一个重要原因。为了节省昂贵的雕刻费用,还能制作出让人喜欢的精美玉件,现在很多玉商已经开始采用电脑数控雕刻机(图 9-4)进行雕刻,在保证图案效果的前提下,极大地提高了雕刻效率、降低了玉雕的成本。

电脑设计的好处就是可以根据料子大小的不同,设计灵活应变。用专业的电脑设计软件,根据料子的大小建立模型,建立或导入要雕刻的浮雕画面,可根据自己的需要灵活增删内容。不同于传统玉雕的是,电脑玉雕要制作控制雕刻的刀具路径,让它指挥机器雕刻,通过电脑 CAD/CAM 软件制作,最后保存成文件。通过机器上的主轴电机,装上较为锋利且硬度较高的刀具,用刀头旋转的雕刻方法,每一步每一层地往下雕刻。

五、互联网丰富玉雕作品的展现方式

互联网的出现,使得玉雕作品的展现更加方便和多元化。传统玉雕作品一般通过柜台、巡展、照片等方式进行展示,而互联网充分丰富了玉雕作品的展现方式和展现渠道。

1. 展现方式

利用互联网工具,可以将玉雕作品的原石切割、作品创意、雕刻过程、成品效果一一展示,并且展现的手段可以多种多样,如照片、视频剪辑、在线视频(图 9-5)等,未来将会出现基于 VR 技术的视频,这些展现方式都不是传统方式可以比拟的,有助于产品不限地域的展示和营销。

图 9-5 翡翠王朝翡翠视频截图

2. 展现平台

在互联网进行珠宝展示,只要能够进行图片、视频等显现的地方都是一种展示平台,基本上互联网上只有要图片和视频的地方,就可以有珠宝产品的展示。伴随着移动互联网的快速发展,移动互联端是一个更好的珠宝展现平台(图 9-6)。

图 9-6 奈莎珠宝 APP

六、互联网为玉雕爱好者提供便捷的交流平台

互联网的出现为玉雕提供了许多的交流平台,如微信、贴吧、公众号、微博及各类玉雕网站等。玉雕界是由翡翠王朝文化传播有限公司主办,致力于打造中国玉雕艺术第一平台,是集网站、微信、微博、图书、博览馆等多渠道融合的新媒体立体平台,以传播玉雕行业资讯、宣传推广玉雕大师、服务广大玉雕爱好者为宗旨。玉雕界每日更新,为广大翠友提供最有价值的资讯,为玉雕爱好者提供学习鉴赏平台,为玉雕大师提供交流、展示、宣传推广服务,为收藏家、经销商提供最具行业特色的专业服务。到目前为止已有 112 名玉雕名师加入玉雕界,玉雕爱好者可以在

玉雕界官网里第一时间看到名家之作。玉雕界在各地展览中心都有展厅,玉友们可以在这里一睹名家玉雕精品。随着互联网的发展,玉雕界将不断地壮大,借着互联网的背景,将更好地服务广大玉友。在玉雕界的平台上,玉友们可以定制个人专属的、名家主刀的精品。也可以为已有的玉雕作品精修,使其价值更上一层楼。在这里,玉雕表现的更加亲民,既传播了玉雕文化,也为玉雕爱好者提供了学习平台,同时也是玉雕师进修的不二之地(图9-7)。

图9-7　翡翠王朝的交流平台

第三节　互联网背景下的玉雕行业发展新趋势

本书系统分析了在互联网背景下的玉雕行业的诸多改变,玉雕行业必然会迎来一些新趋势。本节就目前玉雕行业的新趋势进行分析。

一、私人订制

随着互联网的发展,消费者参与到了翡翠雕刻与设计当中,将自身的要求及情感加入到作品之中。互联网不仅进一步揭开了买家和卖家之间的那层神秘面纱,也将相对颇为"高端、奢华、神秘"的玉雕推到消费大众面前。随着越来越理性的消费,以及更精细化、私人化的订制需求,消费者可以通过与玉雕大师的零距离接触,将自己的想法和需求直接传达,从而减少了市场上千篇一律的玉雕作品,让个性化的玉雕专属于每一个人。

私人订制是玉雕行业未来的发展趋势。私人订制玉雕作品最重要的两点就是:①根据消费者个人喜好偏好、气质、身份、年龄等去设定产品,这个产品在设计的过程中,消费者可以参与进来,与批量订制或者商家自己制作的东西明显不同,产品具有该消费者强烈的个人风格,这种风格能与非私人订制产品区别开来;②并不是只要有消费者参与的制作,都能叫作私人订制,必须由雕刻行业具有一定名气的大师亲手制作的、能反映高超工艺技术的作品才可以叫作私人订制。

相比传统玉雕师的自我全程设计、制作,私人订制玉雕作品在保证了名师工艺的前提下,融入消费者的个性,满足了消费者的个性化需求。追求个性、时尚又是当代男女老少,尤其是80后、90后、00后这些年轻人的主打需求。在未来,这些年轻一代会逐步转移到主打消费者阵容中。私人订制在玉雕行业必然会是未来发展的一个新趋势。

以玉雕界为例,按照原材料的来源方式不同,雕刻私人订制又可以分为两种。

(1)来料加工订制。消费者提供原材料,并阐述所要订制的题材,在此基础上,玉雕界推选几位签约玉雕师供藏友选择。确定玉雕师后,为消费者定制方案,双方达成一致,开始订制。

(2)买料加工订制。消费者在玉雕界定制平台挑选喜欢的料子,购买后与专属客服、推荐雕刻师沟通订制细节,多方敲定后开始制作(图9-8)。

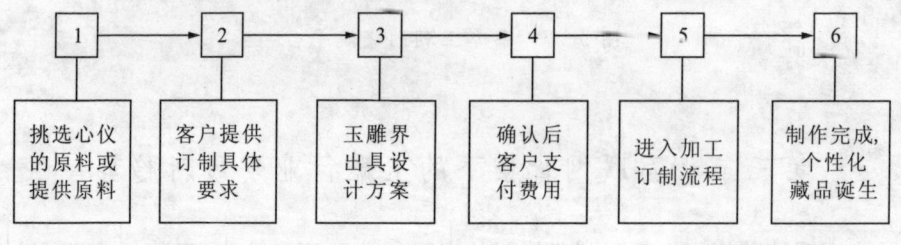

图9-8 玉雕界订制流程

私人订制的参与感体现在雕刻制作过程的每一个细分作业中,商家可以通过照片、视频、文字等各种方式并利用互联网传递给消费者。一块原料的展现和参与过程如下:

(1)选料。选择材料是设计雕刻的第一步骤,材料好坏决定着题材和作品的精细程度,玉料优质则雕刻必须做到精雕细刻(图9-9)。

(2)切料。是最关键的一个环节,一般首先是先擦皮看玉石表面特征,比如翠色的走向,裂隙的发育与走向,翡色和紫色、黑色等颜色的分布状况,种水里外变化

图 9-9 私人订制原料

分析与估计,原石的外形等特征;其次,根据原石整体状况与可能做加工的用途来确定;然后,再决定是整个原料做雕件,还是切开来做(图9-10)。

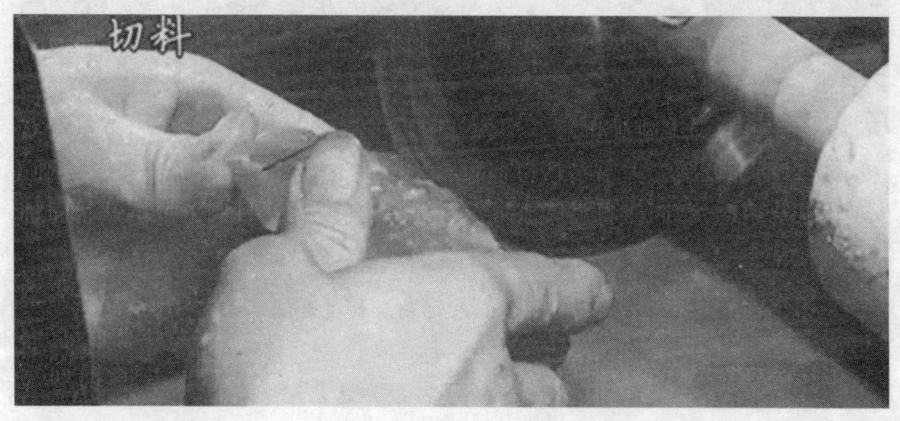

图 9-10 私人订制原料切割

(3)整形。根据选择的材料认真审视,吃透玉料,挖脏避绺;根据选择的题材,将切割好的玉料打磨出大致形状(图9-11)。

(4)设计。将沟通好的题材,根据玉料的种水、颜色,在玉料上进行描绘勾勒(图9-12)。

(5)打粗坯。首先用钻石粉铡砣铡除墨线以外的玉肉,用铡砣贴蹭出大轮廓,

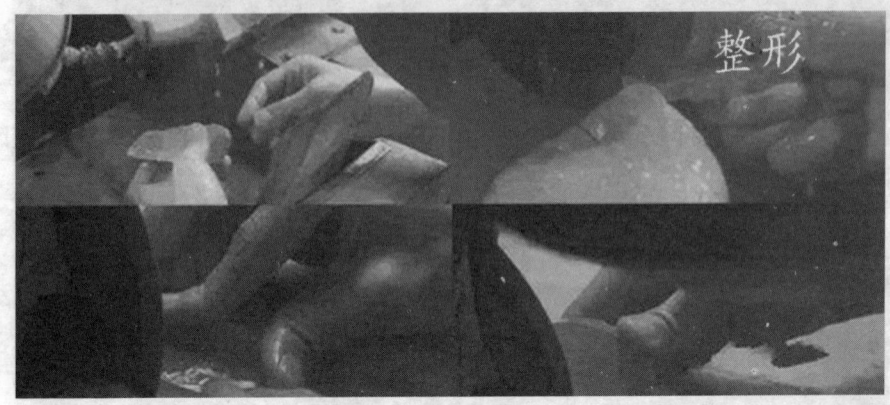

图9-11 私人订制原料整形

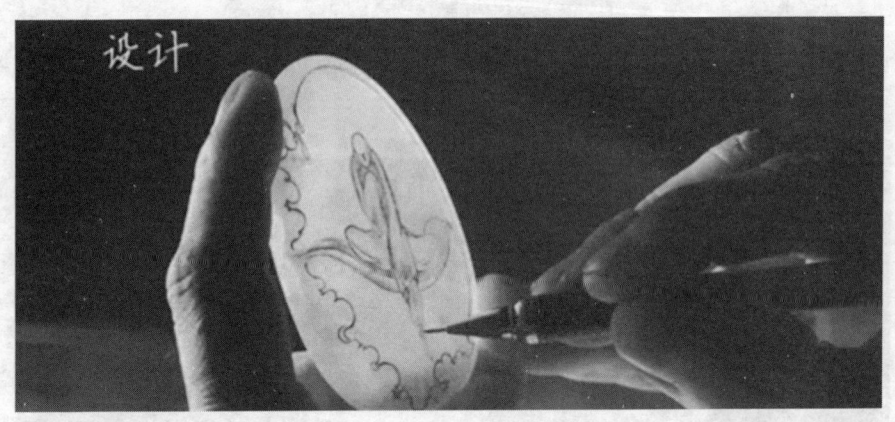

图9-12 私人订制原料设计

然后换用轧砣、棒钉等修整外型,琢磨满意为止。这是雕刻的第一步"出大形"(图9-13)。

(6)修细坯。调整大型,确定细部,这时候要专心地一边顺活一边校正细部,琢磨到没有一点多余的玉肉为止,顺活结束。雕刻结束的作品没有玉的晶莹、圆润之感(图9-14)。

(7)抛光。通过推磨、精抛和上蜡等步骤,让翡翠更加晶莹通透,同时是对翡翠成品表面的一种保护(图9-15)。

(8)完成作品。作品完成,提供相应收藏证书(图9-16)。

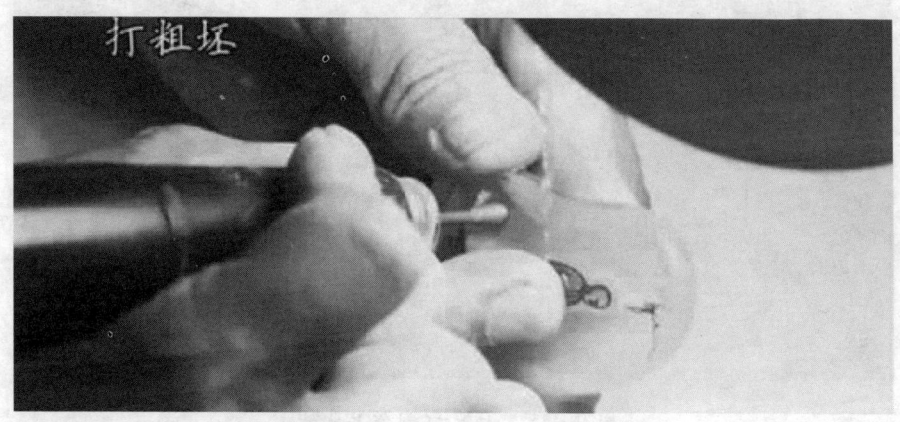

图9-13　私人订制原料粗坯

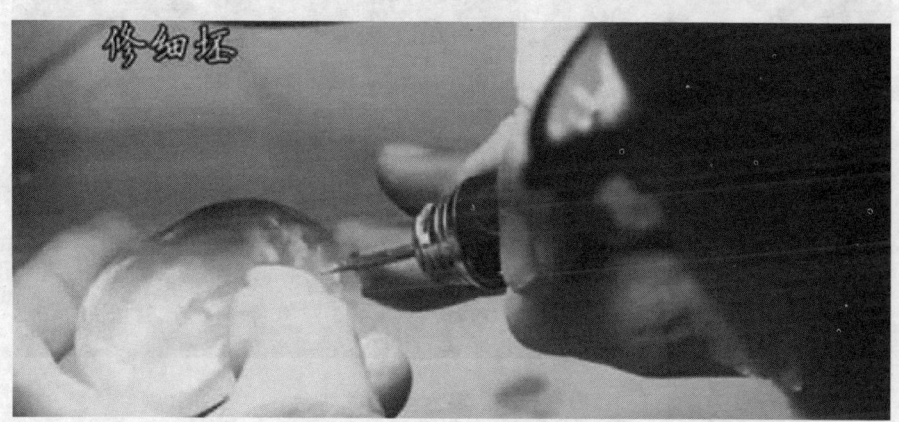

图9-14　私人订制原料细坯

二、珠宝消费特点通过互联网展现

网络的便捷性和个性化的服务增强了消费者购物的黏性,这意味着买家与卖家的距离进一步拉近,各个阶层消费者的特点可以通过互联网展现。中国传统文化的回归,作为承载中国传统文化艺术的玉雕艺术品,亦吸引了年轻一代的目光。

传统意义上的珠宝消费,商家将潜在消费者一般定位于有一定年龄的阶层,这部分阶层,按财富的积累程度来说,应该是具有较大珠宝消费潜力的群体,常常忽

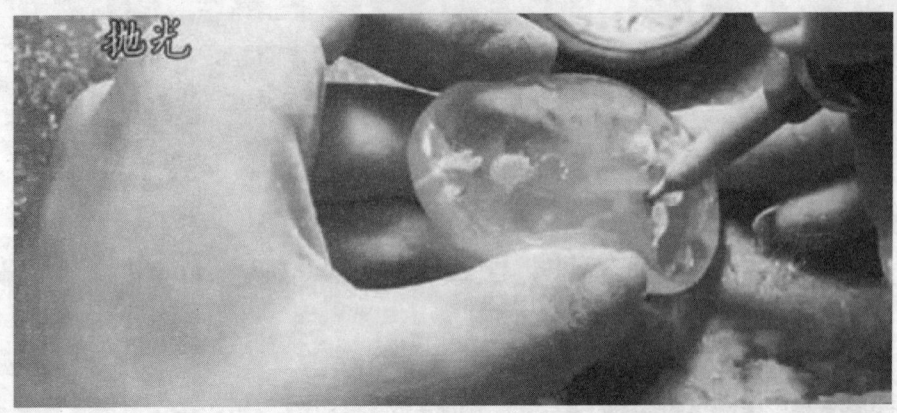

图9-15 私人订制作品抛光

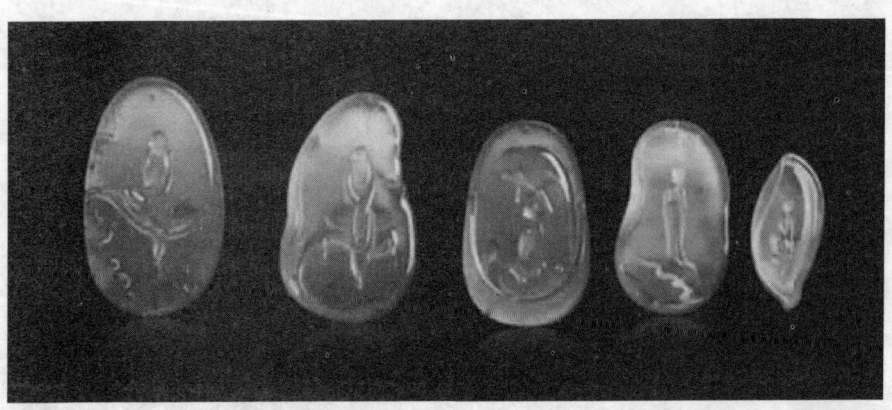

图9-16 私人订制成品

略了部分"屌丝群体",这些群体常具有自身的珠宝消费主张和消费能力。珠宝电子商务企业通过挑选用户,构建特定社群,提供特制服务。这种挑选顾客的模式在之前的商业界中几乎不可想象,但珠宝电商就能通过各阶层的、各个人的消费主张,找到属于自己的同类。

珠宝乐园——一个专做轻奢珠宝的品牌(图9-17),其用户很有针对性,即能消费具有一定品位,价格不高的珠宝的群体,这部分群体会具有自身鲜明个性,整体高消费能力不强,但有自身的消费观。

■ 第九章 珠宝加工行业在互联网中的发展——以翡翠雕刻为研究 /181

图9-17 珠宝乐园品牌定位

三、其他艺术元素的应用

玉雕是一门传统艺术门类。传统的玉雕设计往往内容决定形式,给创作者带上了无形的枷锁,使玉雕艺术缺乏艺术个性。现代玉雕除了继承精良的传统工艺之外,更加强调"设计元素",即着力于艺术的创作,追求创意的巧妙、风格的独特。玉雕元素分类很广泛,造型、式样和纹饰随着时代的潮流和需要而不断变化。现代玉雕有许多作品的元素是历史上没有的。利用互联网,通过学习其他艺术元素,将其他艺术表现技法应用在玉石雕刻上。

四、玉雕行业评论批评机制

1. 有评比无评论,有鉴赏无批评

当代玉雕艺术在传承与创新的过程中,不断汲取借鉴其他艺术门类的有益元素,丰富自身。但互联网将雕刻这个封闭的行业毫无遗漏地展现在大家面前,并使玉雕行业蓬勃发展,暴露出玉雕行业的评价机制并不健全,特别是批评机制。利用互联网或通过其他方式开展文化的、文学的、文明的评判,进行艺术创作方面的磋商、讨论,对玉雕艺术的提高是有益的,譬如说,玉雕艺术创作之"意蕴",就不是一个简单的"意境"所能完满表达和概括的;还有,绘画中的"意象",是中国古代文化尤其是诗词歌赋中一个常用的概念,玉雕艺术的特点不似绘画,而是在有限的三维空间、在特定的玉雕材质上表达,其理解的角度和表现的侧重点与绘画、诗歌迥然不同。然而,就艺术进行多元的比较与选择,门类之间的相互借鉴,兼收不同的风格与表现,可以丰富创意,有利创作。

2. 玉雕艺术评论、批评的功能与责任

对当代玉雕艺术品的创作、市场与产业发展进行评论与批评,是业界和社会有识之士形成的共识。由资深的专业人士组成公正权威的评论、批评阵容,逐步健全玉雕艺术创作与行业发展的评价与评论机制，是十分必要的。但如何对玉雕作品以及艺术创作进行适度而恰当的评价、批评，使之既有利于专业的艺术创作，又有利于市场的繁荣，这个问题值得探讨。

发挥玉雕艺术的评论与批评功能，不仅是针对当前的问题进行研究剖析，更主要的是将玉雕艺术作为一个文化行业、产业来发展提高，这实际上是不断地进行学术的、艺术的、技术的以及文化、历史方面的研究探讨。艺术的创作允许有不同的声音存在，这应当是一种常态。

古代玉雕是当代玉雕之根，中华民族的玉文化一脉相承。重视历史，着眼现代，兼收融汇、古为今用的态度，是形成专业的当代玉雕讨论、批评与评论的基础。当代玉雕艺术的专业评奖体系，目的在于促进、提高、弘扬，是一种正面的激励机制。然而仅有这一方面是不够的，还需要批评与评论的机制，这是必要的审视、辨析与矫正，是不可或缺的辅助。

雕刻行业评论机制的快速发展和展现，离不开互联网在这个评论批评机制中发挥的巨大平台作用、宣传作用、推广作用。在互联网这个平台下，评论批评者可以以意见领袖、消费者、专家等多种形式出现，极其有利地促进评论批评机制的发展壮大。

五、玉雕行业职业经纪人

互联网帮助雕刻行业快速由幕后走向台前，发展壮大，但雕刻行业从业者文化水平不高等各方面原因必将催生出玉雕行业职业经纪人这一细分职业。培养专业的玉雕职业经纪人，已经成为中国雕刻行业得以持续发展的大趋势。以前玉雕师要成名一直都只有拿奖这一条路，这是非常艰辛的。但是如果有经纪人这一角色那就不一样了，正如市场存在的个体演出经纪人（明星经纪人）一样，一位成名的玉雕师在玉雕行业和全社会的知名度就好比娱乐明星在娱乐圈的知名度，一位明星要红，通过经纪人这一渠道会来得更便捷，那么一位玉雕师要成名，如果能有经纪人，这一条路必定也会走得更顺利。

第十章 珠宝互联网金融

第一节 珠宝融资现状

目前的珠宝行业进入了寒冬,珠宝市场的总体增速放慢,产能过剩、个性化不够、拼杀价格、互联网冲击、其他行业进入等一系列问题使珠宝行业的竞争进一步加剧。然而可以肯定的是,这些现象是珠宝行业变革的征兆,也将产生新的机遇。从本质上看,过去的几年是珠宝行业疯狂发展的时期,寒冬预示着珠宝行业已进入转型升级阶段。企业面临转型升级,资金是转型升级的重要组成部分,关系到整个珠宝企业战略目标的实施。珠宝企业资金需求旺盛,库存占用资金多且难变现以及金融渠道单一成为了珠宝产业的一系列难题。

我国珠宝产业发展迅猛,而珠宝行业每时每刻对资金都有很高的需求,只有加速资金运转才能够极大丰富珠宝产业的资金流。珠宝企业是我国珠宝行业发展的重要部分,珠宝企业的融资问题严重阻碍了其自身的顺利发展。特别是对于中小型珠宝企业而言,库存占了大部分资金,导致流动资金少,由于中小型珠宝企业自身的运营存在风险,信用不足等又使中小型珠宝企业的融资成为了一个大问题,从而使得大多数企业在寒冬之下举步维艰。这些融资问题不仅是企业内部发展原因,企业外部也存在融资环境和金融市场发展等一些影响因素。

由于珠宝企业对资金的需求越来越大,一些小型企业很难得到银行的贷款,引发一些小型金融机构的兴趣,这样就形成我国最初始的珠宝金融模式单一的质押借贷,由于金融机构自身机制不完善,加之其对珠宝的价值难以进行准确的评估,借贷方用劣质宝玉石充当优质抵押物,以至于金融机构发放的贷款金额远远大于质押物自身的价值,如价值 20 万元的宝玉石抵押 200 万元的资金,此种情况下,一旦借贷方违约,金融机构将会蒙受巨大的损失,珠宝行业的信誉也会受到影响,更使珠宝企业融资渠道单一的问题恶性循环。这个问题主要发生在一些私人或小的金融机构和微小企业之间,为了避免这种问题的发生,第一金融机构应当明确珠宝首饰价值评估在珠宝金融中的作用,规范自身体系,引入第三方担保或者质押物认购公司和质押物展示平台,一方面加强对质押物价值的确定,另一方面提高对质押物的消化能力,减小借贷风险。

珠宝首饰的评估是金融行业和珠宝行业之间的纽带,在保险、珠宝资产质押和融资贷款等金融机构业务中扮演着必不可少的角色。伴随着金融体制和珠宝企业的深化改革,金融机构、企业之间的债权、债务关系也逐渐被重视。金融机构为了把控风险,保证贷出款项的安全性,抵押贷款或抵押担保贷款的方式被越来越多的金融机构采用,从而减少或者取消信用贷款、保证担保贷款等方式。

在我国,比较规范的珠宝质押金融的模式主要是质押物加上担保公司担保质押贷款模式,贷款方用属于自己产权的珠宝首饰作为质押物,质押的珠宝首饰首先由金融机构认可的质检、评估机构进行鉴定,同时评估机构出具评估报告,金融机构根据评估价值核算质押贷款的额度,再由第三方金融担保公司介入,对质押贷款金额出具担保函。金融机构在有担保函和质押物的前提下放款,质押的珠宝首饰就由金融机构或者金融机构认可的第三方保管。贷款合同期到了以后,如果贷款方付清贷款本金以及利息,质押的珠宝首饰解除质押并交还贷款方。如果贷款方违约,则由担保公司收购债权,由担保公司向金融机构支付本金和利息。同时担保公司获得了质押物的处置权,由担保公司处理抵押物。

评估机构和金融机构之间应该加强交流,金融机构应该认识到评估机构在整个金融体系中对风险控制的技术性作用。严格按照专业技术准则操作,对珠宝首饰的评估保持独立、谨慎、公平的原则,对品质差、不具备价值的拟质押珠宝不轻易承接。

在我国,珠宝企业常见融资特点如下。

1. 珠宝企业融资渠道窄

目前,中小型珠宝企业的融资模式主要是依赖银行的贷款,并不重视直接融资,这种情况的发展直接影响了中小型珠宝企业融资活动的开展。我国融资现状主要体现在大型企业的融资,不支持中小型企业的融资发展,特别是那些存在困难的中小型珠宝企业,而且中小型珠宝企业一直将金融机构的短期贷款融资视为融资渠道的首选。目前我国金融市场环境中,只有具备相应的发展资格的珠宝企业才能够正式筹募资金。然而由于我国中小型珠宝企业规模较小、注册资金少等原因,使得自身能够直接融资的较少,从而使得融资渠道很窄,制约了中小型企业的发展。

2. 珠宝企业存在经营风险

我国珠宝企业管理发展并不稳定,主要原因在于大多数企业由私人投资或合伙经营的。大多数珠宝企业虽然以责任公司为主要发展形式,然而实际上大多是以家族式企业或者私人企业为主,这些企业并没有健全的财务管理制度,内部管理结构混乱,存在很大的管理风险,比较容易出现经营困难等一系列问题。虽然不排除一些中小型珠宝企业在发展过程中确实能够逐步发展壮大,但是在珠宝产业中,中小型珠宝企业倒闭等状况较为平常,从这些方面来看,中小型珠宝企业融资确实存在较高的风险。

3. 中小型珠宝企业的信用体系不够完善

珠宝企业的信用发展是企业的无形资产,也是企业信用贷款的先决条件,目前我国珠宝企业很少参与相应的资信评估业务,他们的信誉度普遍比较低,还有一些企业并没有真正地参与到资信评估中来,也没有资信记录。所以珠宝企业的信用成为了制约自身融资贷款的主要因素之一,加之我国信用担保体系发展不完善,目前仍处于探索发展阶段,并不能够满足珠宝企业融资的需求,从而进一步阻碍珠宝企业的发展。

第二节 珠宝互联网金融

一、互联网金融

互联网技术和传统金融相结合的产物被称为互联网金融,互联网金融的概念早前出自 IT 行业,具体的是指以互联网为基础,以在线结算、移动支付和云计算等网络科技手段提供的结算、理财、融资等金融服务。互联网金融是支付与信息中介等业务的一种新金融模式,它是传统金融业和互联网相结合的新领域。传统金融中渗透了互联网"开放、平等、协作、分享"的特点,从而对目前的金融模式产生了根本性的影响。一系列互联网技术手段,可以让金融机构与曾经的主导型地位相剥离,互联网的公开、分享、透明、快速、高效等理念可以让资金在各个角色之间的流动变得非常的直接、自由、迅速,并且可以降低违约率,弱化金融中介的作用。简而言之,互联网金融模式是一种金融脱媒的行为,互联网金融就是一个全新的金融环境和市场。在这个环境中,资金的盈余者以互联网为依托进行金融投资,资金的需求方以互联网金融为工具进行筹集资金,以各自的需求关系来发现金融产品的价格,减小风险,整合以及配置资源。

由于我国整体经济发展起步相对于其他国家比较晚,加上互联网在我国的发展也较缓慢,比较多的金融业务都还处于为传统业务"搬家"的状态。截至目前,中国互联网金融大致可以分为三个发展阶段:第一个阶段是 1990—2005 年的传统金融行业互联网化阶段;第二个阶段是 2005—2011 年前后的第三方支付蓬勃发展阶段;而第三个阶段是 2011 年以来至今的互联网实质性金融业务发展阶段。

1. 特征模式

在互联网金融发展的过程中,国内互联网金融呈现出多种多样的业务模式和运行机制。国内的互联网金融格局一般由传统金融机构和非金融机构组成。传统金融机构主要为传统金融业务的互联网创新以及电商化创新、APP 软件等;非金融机构则主要是指利用互联网技术进行金融运作的电商企业、众筹模式的网络投资平台、Peer to Peer(P2P)模式的网络借贷平台、挖财类网贷模式的手机理财 APP(理财宝类),以及第三方支付平台等。其中众筹和 P2P 网贷是互联网金融发展过程中最为重要的两个模式:

(1)众筹。众筹是大众筹资或群众筹资,是指用团购预购的形式向网友募集项目资金的模式。众筹的本意是利用互联网和社交网络服务传播的特性,让创业企业、艺术家或个人对公众展示他们的创意及项目,争取大家的关注和支持,进而获得所需要的资金援助。众筹平台的运作模式大同小异:需要资金的个人或团队将项目策划交给众筹平台,经过相关审核后,便可以在平台的网站上建立属于自己的页面,用来向公众介绍项目情况。

(2)P2P 网贷。P2P(Peer-to-Peer lending),即点对点信贷。P2P 网贷是指通过第三方互联网平台进行资金借、贷双方的匹配,需要借贷的人群可以通过网站平台寻找到有出借能力并且愿意基于一定条件出借的人群,帮助贷款人通过和其他贷款人一起分担一笔借款额度来分散风险,也帮助借款人在充分比较的信息中选择有吸引力的利率条件。

它有两种运营模式。第一种运营模式是纯线上模式,其特点是资金借贷活动都通过线上进行,不结合线下的审核。通常这些企业采取的审核借款人资质的措施有视频认证、银行流水账单、身份认证等。第二种运营模式是线上线下结合的模式,借款人在线上提交借款申请后,平台通过所在城市的代理商采取入户调查的方式审核借款人的资信、还款能力等情况。

2. 国内互联网金融特点

国内的互联网金融具有如下特点:

(1)成本低。互联网金融模式下,资金供求双方可以通过网络平台自行完成信息甄别、匹配、定价和交易,无传统中介,无交易成本,无垄断利润。一方面,金融机构可以避免开设营业网点的资金投入和运营成本;另一方面,消费者可以在开放透明的平台上快速找到适合自己的金融产品,削弱信息不对称程度,更省时省力。

(2)效率高。互联网金融业务主要由计算机处理,操作流程完全标准化,客户不需要排队等候,业务处理速度更快,用户体验更好。如某品牌依托电商积累的信用数据库,经过数据挖掘和分析,引入风险分析和资信调查模型,商户从申请贷款到发放只需要几秒钟,日均可以完成贷款 1 万笔,成为真正的"信贷工厂"。

(3)覆盖广。互联网金融模式下,客户能够突破时间和地域的约束,在互联网上寻找需要的金融资源,金融服务更直接,客户基础更广泛。此外,互联网金融的客户以小微型企业为主,覆盖了部分传统金融业的金融服务盲区,有利于提升资源配置效率,促进实体经济发展。

(4)发展快。依托于大数据和电子商务的发展,互联网金融得到了快速增长。以余额宝为例,余额宝上线 18 天,累计用户数达到 250 多万,累计转入资金达到 66 亿元。据报道,余额宝规模 500 亿元,成为规模最大的公募基金。

(5)管理弱。一是风控弱。互联网金融还没有接入人民银行征信系统,也不存在信用信息共享机制,不具备类似银行的风控、合规和清收机制,容易发生各类风险问题;二是监管弱。互联网金融在中国处于起步阶段,还没有监管和法律约束,缺乏准入门槛和行业规范,整个行业面临诸多政策和法律风险。

(6)风险大。一是信用风险大。现阶段中国信用体系尚不完善,互联网金融的相关法律还有待配套,互联网金融违约成本较低,容易诱发恶意骗贷、卷款跑路等风险问题。特别是 P2P 网贷平台由于准入门槛低和缺乏监管,成为不法分子从事非法集资和诈骗等犯罪活动的温床。已经出现了部分 P2P 网贷平台先后曝出"跑路"事件。二是网络安全风险大。中国互联网安全问题突出,网络金融犯罪问题不容忽视。一旦遭遇黑客攻击,互联网金融的正常运作会受到影响,危及消费者的资金安全和个人信息安全。互联网金融交易系统的安全性、系统结构语言的科学性和完整性、系统完成后的保养和维修等成为了技术风险。金融业务操作的不规范、担保信誉的模糊等问题成为了主要业务风险。

(7)无技术标准。整个互联网金融体系里,并没有完善、统一、精准的技术标准。我国经济社会的迅猛发展离不开标准化体系,就目前的互联网金融来看,大多数时候都是依靠网络实现的。从我国的实际发展情况综合考虑来看,目前还没有能与经济及社会发展相互匹配的技术标准,再加上互联网金融交易体系的整体运作里,还存在很多的难以解决的问题,这个问题在一定的程度上减小了互联网金融交易的安全性。

(8)法律法规缺失。在整个市场经济发展的大环境下,互联网金融在市场发展中不只是存在普通金融活动中的流动性、信用、担保、市场性等风险,还因为互联网技术跟金融结合的特殊性,加上安全性和法律法规存在缺陷导致风险问题更加突出。

二、珠宝互联网金融

我国珠宝行业在2014年以前经历了十年的高速增长,2014年以后在市场大环境经济不景气的影响下,我国珠宝行业进入了寒冬,整体珠宝市场消费疲软,产业病态、大量珠宝企业关门倒闭。珠宝产业对资金的要求高,而且存货比较多,我国大多数中小型珠宝企业遭受着资金短缺的问题,阻碍了企业自身的发展,也影响着国家的整体经济。

"金银天然不是货币,但货币天然是金银"。珠宝产品的保值、储值功能显而易见。珠宝与互联网金融两者的结合能够解决珠宝企业的资金问题,促使产业升级,必将丰富珠宝产业的资金流,产生很大的经济化潜力。

目前以珠宝作为质押物进行借款业务的平台数量并不在少数,大部分涉及抵押、质押贷款的平台都有涉及珠宝质押贷款业务,但是专注于珠宝质押或者珠宝行业供应链金融领域的平台数量仍比较少。我国专注于珠宝领域的P2P网贷平台包括珠宝贷、东方金钰、钻库网、水贝易贷、珠宝E贷、珠宝盒子、珠宝魔方等(表10-1)。

表10-1　珠宝领域的P2P网贷平台(高丽秀,2016)

平台名称	上线时间	贷款方式	服务对象
珠宝贷	2014年9月	珠宝质押、珠宝公司担保、珠宝公司房产抵押	大陆及港澳台珠宝商
钻库网	2015年1月	珠宝质押	珠宝企业以及个体珠宝商户
水贝易贷	2015年3月	珠宝质押	珠宝企业
东方金钰	2015年7月	珠宝质押	珠宝企业
珠宝E贷	2015年8月	珠宝质押	珠宝所有者
珠宝盒子	2015年8月	珠宝质押	珠宝所有者

在目前借贷市场上比较常见的是房贷和车贷,由于二手买卖市场众多并且比较规范,因此在房屋和车辆的估值上可参照的比较多,即使是非专业的人员也能进行估值,虽然有一定的误差,但估值相差并不会很大。与房屋抵押贷款和车辆质押贷款相比,珠宝质押进入门槛则相对比较高。由于做珠宝质押需要一定的专业知识和背景,因此进入珠宝供应链金融领域的P2P网贷平台,或多或少的都具有珠宝行业相关的背景。而专注于一般珠宝质押业务的平台则不需要有珠宝背景,但

是需要有珠宝估值能力,这些平台一般会选择与第三方珠宝鉴定机构合作开展业务。

表 10-2 列举了主要珠宝垂直领域 P2P 网贷平台股东公司/个人的背景信息。

表 10-2 珠宝领域 P2P 网贷平台股东/个人背景(高丽秀,2016)

平台名称	股东	背景情况
珠宝贷	深圳市雅诺信珠宝首饰有限公司、深圳市健兴利珠宝有限公司、深圳市同心同德投资合伙企业(有限合伙)、北京金一文化发展股份有限公司、深圳市萃华珠宝首饰有限公司、深圳市宝怡珠宝首饰有限公司、深圳市星光达珠宝首饰实业有限公司、深圳市粤豪珠宝有限公司、深圳市意大隆珠宝首饰有限公司、深圳市卡尼珠宝首饰有限公司、深圳市国金珠宝首饰有限公司、深圳市艺华珠宝首饰股份有限公司、金大福珠宝有限公司、深圳市鹤麟珠宝首饰有限公司、深圳市中金创展金融控股股份有限公司	其中 13 家股东为珠宝企业
东方金钰	深圳名夏投资有限公司、东方金钰股份有限公司、深圳市吉之荣科技股份有限公司	其中 1 家股东为珠宝企业
水贝易贷	深圳市水贝珠宝控股有限公司、深圳市佰益珠宝有限公司	其中 1 家股东为珠宝企业
钻库网	深圳市钻库网电子商务有限公司(股东:刘鹏、朱艳峰、深圳市红十三成长创业投资合伙企业)	1 名股东具有珠宝行业从业经验
珠宝 E 贷	徐懿、李建启、都朋	无珠宝行业从业经验
珠宝盒子	李丹、张玉茹	无珠宝行业从业经验

从表 10-2 可以看出,从事珠宝供应链金融服务的 P2P 网贷平台,均具有珠宝行业背景。以珠宝贷为例,该平台的运营公司的股东共有 15 家,其中 13 家均是珠宝企业,剩下两家是深圳市中金创展金融控股股份有限公司和深圳市同心同德投资合伙企业,此外东方金钰、水贝易贷的股东也都具有珠宝行业背景。但从事普通个人珠宝质押业务的 P2P 网贷平台,其股东则没有珠宝行业背景。

1. 珠宝互联网金融平台运营方式

珠宝互联网金融平台致力于为广大缺乏投资渠道的人们提供一个安全、诚信、低风险、回报稳定的理财渠道,采用珠宝现货质押,通过第三方资金托管、第三方合作机构债权收购、风险准备金等措施减小投资风险。

借款项目来自珠宝产业链的企业或个人,通过珠宝现货质押的形式进行借款,借款项目具备足值的抵押物。借款人首先在网站上注册账号,注册时必须实名注册,注册完成以后在网上填写申请,提交珠宝质押物和征信报告,进行身份认证、信用认证和风险认证。

珠宝互联网金融平台工作人员首先在网上审核借款人提交的资料,审核过关以后,工作人员线下实地考察借款人资格,平台风控团队对借款人进行严格的实地考察和背景调查,并审核借款人的质押物权属证明、工作信息、银行流水、征信报告,对他进行还款能力测试。之后,对质押物进行鉴定评估,只接受流通性好和变现能力强的钻石、彩宝、翡翠、金银首饰,质押率2~7成,借款周期一般1~3个月,如需续借,质押物需重新评估价格。核查过关以后由融资担保公司审核并出具担保方案,之后就可以在平台上发起借款,借款申请通过以后就可以上线融资。

同时,珠宝互联网金融平台工作人员会在平台上发布招标公告,并且发布借款人信息、借款项目信息、风控审核信息、风控措施和借款人个人证照、质押物图片等信息,投资人可以选择年化率和投资周期进行投资,项目借款成功后,平台向借款人放款,借款人按月付息到期还本金。

珠宝互联网金融平台的风控团队对借款人进行严格的实地考察和背景调查,并审核借款人的质押物权属证明、工作信息、银行流水、征信报告,对他进行还款能力测试。通过风控等系统进行风险控制决策。促成的每笔借款项目均会在线生成具有法律效力的电子合同,电子合同一旦有效生成,其内容、生成时间等信息将被加密固定,且生成唯一的保全证书供下载。平台在借款人还款期间多渠道监控其资金使用情况,持续更新其还款能力,并对可能的风险及时预警。平台与第三方机构合作,建立债权收购机制,一旦借款逾期超过24小时,第三方机构就会在最短时间内启动债权收购程序,与投资人签订债权转让及收购协议并通知借款人。第三方机构出资收购投资人的债权并全额偿付此笔借款未归还的当期剩余本金和利息,取代投资人成为新的债权人,投资人的权利义务也相应地转移给第三方机构。若合作机构无法对逾期的债权进行收购,平台会启动风险准备金进行代偿,收购投资人债权,并对借款人的质押物进行处理。

2. 珠宝互联网金融平台信息披露

珠宝借贷项目信息披露情况是P2P网贷项目能否快速贷款的一项重要指标。目前从六家珠宝P2P平台的借款项目标的信息披露情况,可以发现借款期限、借款金额、还款方式、收益率这几项是平台都会公布的信息。如果珠宝领域P2P网贷平台服务对象是珠宝供应链上的企业和个体商户,则信息披露的完整性要更高一些,但每家平台的侧重点又有所不同,例如珠宝贷对借款珠宝企业的财务数据进行了披露,主要的内容包括借款珠宝企业的总资产、营业收入、净利润、存货等数据信息;钻库网则侧重对借款人的详细信息进行披露(表10-3)。

表10-3 珠宝P2P网贷平台项目信息披露情况(高丽秀,2016)

平台名称	项目信息披露情况
珠宝贷	借款期限、借款金额、还款方式、收益率、借款用途、还款来源、借款企业基本信息(企业性质、注册资本、主要业务、经营情况、企业征信状况、涉诉状况)、企业财务数据(总资产、上年度营业额、本年度营业额、珠宝贷借款余额、上年度净利润、本年度净利润、存货)、风控担保措施、审核资料、风险保障
钻库网	借款期限、借款金额、还款方式、收益率、借款人信息(姓名、性别、年龄、身份证号码、文化程度、婚姻状况、月收入、户口所在地、从事行业、单位名称、主要职务)、借款项目信息(借款用途、企业简介、企业性质、注册资本、主要业务、征信状态、涉诉状态)、风控审核(质押物类型、质押物数量、估值价值、质押价值、评估鉴定机构、还款来源、尽职调查)、风险措施、审核资料、保障模式
水贝易贷	借款期限、借款金额、还款方式、收益率、企业基本信息、审核资料、保障模式
东方金钰	借款期限、借款金额、还款方式、收益率、借款人信息(公司名称、公司地址、注册资本、公司背景)、经营情况、信用情况、借款基本要素(借款金额、借款期限、借款用途、还款来源)、质押物情况、审核资料
珠宝E贷	借款期限、借款金额、还款方式、预期收益、借款人基本情况、借款用途、还款来源、产品亮点、风控意见、审核资料
珠宝盒子	借款期限、借款金额、还款方式、收益率、审核资料

3. 珠宝互联网金融平台运营风险

目前的珠宝互联网金融平台运营模式存在两个明显问题:

(1)评估问题。珠宝领域P2P网贷平台对于质押物的评估相关结果未公布在项目详情之中,一个方面投资人不能了解质押珠宝的真正价值,降低投资人的信心;另一方面,对于质押物评估的问题,平台存在不通过此流程的嫌疑,从而不了解质押物真正的价值,过高放贷,增加风险。

(2)变现能力。珠宝领域P2P网贷平台除了需要有珠宝的鉴赏、估值能力,还需要有一定的变现能力,这也是制约大多数的平台对珠宝领域望而却步的原因之一。不能实现快速变现也就意味着当出现坏账或者逾期的时候,处理珠宝质押物的效率会比较低,严重的甚至可能导致平台的流动性风险的发生。虽然可以通过第三方机构进行变现但是其效率仍比较慢,再加上目前国内二手珠宝市场还不够成熟,而且对于不熟悉珠宝运作的P2P网贷平台来说,质押珠宝能否实现变现、变现能否覆盖投资人的本息也是平台面临的挑战。

目前来说,在质押物变现的问题上,有些平台借助平台股东的实力,在珠宝生产、零售、批发等各个环节,实现质押珠宝的变现。还有些平台在经营范围允许的情况下,通过自建珠宝零售店,或者珠宝二手市场的方式实现质押物的变现。自建珠宝零售店又可以分为直营店和加盟店两种方式,平台可以自己建立零售网点,也可以采用引进加盟商的方式建立零售网点,此类加盟与一般的珠宝经销商相同,选址、装修、销售等均由平台提供支持,而平台的直营店或者加盟商销售的产品包括但不限于平台借款人因无法偿还借款需要将之变现的珠宝质押物。

4. 珠宝互联网金融注意事项

珠宝互联网金融平台的运营应当明确珠宝首饰价值评估在珠宝金融中的作用,把质押物的评估真正意义上列入到自身的金融业务流程中来,其次在质押贷款的同时,珠宝互联网金融平台应该提前把质押物在网络平台上展示,在展示的过程中第三方合作机构就可以根据自身的情况选择回购抵押物,同时平台也可以提前选择有实力的回购方,这样一旦贷款方逾期或违约,处理质押物的速度会很快,选择的第三方债权收购机构也会很精准,减小自身的风险,同时也保证了投资人的权利。

对于资金问题,珠宝企业应该从自身出发,让"珠宝"与"金融"联姻,在"互联网+"的时代风口下,借力于互联网、云计算、大数据,从而解决珠宝产业链信息的不对称的问题,让珠宝首饰价值评估在珠宝金融中的作用最大化,将珠宝与金融相挂钩,提供贯穿珠宝产业上下游"买""卖""投""贷"服务。以构建资金流纽带的方式,构建供应链桥梁,缩小珠宝供应链买卖双方的交易距离,为珠宝全产业链上下游提供个性化服务,必将为整个珠宝行业注入强劲动力,产生无限的经济潜力,催生全新发展机遇。

但目前来看,受我国珠宝二手市场不完善以及进入需要有一定的珠宝行业背景的影响,未来一段时间内进入珠宝领域的P2P网贷平台数量并不会很多,但有很大可能会有典型平台的出现。此外对于珠宝领域的P2P网贷平台来说,质押物变现仍然是平台面临的最主要的风险,目前来看股东是珠宝供应链中一环的平台能更好地实现质押物变现,平台付出的成本也比较小。因为如果平台自建变现渠道,不但自建成本较高,而且变现周期也比较长。

参考文献

大熊珠宝熊伟微博网页:http://weibo.com/p/1005051912041012/home? from=page_100505&mod=TAB&is_all=1#place.

戴维尼网页:http://www.520.cn/.

邓昆等.云南省地方标准 DB53/T 282—2009《黄龙玉分级》[S].2009.

范积芳等.中华人民共和国轻工行业标准 QB 1131—2005《首饰 金覆盖层厚度的规定》[S].2005.

翡翠吧贴吧网页:https://tieba.baidu.com/f? kw=％E7％BF％A1％E7％BF％A0&fr=wwwt.

翡翠王朝网页:https://www.jaadee.com/? FFTG-SEM-BD-CP-PP1&jingxuan=1.

冯静等.珠宝设计维权 TTF 一审胜诉[OL].深圳商报:http://news.sina.com.cn/o/2013-07-19/065927711515.shtml.

高丽秀.珠宝垂直领域 P2P 网贷行业运作模式及竞争分析[OL].盈灿咨询:https://mp.weixin.qq.com/s? __biz=MzIzNDIxNTg0Nw==&mid=2657491799&idx=2&sn=a98015b666415923a538aba7f803f2ee&mpshare=1&scene=1&srcid=1102yPfEACirSctN7NKI0d5b&pass_ticket=Lv％2FaR7mnYjVssztG767sm％2BlZdHnwS8M3j7yVexaxdmKNc8guTMO4SCESspWNivl％2B#rd.

今日头条网页:https://www.toutiao.com/.

金立印等.消费者对网络评论信息的可信性评价——网站主导者、专业性及产品类别的影响[J].营销科学学报,2008,4(4):45-55.

珂兰钻石网页:http://www.kela.cn/? __t__=baidupc&tgdq=kunming.

蓝色尼罗河网页:https://www.bluenile.com/cn/? click_id=616602279.

天涯珠宝首饰版块:http://bbs.tianya.cn/list-150-1.shtml.

吴红梅.浅谈"微时代"下高职学生碎片化时间的管理[J].邢台职业技术学院学报,

2015,10:29-32.

喻言. 信任品市场研究述评[J]. 珞珈管理评论,2013,1:155-164.

张曙. 工业4.0和智能制造[J]. 机械设计与制造工程,2014.8:1-4.

钻石吧贴吧网页:https://tieba.baidu.com/f? kw=%E9%92%BB%E7%9F%B3&fr=wwwt.

钻石小鸟网页:http://www.zbird.com/.

佐卡伊网页:http://www.zocai.com/.

Darby M R,Karni E. Free competition and the optimal amount of fraud[J]. Journal of Law and Economics,1973,16(1).

Klein L R. Evaluating the potential of interactive media through a new lens:search versus experience goods[J]. Journal of Business Research,1998,41(3):195-203.

Nelson Philip J. Information and Consumer Behavior[J]. Journal of Political Economy,1970,78(2):311-329.

Papi酱资料网页:https://baike.baidu.com/item/papi%E9%85%B1/19324554? fr=aladdin.

百度搜索-南红网页:https://www.baidu.com/s? ie=utf-8&f=8&rsv_bp=0&rsv_idx=1&tn=baidu&wd=%E5%8D%97%E7%BA%A2&rsv_pq=9dad1a1f0002de90&rsv_t=e7a2IXdhbY36X18PTkiyz2McjO2OQ4XXOm OtxBiPQYo8u3SJUbWqrdVWY7E&rqlang=cn&rsv_enter=1&rsv_sug3=1.

百度搜索-翡翠网页:https://www.baidu.com/s? ie=utf-8&f=8&rsv_bp=1&ch=8&tn=56060048_3_pg&wd=%E7%BF%A1%E7%BF%A0&oq=http%253A%252F%252Fbbs.tianya.cn%252Flist-150-1.shtml&rsv_pq=c8adee15000021d0&rsv_t=9d01Tzg5kreob7SNxjtQyBXx3oB1TcP2HQX kHrTbLZbIC3PdVCFXIFwh0KnzO3GujLuHYg&rqlang=cn&rsv_enter=0&rsv_sug3=44&rsv_sug1=18&rsv_sug7=100&rsv_sug2=0&inputT=2538&rsv_sug4=2539&rsv_sug=2.

百度搜索-云南翡翠公司网页:https://www.baidu.com/s? ie=utf-8&f=8&rsv_bp=1&ch=8&tn=56060048_3_pg&wd=%E4%BA%91%E5%8D%97%E7%BF%A1%E7%BF%A0%E5%85%AC%E5%8F%B8&oq=%25E4%25B8%25AD%25E5%25259B%25BD%25E4%25BA%2592%25E5%25E8%2581%2594%25E7%25BD%25BD%2591%25E5%25258F%2591%25E5%25B1%2595%25E7%258A%25B6

25E5％2586％25B5％25E7％25BB％259F％25E8％25AE％25A1％25E6％258A％25A5％25E5％2591％258A％2520％25E4％25B8％25AD％25E5％259B％25BD％25E6％259C％2589％25E8％25B6％2585％25E8％25BF％258780％25261t％253B％25E7％259A％2584％25E7％25BD％2591％25E6％25B0％2591％25E4％25BD％25BF％25E7％2594％25A8％25E6％2590％259C％25E7％25B4％25A2％25E5％25BC％2595％25E6％2593％258E&rsv_pq＝8597975600000cea&rsv_t＝f5b0SqtM％2FLi8DZOmmklGjnIkNx％2BrEUJKup0U％2BkhaqZ6IAg2zb4eBQT％2BDwWi0FVXSGu1b4Q&rqlang＝cn&rsv_enter＝1&inputT＝2814&rsv_sug3＝31&rsv_sug1＝14&rsv_sug7＝100&rsv_sug2＝0&rsv_sug4＝2814.